KB215011

CNB
545
여호수아 1-24장에 관한 구속사적 관점 강해
성경신학에 따른 하나님의 섭리와 경륜 이해

여호수아

이 광 호

2022년

교회와성경

지은이 | 이광호

영남대학교와 경북대학교대학원에서 법학과 서양사학을 공부했으며, 고려신학대학원 (M.Div.)과 ACTS(Th.M.)에서 신학일반 및 조직신학을 공부한 후 대구 가톨릭대학교 (Ph.D.)에서 선교학을 위한 비교종교학을 연구하였다. '홍은개혁신학연구원'에서 성경신학 담당교수를 비롯해 고신대학교, 고려신학대학원, 영남신학대학교, 브니엘신학교, 대구 가톨릭대학교, 숭실대학교 등에서 학생들을 가르쳤으며, 이슬람 전문선교단체인 국제 WIN선교회 한국대표, 한국개혁장로회신학교 교장을 지냈다. 현재는 실로암교회에서 담임목회를 하면서 한국개혁장로회신학교와 부경신학연구원에서 강의하고 있다.

저서

- 성경에 나타난 성도의 사회참여(1990)
- 갈라디아서 강해(1990)
- 더불어 나누는 즐거움(1995)
- 기독교관점에서 본 세계문화사(1998)
- 세계 선교의 새로운 과제들(1998)
- 이슬람과 한국의 민간신앙(1998)
- 아빠, 교회 그만하고 슈퍼하자요(1995)
- 교회와 신앙(2002)
- 한국교회 무엇을 개혁할 것인가(2004)
- 한의 학제적 연구(공저)(2004)
- 세상속의 교회(2005)
- 한국교회의 문제점과 극복방안(공저)(2005)
- 교회, 변화인가 변질인가(2015)
- CNB 501 에세이 산상수훈(2005)
- CNB 502 예수님 생애 마지막 7일(2006)
- CNB 503 구약신학의 구속사적 이해(2006)
- CNB 504 신약신학의 구속사적 이해(2006)
- CNB 505 창세기(2007)
- CNB 506 바울의 생애와 바울서신(2007)
- CNB 507 손에 잡히는 신앙생활(2007)
- CNB 508 아름다운 신앙생활(2007)
- CNB 509 열매 맺는 신앙생활(2007)
- CNB 510 웨스트민스터 신앙고백(2008)
- CNB 511 사무엘서(2010)
- CNB 512 요한복음(2009)
- CNB 513 요한계시록(2009)
- CNB 514 로마서(2010)
- CNB 515 야고보서(2010)
- CNB 516 다니엘서(2011)
- CNB 517 열왕기상하(2011)
- CNB 518 고린도전후서(2012)
- CNB 519 개혁조직신학(2012)
- CNB 520 마태복음(2013)
- CNB 521 히브리서(2013)
- CNB 522 출애굽기(2013)
- CNB 523 목회서신(2014)
- CNB 524 사사기, 룻기(2014)
- CNB 525 옥중서신(2014)
- CNB 526 요한 1, 2, 3서, 유다서(2014)
- CNB 527 레위기(2015)
- CNB 528 스코틀랜드 신앙고백서(2015)
- CNB 529 이사야(2016)
- CNB 530 갈라디아서(2016)
- CNB 531 잠언(2017)
- CNB 532 욥기(2018)
- CNB 533 교회헌법해설(2018)
- CNB 534 사도행전(2018)
- CNB 535 소선지서⟨I⟩(2018)
- CNB 536 소선지서⟨II⟩(2019)
- CNB 537 시대 분별과 신학적 균형(2019)
- CNB 538 역대상,하(2019)
- CNB 539 누가복음(2020)
- CNB 540 신명기(2021)
- CNB 541 아가서(2021)
- CNB 542 베드로전서(2021)
- CNB 543 전도서(2021)
- CNB 544 예레미야,예레미야애가(2022)

역서

- 모슬렘 세계에 예수 그리스도를 심자(Charles R. Marsh, 1985년, CLC)
  - 예수님의 수제자들(F. F. Bruce, 1988년, CLC)
  - 치유함을 받으라(Colin Urquhart, 1988년, CLC)

홈페이지 http://siloam-church.org

여호수아

CNB 545
여호수아

A Study on the Book of Joshua
by Kwangho Lee
Copyright ⓒ 2022 by Kwangho Lee

Published by the Church & Bible Publishing House

초판 인쇄 | 2022년 7월 22일
초판 발행 | 2022년 7월 29일

발행처 | 교회와성경
주소 | 평택시 특구로 43번길 90 (서정동)
전화 | 070-4894-7722
등록번호 | 제2012-03호
등록일자 | 2012년 7월 12일

발행인 | 문민규
지은이 | 이광호
편집주간 | 송영찬
편집 | 신명기
디자인 | 조혜진

총판 | (주) 비전북출판유통
주소 | 경기도 고양시 일산구 장항동 568-17호 (우) 411-834
전화 | 031-907-3927(대) 팩스 031-905-3927

저작권자 ⓒ 2022 이광호

Printed in Seoul of Korea

CNB 시리즈
서 문

CNB The Church and The Bible 시리즈는 개혁신앙의 교회관과 성경신학적 구속사 해석에 근거한 신·구약 성경 연구 시리즈이다.

이 시리즈는 보다 정확한 성경 본문 해석을 바탕으로 역사적 개혁 교회의 면모를 조명하고 우리 시대의 교회가 마땅히 추구해야 할 방향을 제시함으로써 교회의 삶과 문화를 창달하는 것을 그 목적으로 하고 있다.

따라서 이 시리즈는 진지하게 성경을 연구하며 본문이 제시하는 메시지에 충실하고 있다. 그렇다고 이 시리즈가 다분히 학문적이거나 또는 적용이라는 의미에 국한되지 않는다. 학구적인 자세는 변함 없지만 궁극적으로 하나님의 나라를 지향함에 있어 개혁주의 교회관을 분명히 하기 위해 보다 더 관심을 가진다는 의미이다.

본 시리즈의 집필자들은 이미 신·구약 계시로써 말씀하셨던 하나님께서 지금도 말씀하고 계시며, 몸된 교회의 머리이자 영원한 왕이신 그리스도께서 지금도 통치하시며, 태초부터 모든 성도들을 부르시어 복음으로 성장하게 하시는 성령께서 지금도 구원 사역을 성취하심으로써 창세로부터 종말에 이르기까지 거룩한 나라로서 교회가 여전히 존재하고 있음을 그 무엇보다도 중요하게 여기고 있다.

아무쪼록 이 시리즈를 통해 계시에 근거한 바른 교회관과 성경관을 가지고 이 땅에 진정한 그리스도인의 삶과 문화가 확장되기를 바라는 바이다.

시리즈 편집인

송영찬 목사, 교회와성경 편집인, 샤로수교회, M.Div.
이광호 목사, 한국개혁장로회신학교 교장, 실로암교회, Ph.D.

여호수아

9

머 리 말

하나님께서 약속하신 가나안 땅 진입을 앞두고 모세는 하나님의 뜻에 따라 요단강 동편 지역을 르우벤, 갓, 므낫세 반 지파에게 분배했다. 그후 모세가 죽은 후 이스라엘 백성들은 그의 뒤를 이은 여호수아의 인도로 요단강을 건넜다. 그들은 요단강의 마른 땅바닥을 밟고 기적적인 방법으로 약속의 땅 가나안으로 들어가면서 사십 년 전 저들의 선조가 홍해 바다를 건넌 것과 동일한 기적을 체험하게 되었다.

이스라엘 백성이 가나안 땅에 들어간 해는 그들이 출애굽(BC1446년)한 후 사십 년이 지난 BC1406년 경으로 여겨진다. 출애굽기는 이스라엘 자손이 애굽에 거주한 지 정확하게 사백 삼십 년이 끝나는 '바로 그날' 애굽으로부터 탈출해 나온 사실을 증거하고 있다(출12:40,41). 하나님께서 자기의 백성을 구원하시고자 행하신 구속사적 시간은 항상 정밀했다. 인간들은 그에 대한 인식을 전혀 하지 못했을지라도 하나님께서는 정확한 때에 자기가 원하는 역사를 주관하셨던 것이다.

우리는 여기서 하나님의 놀라운 섭리와 경륜을 보게 된다. 이스라엘 백성의 모든 여정은 인간들의 작정과 계획이 아니라 전적으로 하나님께 달려 있었다. 이 말은 그 전뿐 아니라 후에 발생하는 모든 구속사적 사건 역시 하나님의 섭리와 경륜 속에 들어있다는 사실을 말해주고 있다. 이처럼 우리는 신약 시대의 모든 성도들 역시 하나님의 구속사적 섭리 가운데 살아가고 있음을 기억해야 한다.

이스라엘 백성이 요단강을 건넌 후 가장 먼저 맞게 된 중요한 사건은 여리고 성 부근에 있던 여호수아 앞에 나타난 '여호와의 군대 장관'의 가시적 등장이었다. 그가 친히 여호수아에게 말씀하신 것은 이스라엘 백성의 요청에 의한 일이 아니었다. 예고 없이 찾아오신 그는 거룩한 '하나님의 아들' 곧 성자 하나님으로서 오래전 호렙산에서 모세 앞에 나타나셨던 여호와 하나님과 동일한 분이었다.

앞으로 이스라엘 자손이 가나안 땅을 정복하기 위해 치러야 할 모든 전쟁은 전적으로 여호와 하나님의 손에 달려 있었다. 그가 이스라엘 자손을 위해 앞서 싸우실 것이었기 때문이다. 언약의 자손들에게 가장 중요한 일은 육안(肉眼)에 보이지 않으나 실제로 역사하시는 그의 지휘에 온전히 순종하는 것이다.

그러므로 여호수아서 본문은 하나님께서 구체적으로 역사하시는 각양 기적들이 연속적으로 일어나고 있음을 보여준다. 요단강물이 멈추고 마른 땅을 드러낸 사건, 여리고 성이 기적적으로 파괴된 사건, 태양과 달이 거의 종일토록 하늘에 멈추어 서게 된 사건 등이 대표적이다. 그 외에도 하나님께서는 다양한 기적들을 베풀어 자신의 존재를 이스라엘 백성 앞에 구체적으로 드러내셨다.

또한 그와 더불어 언약의 백성들이 체험한 각종 사건들에 연관된 언약의 증거물들이 끊임없이 세워지게 되었다. 요단강 바닥에 세워진 언약의 열두 돌, 길갈에 세워진 언약의 열두 돌, 세겜에 세워진 언약의 증거물 등은 그후 이어지는 사사 시대뿐 아니라 구약시대 전 역사 가운데 소중한 증거의 역할을 했다.

기록된 성경 말씀을 통해 우리가 익히 알고 있는 것처럼 이스라엘 자손은 시내광야 사십 년 동안 통째로 하나님의 기적들에 휩싸여 있었다. 날마다 하늘에서 내리는 만나와 메추라기, 낮과 밤을 주관하는 구름기둥과 불기둥은 변함없이 그 중심에 놓여 있었다. 사십 년이 지난 후 이스라엘 백성이 가나안 땅에 들어가면서 그 기적들은 종료되었으나 백성들의 일상적인 삶 가운데서 하나님의 기적이 여전히 지속되었다. 이에 대해서는 구약시대뿐 아니라 오늘날 우리 시대에도 여전히 그 실제적인 의미가 존속되고 있다.

이스라엘 자손이 요단강을 건너 들어간 약속의 땅은 그 전에 전혀 경험해 보지 못한 낯선 영역이었다. 거기에는 가나안의 일곱 족속이 각종 우상들을 만들어 두고 그것을 섬기며 살아가고 있었다. 따라서 온 고을과 산과 들과 마을에는 나무, 돌, 철로 만든 다양한 형태의 우상들로 가득했다. 여러 이방 종족들은 제각각 거짓 신들을 만들어 섬기는 삶을 통해 상이한 문화와 관습과 관행들에 예속되어 있었다.

여호와 하나님께 속한 언약의 자손들은 이방인들이 만들어 둔 새로운 환경에서 그에 대처하며 그 모든 것들을 하나님의 율법에 따라 쳐부수어야 했다. 하지만 어리석은 자들은 오히려 그에 미혹되어 하나님의 율법을 멸시하는 예들이 속출하게 되었다. 그들의 조상 아브라함에게 그 땅을 허락하신 하나님의 고유한 뜻을 멸시했기 때문이었다.

그 땅에 살아가면서 사탄의 지배를 받던 이방인들은 자기들이 차지하고 있던 땅을 이스라엘 백성에게 내어주지 않으려 했다. 도리어 그들은 하나님께 순종하고자 하는 백성들의 삶을 훼방하며 적극적인 공세를 펼쳤다. 따라서 여호수아는 가나안 땅에서 하나님의 구속 사역에 참여하게 될 언약의 자손들을 향해 그 이방인들을 두려워하지 말고 담대한 마음으로 하나님의 율법을 온전히 지키도록 당부했다(수1:6-9).

그러므로 여호수아는 자기에게 부여된 모든 사역을 끝낸 후 마지막 유언에서 그에 연관된 명령을 내렸다. "그러므로 너희는 크게 힘써 모세의 율법 책에 기록된 것을 다 지켜 행하라 그것을 떠나 좌로나 우로나 치우치지 말라 너희 중에 남아 있는 이 나라들 중에 가지 말라 그 신들의 이름을 부르지 말라 그것을 가리켜 맹세하지 말라 또 그것을 섬겨서 그것에게 절하지 말라"(수23:6,7). 그들이 약속의 땅에서 승리를 거둘 수 있는 유일한 방편은 하나님의 말씀에 온전히 순종하는 삶이었다.

이 말씀은 21세기에 처한 신약시대 교회에도 그대로 적용되어야 한다. 우리는 타락한 이 세상에 살아가면서 성경에 기록된 교훈을 온전히 따르는 자세를 유지해야 한다. 세속적인 풍조에 의해 좌로나 우로 치우치지 말아야 하는 것이다. 따라서 교회는 이방인들의 세속적인 문화나 관습을 단호하게 배격하지 않으면 안 된다. 그런 것들을 방치하면 여호수아가 죽은 후 약속의 땅 가나안이 겪었던 혼잡스러운 사사 시대처럼 될 수밖에 없다.

하나님의 자녀들인 우리는 기본적인 모든 가치가 허물어져 가는 안타까운 현시대에 살아가면서 성경의 교훈을 좇아 순종하는 삶을 유지해야 한다. 하지만 극도로 타락한 세상 가운데 존재하는 교회와 그에 속한 교인들은 이미 세상의 오염된 풍조와 문물을 받아들이는 것을 자연스럽게 여기고 있다. 특히 오만한 과학주의적 경향성과 동성애를 비롯한 인간 본연의 삶을 위협하는 행태는 주변에 만연해 있는 상태이다.

현대 교회와 성도들이 극단적 위기에 처해 있으면서 역사 가운데 행해진 하나님의 섭리와 경륜과 더불어 배도의 시대를 올바르게 해석하는 기회를 얻게 되기 바란다. 지금도 우리의 심령에 고스란히 남아 있는 여호수아 시대의 다양한 기적들과 언약의 백성들이 남긴 여러 증거물들이 그 일을 위한 소중한 역할을 감당할 수 있어야 한다. 그로 말미암아 죽음으로부터 부활하여 승천하신 하나님의 아들 예수 그리스도께서 재림하실 날을 구체적으로 소망하며 기다릴 수 있을 것이기 때문이다.

이 책을 접하게 될 교회와 성도님들이 진정한 유익을 얻기 바란다. 또한 책을 마무리하면서 고마운 분들의 얼굴이 떠오른다. 지난해(2021년) 매 주일 공 예배 시간에 여호수아서에 기록된 말씀을 설교하며 하나님의 은혜를 함께 나눈 실로암교회 여러 성도님들께 깊이 감사드린다. 그리고 미리 읽고 교정을 봐준 부모님과 아내 정정희, 최은숙, 한 빈 자매에게 고마운 마음을 전한다. 또한 이 책이 출간될 수 있도록 수고를 아끼지 않은 '교회와 성경'(CNB) 송영찬 목사님과 관계자들께 깊이 감사드린다.

"아멘 주 예수여 속히 오시옵소서"(계22:20).

2022년 초여름
실로암교회 목양실에서
이광호 목사

차 례

제3부 | 언약에 근거한 땅의 분배 (수13:1-21:45)

제4부 | 언약의 백성들이 지켜야 할 하나님의 언약 (수22:1-24:33)

여호수아서 서론

여호수아서 서론

1. 들어가는 말

여호수아는 이스라엘 민족을 요단강 건너 약속의 땅 가나안으로 인도한 믿음의 사람이다. 출애굽 후 시내 광야에 도착한 지 오래지 않아 이스라엘 백성들에게 가나안 땅 정탐을 맡겼을 때 인간적인 판단이 아니라 하나님의 작정에 믿음을 둔 자는 여호수아와 갈렙 밖에 없었다. 그리하여 모세가 죽은 후 여호수아는 모세의 뒤를 잇는 중요한 직책을 부여받게 되었다.

하지만 그 형편은 그리 간단하지 않았다. 그 앞의 지도자였던 모세가 절대적인 지위에 있었으므로 그만한 인정을 받기 어려웠다. 백성들 가운데 다수는 그를 모세와 같이 대우하지 않으려고 했다. 신앙이 어린 백성들은 모세와 여호수아를 통해 일하시는 여호와 하나님의 사역 자체보다 저들이 판단하는 인물에 치중했기 때문이다.

그러므로 모세의 절대적인 권위를 생각하면서 여호수아의 지도를 가볍게 여기는 자들이 있었다. 물론 하나님께서 여호수아에게 민족을 이끄는 지도자의 지위를 부여하셨으므로 백성들은 그에 순종할 수밖에 없었다. 그와 같은 상황에서 여호수아는 하나님의 뜻에 따라 이스라엘 자손을 약속의 땅 가나안으로 인도해 그곳을 정복하고 이스라엘 여러 지파에게 땅을 분배해 주게 되었다.

여호수아를 비롯한 이스라엘 자손들 앞에서는 하나님의 기적이 연속적으로 베풀어졌다. 이스라엘 자손이 애굽에 있을 때와 시내 광야에서 모세를 통해 다양한 기적을 베푸신 여호와 하나님께서 여호수아를 통해 그 일을 지속적으로 행하셨다. 이스라엘 민족 가운데 발생한 당시의 다양한 기적들은 여호수아 시대에 있었던 독특한 사건으로 이해해야 한다. 즉 그 이후 시대에는 그와 사정이 달랐던 것이다.

이스라엘 자손이 요단강을 건넌 일은 하나님의 기적을 동반한 언약적 사건이었다. 이는 과거 그 조상들이 홍해 바다를 건넌 사건과 동일한 성격을 지니고 있었다. 홍해 바다의 사건이 애굽을 탈출하는 과정에서 하나님께서 모세를 통해 행하신 기적이었던 데 비해 요단강을 건너는 사건은 약속의 땅 가나안에 진입하는 과정에서 여호수아를 통해 하나님께서 행하신 기적이었다.

또한 시내 광야 호렙산의 가시나무 불꽃 가운데 모세에게 나타나신 하나님께서 가나안 땅에 진입한 여호수아에게 이스라엘 자손을 위해 싸우시는 군대장관으로 나타나셨다. 그 상황은 이제부터 그가 친히 가나안 땅을 정복하실 것이며 이스라엘 백성을 인도하시리라는 선언적 의미를 지니고 있었다. 이는 가나안 땅에 들어간 이스라엘 자손들이 앞으로 숱하게 많은 전쟁을 치르게 되고 여호수아가 그 선두에 서게 되지만 실제는 군대장관으로 나타나신 여호와 하나님께서 모든 이방 족속들을 물리치신다는 사실을 드러내 보여 주셨던 것이다.

그후에도 이스라엘 자손들 앞에는 일반적인 자연 현상을 벗어난 다양한 기적들이 많이 펼쳐지게 되었다. 가나안 땅 맨 첫 성인 여리고 성을 점령하는 과정에서 일어난 모든 일들은 하나님이 전쟁의 주관자이심을 말해주고 있다. 나중 기브온에서 하늘의 태양과 달이 거의 하루 종일토록 멈추어 선 것 역시 그 점을 보여준다. 이는 이스라엘 백성을 가나안 땅으로 불러 그곳을 주신 분은 여호와 하나님이란 사실을 선언하는 의미를 지니고 있다. 여호수아는 당연히 그에 대한 깨달음을 가지고 있었으며 이스라엘 자손 역시 그러해야만 했다.

하지만 이스라엘 백성들 가운데는 그 역사적 사실을 잊어버리거나 그 의미를 멀리하는 자들이 생겨났다. 여호수아는 가나안 땅을 점령하고 분배하는 모든 과정에서 백성들에게 그 점을 일깨우고자 했다. 당시 그들은 하나님께서 행하신 기적을 동반한 모든 일들을 명확히 깨닫고 있어야 했으며 그것은 언약의 백성들 가운데 지속적으로 상속되어 가야만 했다.

그럼에도 불구하고 배도에 빠진 자들은 나중 여호수아를 통해 계시하고 말씀하신 하나님의 놀라운 뜻을 저버렸다. 그로 말미암아 여호수아가 죽은 다음 사사시대가 도래한 후에는 그 백성이 하나님의 뜻을 더욱 멀리하게 되었다. 그들은 인간의 이성과 경험에 따른 판단을 내세움으로써 끊임없이 하나님께 저항했던 것이다.

2. 여호수아가 전한 메시지의 특성

여호수아는 하나님의 특별한 사명을 부여받은 인물로서 모세의 뒤를 이은 특별한 지도자였다. 그는 모세와 함께 홍해 바다를 건넌 언약의 자손들을 요단강 건너 가나안 땅으로 인도하는 중요한 직책을 맡았다. 그는 하나님께서 자기에게 맡기신 중대한 일을 완수하기 위해 최선을 다해야만 했다.

물론 하나님께서는 그에게 모든 것을 그냥 맡겨 두시지 않고 항상 그와 함께 계셨으며 많은 기적들을 동원해 그를 적극적으로 도우셨다. 여호수아는 하나님의 명령을 듣고 그 모든 내용을 백성들에게 전했으며 그와 더불어 자기를 통해 전달된 것들에 대하여 솔선수범했다. 그리하여 언약의 자손들은 그에 온전히 순종해야만 했다. 그것이 약속의 땅 가나안에서 저들을 위한 유일한 생명선이었기 때문이다.

(1) 이스라엘 자손이 요단강 바닥을 밟고 건넌 사건 (수3:8-17)

여호수아가 이스라엘 자손을 가나안 땅으로 인도하고자 했을 때 상류로부터 흘러내리던 요단강물이 위아래로 갈라져 마른 땅을 드러낼 것이라고 상상하거나 기대한 사람은 아무도 없었다. 하지만 하나님께서는 그 백성들에게 기적적인 방법을 통해 요단강을 건너게 함으로써 자신의 존재를 구체적으로 드러내 보여 주시고자 했다. 그것은 이제 그들이 가나안 땅에 들어가면 하나님이 항상 저들과 함께 계시게 된다는 사실을 선포하는 의미를 지니고 있었다.

하나님께서는 그것을 위해 여호수아를 향해 명령을 내리셨다. 언약궤를 멘 제사장들이 앞장서 요단강가에 도착하거든 신발을 벗지 말고 신은 채 물 속으로 들어가라고 지시하라는 것이었다. 하나님께서 그에 대한 구체적인 상황을 여호수아에게 설명해 주시는 대신 오직 그 명령에 따르라고 요구했을 따름이다. 여호수아가 전하는 명령대로 언약궤를 멘 제사장들이 요단강 안으로 들어서자 흐르던 강물이 즉시 멈추고 마른 강바닥을 드러냈다. 제사장들이 언약궤와 함께 요단강 가운데 서 있는 동안 모든 백성들이 그 땅을 밟고 지나가게 되었다.

(2) '요단강 바닥에 세워진 열두 개의 돌' (수4:8,9) 과 '길갈에 세워진 열두 개의 돌' (수4:20)

하나님께서는 이스라엘 자손들이 요단강의 기적을 통해 마른 땅을 밟고 지나가는 동안 강 바닥에서 열두 개의 돌을 취해 그 자리에 기념석을 세우도록 명하셨다. 그리고 그곳에서 또 다른 열두 개의 돌을 취해 길갈로 가져가 그곳에도 기념석을 세우라는 명령을 내렸다. 하나님께서 이스라엘 자손들을 약속의 땅 가나안으로 인도하시면서 언약의 열두 지파에 대한 증거와 더불어 기적을 통해 이루어진 그 특별한 사건을 기념하기 위해서였다.

그들이 강바닥에 세운 열두 개의 돌은 얼마 지나지 않아 다시 강물이 차게 되면 사람들의 눈에 띄지 않는다. 하지만 그 돌들은 여전히 그 자리에 굳건히 세워져 있으며 그 역사적 사실을 기념하며 증거하고 있다. 이는 사람들의 눈으로 직접 볼 수 없으나 요단강 물 속 그 자리에 세워져 있으므로 항상 증거의 역할을 하게 된다.

오랜 세월이 지난 지금은 그 열두 개의 돌들이 모두 사라져 버렸겠지만 그 기념석들은 여전히 우리의 마음속에 그대로 자리잡고 있으면서 그 증거 역할을 하고 있다. 우리는 사람들의 눈에 보이지 않더라도 역사 가운데 실증적으로 남아 있는 여러 증거물들을 심령의 눈을 통해 보게 된다. 이는 그 의미를 넓혀 생각해 볼 때 그 전과 후에 있었던 많은 기적들이 사람들의 눈에는 숨겨져 있지만 여전히 그 증거의 기능을 하는 것과 마찬가지다.

또한 길갈에 세워진 열두 개의 돌들은 이스라엘 민족이 가나안 땅 점령을 위한 역사적 전진 기지로서 증거 역할을 하게 된다. 요단강 바닥에서 취한 돌들은 그 자체로서 기적을 간직하고 있으며 이스라엘 자손이 가나안 땅 전역을 점령해 가는 것이 그 기적에 기초하고 있다는 사실을 보여 주고 있다. 이는 이스라엘 자손이 항상 마음속 깊이 담아두어야 할 소중한 내용이다. 나아가 오늘날 우리의 심령 가운데도 여전히 요단강 바닥과 길갈에 세워진 그 기념석들이 소중한 증거로 남아 있다.

(3) '여호와의 군대장관' (수5:13-15)

여호수아를 비롯한 이스라엘 자손들이 가나안 지역의 여러 이방인들이 지배하고 있는 약속의 땅을 정복하기 위한 교두보로서 길갈에 진을 쳤다. 그곳이 이스라엘 군대를 총지휘하기 위한 전초기지가 되었던 것이다. 이는 그곳에 여호수아를 중심으로 한 최고사령부가 자리잡게 되었음을 말해주고 있다.

그 시기에 여호수아는 혼자 여리고 성 부근으로 나아갔다. 이는 이스라엘 자손들이 가장 먼저 점령해야 할 가나안 땅 첫 성이 바로 여리고였기 때문이다. 그는 언약의 자손들을 지휘하는 총사령관으로서 그 주변의 정황을 미리 알아보고자 했을 것이 분명하다.

그때 아무도 예기치 못한 놀라운 사건이 발생했다. 손에 칼을 빼 들고 서 있는 건장한 군인이 갑자기 여호수아 앞에 나타났기 때문이다. 여호수아는 그를 보면서도 그의 신분에 대한 아무런 정보를 알 수 없었다. 그리하여 완전군장을 하고 홀로 서 있는 그를 향해 이스라엘 민족과 가나안 족속 중 어느 편에 속한 자인지 물어보았다.

그런데 그는 자기가 '여호와의 군대장관'이라는 사실을 언급했다. 여호수아는 그 말을 듣자마자 곧장 그 앞에 엎드려 그에게 경배했다. 그가 하나님의 아들 메시아라는 사실을 깨달았기 때문이다. 그러자 그는 여호수아를 향해 발에 신고 있는 신을 벗으라고 명했다. 여호수아는 즉시 그 말씀에 순종했다. 그 군대장관은 오래전 모세가 호렙산에 있을 때 떨기나무 불꽃 가운데 나타나신 하나님의 아들과 동일한 분이었다 (출3:2-5).

이 사건은 이제부터 가나안 땅을 정복하는 일을 위해 하나님께서 친히 앞장서신다는 사실에 대한 선언적 의미를 지니고 있다. 여호수아는 그 하나님의 지시를 받아 순종하는 직속 부하로서 자기에게 맡겨진 모든 직무를 감당해야 했다. 따라서 여호수아의 신학과 신앙적 배경에는 항상 '여호와의 군대장관'이 존재하고 있었던 것이다.

(4) 여리고 성 점령 (수6:1-21)

이스라엘 자손이 요단강을 건너 정복해야 할 첫 성은 여리고 성이었다. 그런데 그들은 군사 작전을 펼치며 칼과 창과 활을 동원해 공격하지 않았다. 그 대신 하나님의 규례에 따라 제사장들이 멘 언약궤를 앞세워 엿새 동안 날마다 성을 한 바퀴 돌고 마지막 칠 일째는 일곱 바퀴를 돈 후 제사장들이 양각 나팔을 불어 견고한 성벽을 무너뜨렸다.

이는 이스라엘 군대의 전투력으로 그 성을 함락한 것이 아니라 제사장들과 그들이 멘 언약궤가 승리를 이끈 사실을 말해주고 있다. 이스라엘 백성이 요단강을 건널 때도 그와 동일한 양상을 띠고 있었다. 이 말은 앞으로 가나안 땅을 정복하는 전 과정에서 군대의 막강한 전투력이 아니라 하나님께서 친히 그들을 물리치신다는 사실을 말해주고 있다. 그들이 취해야 할 중요한 자세는 하나님의 뜻에 온전히 순종하는 일이었다.

(5) 하늘의 태양과 달이 멈추어 서는 사건 (수10:12–14)

여호수아가 이스라엘 군대를 이끌고 아모리 족속과 싸우던 날 아무도 예측하지 못한 일이 발생했다. 하나님께서 여호수아의 기도를 들으시고 하늘의 태양을 멈추게 하셨기 때문이다. 이스라엘 자손들은 태양과 달이 기브온과 아얄론 골짜기 위에 거의 종일토록 머물러 서 있을 때 적을 공격해 큰 승리를 거두게 되었다. 즉 여호와께서 직접 이스라엘 백성을 위해 싸우셨던 것이다.

성경은 이와 같은 일이 역사상 전무하다는 사실을 언급하고 있다. 당시 기브온과 아얄론 골짜기에 태양과 달이 멈추어 섰을 때 태양으로 인해 밝은 낮시간이 지속되었으나 하늘의 달과 별은 눈으로 볼 수 없었다. 이는 우주에 자연의 이치를 넘어선 초월적인 현상이 발생했다는 사실을 말해주고 있다.

또한 태양과 달과 별을 비롯한 하늘의 모든 천체가 머물러 섰다는 현실적인 상황은 자전하던 지구가 멈추었다는 의미를 지니고 있다. 즉 하늘에 존재하는 모든 것들은 그대로 있었으나 지구가 멈추어 선 것이다.

사람들의 눈에는 그 상황이 태양과 달이 멈추어 선 것으로 여겨졌다. 따라서 그와 같은 일은 가나안 지역뿐 아니라 전 지구상에 동일한 현상으로 나타나게 되었다.

우리는 이 사건의 내면적 의미를 올바르게 이해할 수 있어야 한다. 하나님께서는 굳이 태양과 달의 운행을 정지시키지 않고도 얼마든지 이스라엘 군대에 승리를 안겨주실 수 있다. 당시 아모리 족속과 맞서 싸우던 때 이외의 많은 경우에 하나님께서는 그런 기적적인 방법을 동원하지 않고 승리를 안겨주셨다. 그렇다면 하나님께서는 당시 왜 그렇게 하셨을까?

그 특별한 기적은 당시뿐 아니라 그후의 모든 언약의 자손들과 오늘날 우리에게 주는 교훈의 의미가 크다. 우주 만물을 창조하신 하나님께서 그 가운데 지극히 작은 한 부분에 관여하시는 것은 어려운 일이 아니다. 이는 우리 시대에도 그때 우주를 간섭하신 그 하나님께서 동일하게 역사하신다. 따라서 언약의 자손들은 하나님의 승리에 연관된 그 놀라운 기적을 항상 마음속에 담아 두고 있어야 하는 것이다.

3. 하나님의 백성들을 향한 언약적 선포

하나님으로부터 행해진 모든 기적들은 여호수아의 심령에 그대로 각인되어 있었다. 그것은 물론 여호수아뿐 아니라 당시 모든 언약의 자손들에게 동일했다. 요단강을 마르게 하여 그 땅바닥을 건넌 사건, 여리고 부근에서 군대장관으로 나타나신 성자 하나님, 여리고 성을 특별한 방법으로 무너뜨린 사건, 하늘의 태양과 달이 멈춘 사건 등은 하나님의 뜻과 사역을 그대로 보여 주고 있다.

그리고 하나님의 명령에 따라 요단강 바닥과 길갈에 각기 세운 열두 개의 돌들은 여호수아와 이스라엘 자손들에게 소중한 증거와 징표가 되었다. 요단강 바닥에 세운 열두 개의 돌들은 금방 사람들의 시야에서 떠나게 되고 길갈에 세워진 열두 개의 돌들도 세월이 얼마 지나지 않아 사람들에게서 멀어져 갔으나 여호수아와 이스라엘 자손의 심령에 그대로 남아 있었다.

그것이 하나님께서 친히 행하신 여러 기적들에 대한 중요한 징표가 되었다. 그 가운데 하나님께서는 여호수아에게 이스라엘 자손을 향해 언약의 말씀을 선포하도록 명령하셨다. 그것은 하나님에 대한 초월적이며 실제적인 신앙을 기초로 한 언어적 선포로 나타났다. 물론 여호수아의 선포에는 그가 직접 체험한 기적들과 더불어 직접 체험하지 않았으나 성경에 기록된 과거의 모든 기적들이 자신의 간접 경험으로 녹아 있었다.

여호수아는 이스라엘 자손이 애굽 땅에 있을 때 모세를 통해 보여 주신 하나님의 모든 기적을 체험한 인물로서 홍해 바다의 마른 땅을 건넌 사건, 만나와 메추라기, 구름기둥과 불기둥을 직접 체험했다. 그리고 하나님의 창조 사역과 노아 홍수를 비롯한 아브라함과 이삭과 야곱을 특별한 방법으로 인도하신 모든 내용들을 믿음으로 받아들이고 있었다. 여호수아는 그런 가운데 하나님께서 모세를 통해 계시하신 율법을 지키도록 언약의 백성들에게 구체적으로 선포하며 다음과 같은 중요한 명령을 내리게 되었다.

(1) 율법준수 요구 (수23:6)

여호수아는 가나안 땅을 정복한 이스라엘 백성을 향해 모세의 율법책에 기록된 모든 내용을 지켜 행하라는 명령을 내렸다. 그와 더불어 인간의 이성이나 경험적인 판단에 따라 좌로나 우로나 치우치지 말라는 경고를 했다. 이 명령은 당시뿐 아니라 그 이후의 모든 언약의 자손들이 받아들여야 할 내용이며 오늘날 우리 역시 그 말씀에 온전히 순종해야 한다.

(2) 이방인들의 풍조 경계 (수23:7ⓐ)

가나안 땅 가운데 남아 있는 이방인들의 세계로 들어가지 말고 그들이 믿는 종교와 신앙을 가까이하지 말라고 했다. 이스라엘 백성이 가나안 땅을 점령하게 되지만 그 중에 남아 있는 이방인의 풍조를 멀리하라는 것이었다. 이는 우리 시대 교회에도 그대로 적용되어야 할 말씀이다. 우리는 이방 지역에서 태어나 살아가다가 하나님의 은혜를 입은 자들로서 자기에게 더욱 친숙하게 여겨지는 불신자들의 사상과 풍조를 멀리해야만 한다.

(3) 종교적 혼합주의 금지 (수23:7ⓑ)

여호수아는 백성들에게 거짓 신들의 이름을 가리켜 맹세하지 말고 그것을 섬겨 그에 절하지 말라는 당부를 했다. 여기에는 우리가 매우 주의 깊게 되새겨야 할 중요한 의미가 담겨 있다. 그 전에 이스라엘 자손이 시내산 앞에서 금송아지를 만들어 두고 섬길 때 그들은 금송아지를 섬긴다고 생각지 않고 여호와 하나님을 섬긴다는 생각을 하고 있었다(출32:1-7, 참조). 하지만 그것은 무서운 배도 행위로서 여호와 하나님을 진노케 하는 일이었다. 우리는 그와 같은 어처구니없는 일이 오늘날에도 변형된 모습으로 나타날 수 있는 현상이라는 점을 염두에 두어야 한다.

(4) 여호와 하나님을 향한 삶 (수23:8)

여호수아는 언약의 자손들을 향해 오직 여호와 하나님과 그의 뜻을 가까이하라는 요구를 했다. 그것을 위해서는 저들 가운데 존재하는 더러운 이방 신과 거짓 종교 사상을 완전히 제거하고 저들의 마음을 오직

이스라엘의 하나님 여호와께 향해야 한다고 했다(수24:23). 구약시대의
성도들뿐 아니라 신약시대의 역사적 교회들과 현시대를 살아가는 우리
역시 세상의 잘못된 것들을 철저히 제거하지 않으면 안 된다.

여호수아가 선포하는 말씀을 귀담아 들은 이스라엘 자손들은 이제부
터 오직 여호와 하나님 한 분만을 섬기며 살아가리라는 고백적 화답을
했다. 그리하여 여호수아는 세겜에서 저들과 언약을 세우고 율례와 법
도를 베풀게 되었다(수24:24,25). 우리는 여호수아가 선포한 이 말씀이
특정 시대에 국한되는 것이 아니라 모든 언약의 자손들을 위한 보편성
을 지니고 있다는 사실을 기억해야 한다.

4. 여호수아가 소유한 본질적 신앙

하나님께서는 이스라엘 자손을 약속의 땅 가나안으로 인도하시기 위
해 특별히 여호수아를 선택해 부르셨다. 모세가 죽은 다음 그는 매우
중요한 일들을 구체적으로 실천에 옮겨야 했다. 물론 그 모든 것을 전
체적으로 지휘하시는 분은 여호와 하나님이셨다.

그런 가운데 여호수아의 심령에는 소중한 진리의 내용들이 담겨 있
었다. 계시된 하나님의 말씀과 더불어 역사 가운데 지나간 기적을 동반
한 모든 중요한 사건들이 그의 마음에 새겨졌던 것이다. 그리고 그에게
는 모세를 통해 허락된 하나님의 언약궤와 성막에 연관된 신령한 실체
들이 굳건하게 자리잡고 있었다.

우리가 여기서 중요하게 생각해야 할 바는 당면한 현실적인 문제를
해결하는 것이 여호수아의 최종 목표가 아니었다는 사실이다. 즉 그가
이방인과의 전투에서 승리하는 것이 전부가 아니었던 것이다. 또한 회
복한 가나안 땅을 이스라엘 여러 지파에게 분배해 줌으로써 모든 것이
완성된 것으로 이해하지 않았다.

중요한 사실은 여호수아의 마음은 예루살렘(Jerusalem)을 향하고 있

었다는 점이다. 그가 하나님의 인도하심에 따라 약속의 땅 가나안을 정복했지만 그것 자체로서 궁극적인 승리의 기쁨을 누리고자 하지 않았다. 그의 마음이 향하고 있던 대상은 미래에 이루어질 예루살렘에 대한 완전 정복과 장차 그곳에 건립될 거룩한 성전을 통해 하나님의 언약이 성취되는 것이었다. 물론 더 멀리는 그것을 통해 이땅에 오실 메시아에 관한 소망이 자리잡고 있었다.

이는 여호수아 스스로 자의적으로 그렇게 생각하거나 단정지은 것이 아니라 믿음의 조상들로부터 상속된 언약에 기초하고 있었다. 아브라함이 살렘 왕 멜기세덱에게 십일조를 바치고 그에게 속한 사실은 그에 밀접하게 연관되어 있다. 또한 아브라함이 멜기세덱의 통치영역이던 예루살렘의 모리아 산에 하나님께서 특별히 허락하신 독자 이삭을 산 제물로 바친 것 역시 그와 관련되어 있다. 그 땅을 '여호와 이레'의 약속으로 주신 것은 장차 그곳에서 메시아 사역이 시작되고 완성될 것에 관한 예언적 의미를 지니고 있다.

5. 결론

하나님께서 여호수아를 통해 이스라엘 자손 앞에서 행하신 모든 기적과 그가 선포한 모든 말씀은 지나간 과거의 사라진 이야기에 그치는 것이 아니다. 그것들은 우리 시대의 교회와 성도들의 심령 가운데 그대로 살아 움직이고 있다. 따라서 하나님을 진정으로 경외하는 모든 성도들은 이 말씀을 배워 익힘으로써 천상의 주님을 바라볼 수 있어야 한다.

이 일을 위해 중요한 직분적 사명을 앞서 부여받은 자들은 매 주일 공예배 시간에 하나님의 진리를 선포하며 설교하는 말씀 사역자들이다. 설교자는 여호수아서뿐 아니라 성경의 모든 진리를 공적으로 선포하면서 마치 지나간 옛 얘기를 다루듯이 전해서는 안 된다. 참된 설교

는 인간의 아이디어가 아니라 성경 자체에서 구체적으로 뽑어져 나오
게 된다. 그것을 위해서는 하나님의 말씀과 더불어 성령 하나님의 적극
적인 도움이 있어야만 한다.

우리가 특별히 주의를 기울여 생각해야 할 바는 설교는 하늘 곧 천상
의 나라와 땅 곧 지상의 교회에 맞닿아 있어야 한다는 사실이다. 천상
에 계시는 하나님의 뜻이 지상에 존재하는 교회와 성도들에게 그대로
선포되고 실행되어야 하기 때문이다. 이것이 교회를 위한 원천적인 의
미를 확정짓게 된다.

그러므로 모든 참된 교회는 항상 천상으로부터 계시된 하나님의 말
씀을 중심에 두고 있어야 한다. 교회 가운데 진리를 선포하는 설교자는
인간적인 능력이 아니라 성령의 도우심에 따라 교회 가운데 존재하는
말씀의 교훈을 드러내야 하는 것이다. 이는 지상 교회에서 하나님의 진
리를 선포하는 설교자의 마음이 놓여 있는 위치의 중요성을 말해주고
있다.

우리 시대 교회 안에도 역사 가운데 하나님께서 행하신 다양한 기
적들과 언약의 돌판들이 존재하고 있어야 한다. 모세를 통해 허락하신
십계명의 두 돌판은 지금 문자로 남아 교회를 통해 직접 전달되고 있
으며 요단강 바닥에 세워진 열두 개의 돌들과 길갈에 세워진 요단강
바닥에서 취한 열두 개의 돌들 역시 우리의 심령 저변에 그대로 자리
잡고 있다.

따라서 오늘날의 설교자들도 여호수아 시대에 행해진 특별한 기적들
과 더불어 구약에 나타나는 하나님의 모든 사역을 기억하는 가운데 말
씀을 선포하여 전해야 한다. 그리고 과거 여호수아를 비롯한 믿음의 선
배들의 주된 관심이 예루살렘과 거룩한 성전을 향하고 있었듯이 천상
의 예루살렘을 향하고 있어야 한다. 또한 구약시대 성도들이 장차 오실
메시아를 간절히 기다렸던 것처럼 신약시대에는 십자가 사역과 더불어
부활 승천하신 주님께서 재림하실 날을 간절히 기다리는 가운데 하나

님의 말씀이 선포되어야 한다.

이에 관한 모든 사실을 구체적으로 증거하는 소중한 방편으로써 하나님으로 말미암은 다양한 기적들이 역사 가운데 허락되었다. 이에 관해서는 구약시대의 기적들과 더불어 예수 그리스도를 통해 베풀어진 초월적인 기적들이 그 중심에 놓여 있다. 그리고 예수님의 제자들이 행한 기적 역시 그에 포함되어 있다. 이는 우리 시대 교회를 포함한 모든 교회들이 실상은 기적 가운데 존재한다는 사실을 말해주고 있다.

그러므로 매 주일 언약의 백성들을 향해 선포되는 진리의 말씀 가운데는 하나님의 초월적 속성과 함께 그가 행하신 모든 기적들이 실제적 의미상 존재하고 있어야 한다. 그리고 예수님의 말씀은 물론 구약의 선지자들과 신약의 사도들이 전한 말씀과 더불어 하나님의 진리가 선포되어야 한다. 그 모든 과정을 통해 천상의 나라에 속한 언약의 백성들 가운데 하나님의 존재가 드러나게 되는 것이다.

제 1 부

가나안 땅에 들어가는 언약의 자손들

(수 1:1 - 5:15)

제1장

여호수아의 사명과 하나님의 요구

(수1:1-9)

1. 여호와 하나님의 특별한 부르심 (수1:1)

이 세상에 살아가는 인간들은 때가 되면 누구나 죽을 수밖에 없다. 하나님의 특별한 부르심을 입고 애굽 땅과 시내 광야에서 파란만장한 삶을 살았던 모세도 예외가 아니었다. 하나님께서는 모세가 애굽 땅에서 출생할 때부터 그를 이스라엘 백성을 가나안 땅으로 인도해내기 위한 중요한 도구로 사용하시고자 했다.

모세는 애굽 공주의 아들로 입양되어 왕국에서 어린 시절과 젊은 시절을 보냈다. 하나님께서는 당시 애굽 정부의 히브리인 남자아기를 대상으로 한 영아살해정책 가운데서 그를 극적으로 애굽의 왕궁으로 들여보내고자 하셨다. 사실 하나님께서는 그 일을 위해 애굽의 영아살해정책에 섭리적으로 관여하셨다.

갓난아기였던 모세는 애굽 왕가의 가족이 되었으나 혈통적으로는 언약의 자손이었다. 하나님께서 그로 하여금 히브리인으로서 민족적 정체성을 유지하도록 섭리하셨다. 그리하여 나중 그는 히브리인들이 애굽에 의해 큰 고난을 당할 때 애굽의 정치적 상황이 아니라 자기 민족의 편에 서게 되었다. 그가 마흔 살이 되었을 때 억울한 일을 당하는 히브리인을 위해 애굽 관리를 살해함으로써 혼자서 일인(一人) 출애굽을 감행하게 되었다.

시내 광야로 내려온 그는 나중 이스라엘 민족을 애굽 땅으로부터 이끌어내기 위한 전 단계로서 홀로 시내 광야에서 힘겨운 삶을 살았다. 모세 자신은 그것이 하나님으로 말미암은 훈련이라 생각지 않았으나 하나님께서는 그를 이스라엘 민족의 특별한 영도자로 세우시기 위해 강하게 단련시키셨다.

때가 되어 모세는 하나님의 부르심에 의해 다시금 애굽의 왕궁으로 들어가 당시 바로 왕과 대결했다. 그는 하나님의 뜻에 따라 자연적인 원리를 초월하는 많은 기적들을 행했다. 그와 더불어 이스라엘 민족의 지도자로서 하나님이 맡기신 모든 일들을 이루어갔다. 그렇게 함으로써 모든 준비를 갖추어 민족적 출애굽을 감행하게 되었던 것이다.

모세는 결국 이스라엘 민족을 인도하여 홍해 바다를 건너게 했으며 시내 광야에서 사십 년 동안 하나님으로부터 부여된 중요한 사명을 수행했다. 그는 하나님의 율법을 계시받아 여호와가 어떤 분인지 선언했다. 그리고 하나님의 계시에 따라 성막을 지어 그의 처소를 예비했다. 그리하여 여호와 하나님께서 언약의 백성 가운데 상주(常住)하고 계신다는 실제적 선포를 하게 되었던 것이다.

그런 중대한 사명을 감당한 모세가 늙어 이스라엘 민족이 요단강을 건너 가나안 땅으로 들어가기 직전 하나님의 부르심을 받아 죽게 되었다. 그렇다고 해서 그후부터 이스라엘 민족을 인도하는 지도자가 완전히 사라지게 된 것은 아니었다. 여호와 하나님께서 친히 그 백성들을 위한 절대적인 인도자가 되셨으며, 하나님으로부터 특별히 세워진 사명자로서 여러 지도자들이 때마다 세워졌기 때문이다.

모세가 죽은 후 그의 뒤를 이어 이스라엘 민족의 지도자가 된 인물은 그동안 모세의 옆에서 수종들던 눈의 아들 '여호수아'[1]였다. 그는 이스라엘 백성들이 합의하여 저들의 뜻에 맞는 지도자로 세워진 것이 아니었다. 하나님의 특별한 뜻에 따라 그가 모세의 사역을 계승하는 지도자로 세워지게 되었던 것이다.

우리는 여기서 오래전 모세를 이스라엘 민족의 지도자로 세우셨던 하나님께서 이제 때가 되어 여호수아를 그 뒤를 잇는 지도자로 세우셨다는 사실을 기억하게 된다. 이는 그후에도 하나님께서 역사 가운데 친히 자신과 언약의 백성들을 위한 지도자를 세우시게 되리라는 사실을 말해주고 있다. 하나님께서는 예수 그리스도가 이땅에 오실 때까지 그 일을 실행하셨으며 신약시대에도 하나님께서 피로 값주고 사신 교회 가운데 필요에 따라 신실한 이들을 불러 자기의 종으로 세우셨다.

하지만 어리석은 백성들은 하나님께서 세우시는 사역자를 거부하며 자기가 원하는 자들을 지도자로 세우기 위해 안간힘을 썼다. 그로 말미암아 이 세상에 존재하는 언약 공동체 가운데는 하나님을 배신하거나 그의 뜻을 저버리는 사악한 일들이 발생하게 된 것이다. 지상에 존재하는 하나님의 몸된 교회에 속한 모든 성도들은 항상 그에 대한 깊은 주의를 기울여 살피지 않으면 안 된다.

---

1) 성경에는 동일한 이름을 가진 매우 중요한 몇 명의 '여호수아'가 있다. 여호수아서에 나오는 눈의 아들 여호수아 이외에 이스라엘 민족을 바벨론의 포로에서 가나안 땅 본토로 이끌어 온 제사장 여호수아이다. 눈의 아들 여호수아가 이스라엘 민족을 약속의 땅 가나안으로 인도하는 것은 바벨론에서 그 민족을 가나안 땅으로 인도하는 것과 유사한 면을 가진다. 그리고 메시아이신 예수 그리스도 역시 '예수' '예수아' '여호수아'와 동일한 이름을 가지고 있다. 그 예수님은 눈의 아들 여호수아가 이스라엘 민족을 가나안 땅으로 인도하고 나중 제사장 여호수아가 포로가 되었던 이스라엘 민족을 가나안 땅으로 인도했듯이 자기에게 속한 언약의 백성들을 새로운 영원한 영역으로 인도하셨다.

2. 하나님의 명령과 '약속의 땅' (수1:2-4)

하나님께서는 여호수아에게 중요한 임무를 맡기셨다. 그동안 언약의 백성들을 인도해오던 모세가 죽었으니 이제 그를 뒤이어 사명을 감당하라고 했다. 그것은 이스라엘 민족을 인도하여 요단강을 건너 하나님께서 주시는 가나안 땅으로 들어가라는 명령이었다.

우리가 여기서 주의 깊게 이해해야 할 점은 언약의 자손들이 들어가서 차지하게 될 가나안 땅은 하나님께서 선물로 주시는 것이라는 사실이다. 즉 이는 이스라엘 백성들이 훈련된 군사력을 동원하여 그 땅을 자력으로 정복해야 하는 것이 아니라 하나님께서 선물로 주시는 그 땅을 받아 소유하는 것이 중요했다. 이는 하나님께서 모세를 이어 언약의 자손들을 위한 영도자가 된 여호수아에게 하신 중요한 말씀이다.

나중 이스라엘 자손이 가나안 땅에 들어갔을 때 이에 관한 근본적인 오해로 말미암아 여러 가지 복잡한 문제들이 발생했다. 하나님께서 저들에게 특별한 선물로 주신 땅을 절차에 따라 받으면 될 일을 굳이 자신의 세력으로 정복하려고 덤벼들다가 도리어 일을 그르친 예가 많기 때문이다. 하나님의 뜻을 온전히 깨닫지 못한 어리석은 자들은 인위적인 힘으로 가나안 땅을 정복해서 쟁취하려고 하다가 실패를 되풀이했다.

그로 말미암아 가나안 땅에서는 피비린내 나는 전투가 끊임없이 발생하게 되었다. 그 과정에서 인간들의 생각과 전략을 앞세워 작전을 펼치다가 큰 문제들에 봉착하여 더욱 심한 고통을 당하게 되었던 것이다. 그 때문에 이스라엘 자손들은 사사시대 삼백 년의 길고 힘든 기간을 보내야만 했다.

중요한 사실은 언약의 백성들이 하나님께서 선물로 주시고자 하는 땅을 겸허히 받는 신앙 자세를 유지해야 한다는 점이다. 이는 물론 아무것도 하지 않고 가만히 앉아 있으라는 의미가 아니다. 오히려 하나님께서 요구하시는 방법으로 전투 자세에 임해야만 한다는 사실을 말해 주고 있다. 즉 모세를 통해 허락하신 율법에 온전히 순종함으로써 하나 님께 모든 것을 맡기는 가운데 긴장을 늦추지 않은 채 신실한 신앙인의 삶을 이어가야 했다.

그러므로 하나님께서는 그 전에 이미 모세에게 약속하셨듯이 저들의 발바닥으로 밟는 모든 땅을 다 저들에게 주시겠노라고 말씀하셨다(수 1:3). 약속 가운데 허락하신 가나안 땅을 이제 그들이 들어가 소유하면 된다는 것이었다. 그리고 그 땅의 범위는 가나안 지역의 모든 광야와 레바논에서부터 큰 강 유프라테스에 이르는 헷 족속의 모든 땅과 해지 는 편 대해(大海) 곧 지중해까지 저들에게 허락된 땅의 경계가 되게 하리 라고 하셨다.

우리는 여기서 매우 중요한 사실을 이해해야만 한다. 그것은 하나님 께서 이스라엘 자손에게 허락하신 땅에 포함된 범위가 과연 어디까지 인가 하는 문제와 연관되어 있다. 즉 언약의 자손들이 하나님으로부터 받아 소유로 삼아야 할 땅이 어디부터 어디까지냐 하는 것은 매우 중요 한 의미를 지니고 있다.

물론 이 본문 가운데는 그 영역을 가나안 땅의 모든 광야와 레바논에 서부터 큰 강 유프라테스에 이르는 헷 족속의 모든 땅과 해가 지는 편 대해(大海) 곧 지중해까지라고 기록하고 있다. 여기서 지중해까지라는 말은 가나안 땅의 육지로부터 경계를 이루는 해변까지라는 말이 아니 라 그 해변을 넘어 지중해의 넓은 바다를 포함하고 있는 것으로 이해해 야 한다. 이는 우리의 상상을 뛰어넘는 굉장히 광대한 지역을 포함하고 있는 것이 분명하다.

성경에는 그와 같이 넓은 땅을 포함한 매우 광범위한 영역에 연관된 기록이 많이 나타난다. 하나님께서는 아브라함에게 약속하실 때도 그 지역의 땅을 주시리라는 약속을 하셨다(창15:18). 그리고 모세에게도 동 일한 말씀을 하셨다(신1:6-8). 솔로몬 왕 때는 그 말씀이 성취되어 그 전 지역을 소유했음을 언급하고 있다(왕상4:21).

우리는 이 약속을 통해 이스라엘 민족의 영향력이 어느 정도까지 이르게 되는지 짐작해 볼 수 있다. 이 말은 곧 당시 온 세계가 그들의 지배적 영향을 받게 된다는 사실을 말해주고 있다. 이는 물론 정치 군사적 통치가 아니라 영적인 상황을 내포하고 있다. 약속의 땅에서 하나님의 구속사가 진행되는 현장 가운데 드러나는 그 실제적인 의미가 전 세계를 향하고 있다는 것이다.

그런데 우리는 성경이 이와 달리 상당히 차이나는 관점에서 '젖과 꿀이 흐르는 가나안 땅'을 별도로 정의하고 있는 사실을 보게 된다. 하나님께서 애굽에서 유프라테스 강에 이르는 넓은 지역을 주신다고 하신 말씀(신11:24)은 그 땅에 살아가는 이방인들이 이스라엘 자손의 영향 아래 놓이게 된다는 사실을 먼저 이해해야 할 필요가 있다.

그러므로 성경이 언급하고 있는 약속의 땅에 대한 범위가 어디까지인지 주의 깊게 이해하지 않으면 안 된다. 젖과 꿀이 흐르는 그 땅은 이스라엘 백성이 여호수아와 함께 요단강을 건넜을 때 그곳을 점령하고 있던 가나안 지역 일곱 족속이 차지하고 있던 곳으로 받아들여야 한다. 즉 가나안 족속, 헷 족속, 아모리 족속, 브리스 족속, 히위 족속, 여부스 족속, 기르가스 족속이 살아가던 지역이다(출3:8; 3:17; 13:5; 33:2; 느9:8, 참조).[2] 따라서 성경은 젖과 꿀이 흐르는 약속의 땅을 '단에서 브엘세바까지'라는 사실을 강조해 언급하고 있다.

> "단에서부터 브엘세바까지의 온 이스라엘이 사무엘은 여호와의 선지자로 세우심을 입은 줄을 알았더라" (삼상3:20); "그 맹세는 곧 이 나라를 사울

---

2) 우리는 여호수아서 내부에 기록된 가나안 일곱 족속에 관련된 말씀을 기억해야 한다: "또 말하되 사시는 하나님이 너희 가운데 계시사 가나안 족속과 헷 족속과 히위 족속과 브리스 족속과 기르가스 족속과 아모리 족속과 여부스 족속을 너희 앞에서 정녕히 쫓아내실 줄을 이 일로 너희가 알리라"(수3:10; 24:11, 참조).

의 집에서 다윗에게 옮겨서 그 위를 단에서 브엘세바까지 이스라엘과 유
다에 세우리라 하신 것이니라"(삼하3:10); "왕이 이에 그 곁에 있는 군대
장관 요압에게 이르되 너는 이스라엘 모든 지파 가운데로 다니며 단에서
부터 브엘세바까지 인구를 조사하여 그 도수를 내게 알게 하라"(삼하
24:2); "솔로몬의 사는 동안에 유다와 이스라엘이 단에서부터 브엘세바
에 이르기까지 각기 포도나무 아래와 무화과나무 아래서 안연히 살았더
라"(왕상4:25).

우리는 하나님께서 모세의 뒤를 이은 여호수아에게 약속하신 땅에
연관된 두 개의 차이나는 영역을 잘 이해해야 한다(수1:4; 수3:10, 비교 참
조). 여호수아서 1장 4절 본문에 언급된 광범위한 영역은 언약의 백성들
이 소유한 권세와 더불어 저들에 대한 영향 및 방어와 보호에 관련되어
있다(수1:4). 그에 반해 나중에 기록된 여호수아 3장 10절의 내용은 하나
님의 구속사역이 전개되는 언약에 관한 중요한 의미를 지니고 있다.

그러므로 우리는 단에서 브엘세바까지의 젖과 꿀이 흐르는 가나안
땅을 하나님께서 특별히 구별하신 언약의 지역으로 이해할 수 있다. 이
와 관련하여 사무엘하 24장 2절에서 '단에서부터 브엘세바까지 인구
를 조사하라'는 다윗의 명령은 매우 중요한 의미를 지니고 있다. 그가
비록 이스라엘의 병력 숫자에 치중함으로써 하나님의 진노를 샀으나
그 영역이 하나님으로부터 부여받은 약속의 땅이란 사실을 잘 드러내
보여주고 있다.

따라서 하나님의 약속으로 말미암아 허락된 그 땅은 다른 이방과 확
연히 구별되어야 할 영역임이 분명하다. 이스라엘 민족의 각 지파들이
그곳에 거주하면서 하나님의 언약이 실행되어 가는 일에 참여하게 될
것이기 때문이다. 그 가운데 하나님의 도성인 예루살렘과 거룩한 성전
이 세워지게 된다. 예루살렘 주변 지역은 아브라함 시대 멜기세덱의 통
치영역이었으며(창14:18-20) 성전이 건립될 곳은 아브라함이 독자 이삭

을 제물로 바쳤던 그 중앙에 있는 모리아 산이다(창22:2; 대하3:1).

3. 동행을 약속하시는 하나님과 율법 책 (수1:5-9)

하나님께서는 여호수아를 향해 그의 평생에 그를 당할 자가 없으리라는 사실을 언급하셨다. 그 말씀 가운데는 그가 평생 동안 원수들을 대항해 싸워야 한다는 의미가 내포되어 있다. 이제 곧 요단강을 건너 가나안 땅에 들어가면 미리 그곳을 차지하고 있던 여러 이방 종족들과 맞서 싸워야 하며 민족 내부에서는 하나님의 율법을 거스르는 배도자들을 다스려야 한다. 이는 이스라엘 민족의 새로운 지도자가 된 그에게 평온한 삶이 아니라 힘겨운 삶이 기다리고 있음을 말해주고 있다.

그런데 여호수아에게는 자기의 개인적인 능력으로 그 모든 어려움을 타개할 수 있는 능력이 없었다. 그의 탁월한 군사적 지도력과 전술이 원수들을 물리칠 수 있는 원동력이 되는 것이 아니었으며 그것으로 사악한 배도자들을 제압하기 어려웠다. 오직 여호와 하나님의 도우심을 통해 그 모든 상황을 승리로 이끌 수 있게 된다.

그러므로 하나님께서는 지금까지 모세와 함께 동행하셨던 것처럼 여호수아와 함께 계실 것이라고 말씀하셨다. 하나님께서 항상 그와 함께 있으면서 절대로 그의 곁을 떠나지 않으리라고 약속하셨던 것이다. 즉 어떤 힘든 상황이 발생한다고 할지라도 그를 버리는 일이 절대로 없으리라는 것이었다.

하나님께서는 이 말씀을 통해 장차 매우 어렵고 힘든 일이 그에게 닥치게 되리라는 사실을 시사하셨다. 그 상황은 크게 위협적일 수 있으며 감당하기 어려울 만큼 두려운 마음을 가지게 할 수 있음을 말해주고 있다. 따라서 앞으로 어떤 일이 닥칠지라도 마음을 강하게 먹고 담대하게 처신하라고 말씀하셨다. 이는 그렇게 하지 않으면 안 될 만큼 심각한 상황이 도래할 것이란 사실을 말해주고 있다.

여호수아가 견지해야 할 근본적인 신앙 자세는 적군과 언약의 백성을 괴롭히는 자들을 보며 자신의 힘으로 그에 대응하는 것이 아니었다. 그는 오직 여호와 하나님을 바라보며 그의 약속을 기다리는 가운데 계명에 온전히 순종하는 자세를 유지해야만 했다. 그리하면 하나님께서 그 조상들에게 주리라고 맹세하신 대로 여호수아와 이스라엘 민족에게 그 땅을 주리라는 것이었다.

그러므로 이제 언약의 백성 가운데 새로운 지도자로 세워진 여호수아가 감당해야 할 중요한 일은 주변에 전개되는 힘든 상황에 휘둘리지 말고 마음을 강하게 먹고 극히 담대한 자세로 모세가 명한 모든 율법을 지켜 행하는 것이었다. 나아가 적군들의 저항이나 공격뿐 아니라 언약의 백성들 내부에서 일어나는 배도자들의 주장으로 인해 좌로나 우로나 치우치지 말아야 했다. 하나님의 계명에 온전히 순종하면 그가 어디로 가든지 항상 형통하게 되리라는 것이었다.

하나님께서는 그것을 위해 여호수아에게 매우 중요한 명령을 내리셨다. 그것은 하나님의 율법 책을 그의 입에서 떠나지 말게 하라는 요구였다(수1:8). 그 말씀을 밤낮으로 항상 묵상하며 그 가운데 기록된 모든 내용을 그대로 지켜 행하라는 것이었다. 그에 순종함으로써 그가 나아가는 앞길이 평탄하여 모든 것이 형통하게 되리라고 하셨다.

우리가 여기서 눈여겨보아야 할 점은 하나님께서 여호수아에게 우선적으로 강력한 군대를 양성하고 병사들을 강인하게 훈련하라고 요구하지 않으셨다는 사실이다. 그리고 하나님께서는 그에게 칼이나 창 등 예리한 병기를 풍부하게 준비하도록 지시하시지도 않았다. 이스라엘 민족의 최고 지도자가 된 그에게 근본적으로 중요한 것은 전투력 강화가 아니라 하나님의 말씀에 온전히 순종하는 신앙 자세였던 것이다.

그러므로 여호수아는 하나님의 명령에 온전히 순종함으로써 자신의 직무를 성실하게 감당해야만 했다. 따라서 이스라엘 민족에게 대적하는 자들이 아무리 강력할지라도 오직 하나님을 의지함으로써 강하고 담대한 마음을 가지는 것이 중요하다. 따라서 눈앞에 전개되는 위급한 상황으로 인해 두려워하거나 놀라는 일이 없어야 한다. 이는 그가 어디로 가든지 여호와 하나님께서 그와 함께 계실 것이기 때문이다. 모세를 계승한 여호수아에게 가장 중요한 것은 바로 그와 같은 삶의 자세를 유지하는 일이었다.

제2장

이스라엘 백성을 향한 여호수아의 명령

(수1:10-18)

1. 가나안 입성 준비 명령 (수1:10,11)

약속의 땅 가나안 진입을 위한 이스라엘 백성의 요단강 도하(渡河)를 앞두고 모세가 죽자 하나님의 뜻에 따라 여호수아가 이스라엘 민족의 새로운 지도자로 세워졌다. 그는 하나님의 말씀을 듣고 백성의 지도자들을 한자리에 불러모았다. 오랫동안 기다려 오던 가나안 진입을 결행할 시간이 눈앞으로 바짝 다가왔기 때문이다.

여호수아를 비롯한 모든 이스라엘 백성은 그런 상황 가운데 가슴이 벅차지 않을 수 없었다. 여호와 하나님께서 저들의 조상 아브라함에게 주시기로 약속하신 그 땅에 들어가 참 주인(主人)이 될 날이 그리 멀지 않았기 때문이다. 아브라함과 이삭과 야곱은 그날을 직접 목격하지 못했으나 하나님의 약속이 이루어질 때를 간절히 소망했었다.

또한 이스라엘 자손이 요셉으로 말미암아 애굽 땅으로 내려가 이방

의 나그네가 되었을 때도 줄곧 본향(本鄕)인 가나안 땅을 바라보며 살았
었다. 그들은 고통스럽고 힘든 형편에 처해 있으면서 아브라함과 이삭
과 야곱과 그 부인들이 묻혀있는 헤브론의 막벨라 굴을 바라보았다(창
49:29-31; 50:12,13). 저들에게는 믿음의 조상인 할아버지와 할머니들이
묻혀있는 그 땅이 장차 돌아가야 할 본향이었기 때문이다.

따라서 그 백성은 황량한 시내 광야에서 사십 년을 보내면서도 마음
은 항상 약속의 땅 가나안을 향하고 있었다. 과거 그들의 조상들 역시
나일강 물이 흘러내리는 애굽 땅이 아무리 비옥하고 기름지다 할지라
도 그곳에 영구히 살고자 하는 마음을 가지지 않았다. 이방 지역 애굽
에서 수백 년의 긴 세월을 보내고 출애굽한 백성들이 이제 며칠 후면
요단강을 건너 가나안 땅으로 들어가게 된다.

그 모든 일은 전적으로 전지전능하신 여호와 하나님의 계획과 작정
에 따른 것이었다. 즉 이스라엘 백성이 자의(自意)로 그 시기를 앞당기거
나 미룰 수 있는 성질의 것이 아니었다. 그들에게는 그렇게 할 만한 기
본적인 능력조차 없었다. 이제 이스라엘 자손이 가나안 땅 진입을 눈앞
에 두고 있을 때 새롭게 민족 지도자가 된 여호수아가 백성들의 지도자
들을 한자리에 불러모아 실제적인 명령을 내렸다.

그 내용은 각 지파의 지도자들이 진중(陣中)을 두루 다니며 백성들을
향해 먹을 양식을 비축해두라고 독려하라는 것이었다. 그와 더불어 이
제 삼일 안에 이스라엘 자손이 요단강을 건너 가나안 땅으로 들어가게
되리라는 사실을 온 백성들에게 선포하도록 했다. 여호와 하나님께서
이미 오래전부터 언약의 자손들인 저들의 조상에게 그 땅을 특별한 선
물로 주시리라고 한 약속이 비로소 이루어지게 된다는 것이었다.

사백삼십 년이란 긴 세월 동안 이방 지역인 애굽에서 나그네로 살다
가 출애굽한 후 또다시 사십 년 동안 시내 광야에서 살았던 아브라함의
자손들이 이제 젖과 꿀이 흐르는 약속의 땅에 들어가 정복할 때가 이르
렀다. 오랜 기다림 끝에 임하는 이스라엘 민족의 역사 가운데 가장 극

적인 상황이 예고된 것이다. 이제 그들이 요단강을 건너 가나안 땅에 들어가면 그 전과는 전혀 다른 삶이 전개될 것이 분명하다.

그와 같은 비상시국에서 여호수아는 백성들로 하여금 먹을 양식을 충분히 예비하라는 요구를 했다. 그것은 이스라엘 자손이 시내 광야에 사십 년간 유리하면서 줄곧 먹어온 만나를 비롯하여 요단강 동편 땅에서 난 여타 양식들을 비축해두라는 의미였을 것으로 보인다. 특히 만나는 하나님으로부터 공급되는 특별한 양식이었다. 그것은 인간들의 노동력에 의해 생산되는 것이 아니라 전적인 하나님의 선물로서 주어졌다.

그와 같은 양식은 인간 역사 가운데 전무후무한 독특한 것이었다. 즉 만나는 인간들이 땅에 씨앗을 뿌리고 재배하여 생산해 내는 곡식이 아니라 하나님께서 하늘로부터 내려보내신 일용할 양식이다. 언약의 백성들은 하늘에서 내리는 그 만나를 규정된 율법에 따라 날마다 먹을 만큼 거두어야 했으며 하루에 필요 이상의 분량을 거두는 것이 금지되었다.

하지만 안식일을 준비하기 위해서는 그 전날 이틀분의 만나를 거두어 보관해 둘 수 있었다. 다른 날 같으면 허락된 분량 이상의 만나를 거둘 경우 벌레가 생기고 부패하여 버리게 되었으나 거룩한 안식일에는 그렇지 않았다. 이스라엘 자손에게 허락된 만나와 그에 연관된 구체적인 규례가 출애굽기에 기록되어 있다.

"그 이슬이 마른 후에 광야 지면에 작고 둥글며 서리 같이 세미한 것이 있는지라 ... 이스라엘 자손이 그같이 하였더니 그 거둔 것이 많기도 하고 적기도 하나 오멜로 되어 본즉 많이 거둔 자도 남음이 없고 적게 거둔 자도 부족함이 없이 각기 식량대로 거두었더라 모세가 그들에게 이르기를 아무든지 아침까지 그것을 남겨 두지 말라 하였으나 그들이 모세의 말을 청종치 아니하고 더러는 아침까지 두었더니 벌레가 생기고 냄새가 난지

라 모세가 그들에게 노하니라 … 제 육일에는 각 사람이 갑절의 식물 곧
하나에 두 오멜씩 거둔지라 … 내일은 휴식이니 여호와께 거룩한 안식일
이라 너희가 구울 것은 굽고 삶을 것은 삶고 그 나머지는 다 너희를 위하
여 아침까지 간수하라 그들이 모세의 명대로 아침까지 간수하였으나 냄
새도 나지 아니하고 벌레도 생기지 아니한지라" (출16:14-24)

시내 광야에서 사십 년 동안 유랑생활을 하며 살아가던 언약의 자손
들은 하나님께서 특별히 공급하시는 만나를 일용할 양식으로 먹으면
서 그 기적의 음식에 관한 규례를 철저하게 지켰다. 그들에게는 양식
을 저장해야 하는 창고가 달리 필요 없었다. 그로 말미암아 음식을 더
많이 먹는 사람도 없었으며 음식이 없어서 못 먹거나 굶주리는 사람도
없었다. 또한 어린아이들이나 병약한 자들 등 만나를 거두기 위해 밖
으로 나가기 어려운 사람들에게도 그 양식이 균등하게 충분히 제공되
었다.

그런 가운데 이스라엘 자손이 요단강을 건너기에 앞서 여호수아에
의해 식량과 연관된 매우 특별한 규례가 허락되었다. 그동안 평일이면
사람들이 먹기 위한 만나를 날마다 거두어야 했으며 안식일 전날인 예
비일이라면 안식일을 위해 이틀 분량을 거두어야 했으나 이제 그들에
게 매우 특별한 일시적인 허용적 규례가 주어졌다. 이스라엘 자손이 가
나안 땅 진입을 위해 요단강을 건너는 시점에서 그 전과 달리 훨씬 많
은 분량의 양식을 거두어 비축하도록 특별히 허락된 것으로 보이기 때
문이다.

우리는 장차 이스라엘 민족이 가나안 땅에 들어가 보낼 초기 며칠을
특별한 은총의 기간으로 이해할 수 있다. 물론 당시 여호수아가 백성들
에게 과연 얼마 동안 먹을 분량의 만나를 더 거두도록 명했는지 자세히
알 수 없다. 하지만 그것은 언약의 자손들이 요단강을 건넌 후 첫 번째
맞는 유월절과 만나가 끊긴 이후의 식량 공급에 밀접하게 연관되어 있

었다.[3)]

특별한 역사적 은총의 기간을 눈앞에 두고 평소에 비해 훨씬 여유롭게 만나를 비축하도록 허용된 것은 분명한 현실이다. 당시 그렇게 했을 때 어쩌면 대량의 식량 확보와 더불어 비상시국에 처한 백성들이 더욱 긴장하게 되었을지도 모른다. 그런 상황 자체가 언약의 자손들로 하여금 정신을 바짝 차리도록 했을 것이기 때문이다.

2. 르우벤 지파와 갓 지파와 므낫세 반 지파를 향한 특별한 명령과 반응 (수1:12-17)

여호수아는 요단강을 건너 가나안 땅으로 진입하기 전 먼저 르우벤 지파와 갓 지파와 므낫세 반 지파를 향해 특별한 명령을 내렸다. 그들은 모세로부터 요단강 동편 지역을 이미 분배받았으므로 가족들을 요단강 건너 서편 땅으로 데려가지 않아도 되었다. 따라서 여호수아는 먼저 하나님께서 저들의 안식을 위해 요단강 동편 땅을 주리라고 말씀하신 사실을 기억하라고 했다. 거기에는 하나님의 특별한 뜻이 담겨있다는 점을 말해주고 있다.

그러므로 그들에게 속한 아내와 자녀들과 가축을 비롯한 모든 소유물은 모세가 그 전에 준 요단강 동편 지역에 머물도록 하라고 했다. 그 대신 그들 가운데 하나님의 뜻에 따라 전투에 참여할 수 있는 용사들은 무장하고 다른 여러 지파의 형제들보다 앞선 위치에서 요단강을 건너가도록 명령했다. 즉 가나안 정복을 위하여 모든 백성의 선두에 설 것

---

3) "이스라엘 자손들이 길갈에 진쳤고 그 달 십사일 저녁에는 여리고 평지에서 유월절을 지켰고 유월절 이튿날에 그 땅 소산을 먹되 그 날에 무교병과 볶은 곡식을 먹었더니 그 땅 소산을 먹은 다음 날에 만나가 그쳤으니 이스라엘 사람들이 다시는 만나를 얻지 못하였고 그 해에 가나안 땅의 열매를 먹었더라"(수 5:10-12)

을 그들에게 요구했던 것이다(수1:14,15).

가족과 함께 요단강을 건너야 할 아홉 지파 반에 속한 자들은 부녀자들과 어린아이들 때문에 전투에 임하기 위한 운신의 폭이 좁을 수밖에 없었다. 또한 그들에게는 일상생활에 필요한 상당한 짐들이 있었을 것이다. 그에 비해 르우벤 지파와 갓 지파와 므낫세 반 지파에 속한 용사들은 진군하기에 훨씬 용이했을 것이 틀림없다. 바로 그와 같은 상황을 대비하여 일부 지파들에게 요단강 동편 땅을 허락하게 되었던 것이다.

그러므로 여호수아는 나머지 지파들이 요단강을 건너 그 땅을 얻어 안식하게 되거든 그때 요단강 동편으로 돌아가서 그 땅에 거하라고 했다. 우리는 이 말을 깊은 주의를 기울여 이해해야 한다. 이스라엘 백성이 가나안 땅을 완전히 얻어 안식하기 위해서는 사사시대를 거쳐 삼백 년이라는 긴 기간이 걸리기 때문이다.

따라서 위에 언급된 내용은 이스라엘 자손이 요단강을 건넌 후 주변의 땅을 어느 정도 정복하게 되는 상황이 이르면 동편 땅으로 돌아가는 것에 연관되어 있다. 이 말씀은 이스라엘 백성이 약속의 땅 전체를 차지하기 전이라 해도 안전하게 거주할 수 있는 영역을 확보하게 되면 르우벤 지파와 갓 지파와 므낫세 반 지파에 속한 용사들은 가족이 머물고 있는 요단강 동편으로 되돌아갈 수 있게 된다는 사실을 말해주고 있다.

요단강 동편 지역을 분배받은 지파들에 속한 사람들은 여호수아의 명령을 듣고 나서 그 내용을 그대로 수용했다. 그들은 여호수아가 내린 모든 명령을 기꺼이 다 실행하겠다고 다짐하며 고백했다. 요단강을 건너가라고 한 그의 명령은 물론이거니와 가나안 땅 어디든지 가라는 명령을 내리면 그대로 복종하리라는 것이었다.

그들은 그동안 모세가 명령한 모든 내용을 그대로 받아들여 수행했듯이 여호수아에게도 동일한 입장과 자세를 보이겠노라는 심경을 밝혔다. 시내 광야 사십 년 동안 모세와 동행하시던 여호와 하나님께서 이제 여호수아와 함께 계신다는 사실을 잘 알고 있으며 앞으로도 그와 같이 하시기를 원한다는 것이었다. 이는 그들이 여호수아가 하나님의 명령에 따라 그 계명을 좇아 모든 것을 행하게 되리라는 사실을 잘 알고 있다는 사실을 말해주고 있다.

당시 요단강 동편 지역을 분배받은 두 지파 반에 속한 용사들의 믿음은 대단한 것이라 보지 않을 수 없다. 그들은 다른 지파와 함께 요단강을 건너 가나안 땅에 들어가면 그곳에 얼마나 있다가 돌아가야 할지 알수 없었다. 일년이든 이년이든 정해진 기한이 없는 상태에서 아무런 조건 없이 여호수아의 말을 그대로 수용하여 복종하는 것은 하나님에 대한 절대적인 믿음과 여호수아에 대한 신뢰가 없이는 불가능한 일이다.

그리하여 요단강을 건넌 이스라엘 자손은 하나님의 인도하심에 따라 가나안 땅 정복을 위한 기초를 닦는 일에 성실한 자세로 참여하게 되다. 당시 르우벤 지파와 갓 지파와 므낫세 반 지파의 역할은 매우 컸음이 틀림없다. 그들이 가나안 땅에서 맡은 바 모든 직무를 완수했다고 판단하면 여호수아가 그들의 귀환에 대하여 직접 지휘를 하게 된다.

장차 때가 이르면 두 지파 반에 속한 용사들은 가족이 살고 있는 요단강 동편 땅으로 돌아갈 수 있게 된다. 그들은 가나안 땅에서 그 임무를 충실히 감당한 후 더이상 그곳에 머물지 않아도 되기 때문이다. 따라서 여호수아는 나중 그들을 요단강 동편 땅으로 돌려보내면서 그곳에서도 하나님의 율법과 계명을 지켜 행하라는 당부를 하게 된다. 여호수아서 뒷부분에는 그에 연관된 기록이 나타난다.

> "그 때에 여호수아가 르우벤 사람과 갓 사람과 므낫세 반 지파를 불러서 ... 이제는 너희 하나님 여호와께서 이미 말씀하신대로 너희 형제에게 안식을 주셨으니 그런즉 이제 너희는 여호와의 종 모세가 요단 저편에서 너희에게 준 소유지로 가서 너희의 장막으로 돌아가되 크게 삼가 여호와의 종 모세가 너희에게 명한 명령과 율법을 행하여 너희 하나님 여호와를 사랑하고 그 모든 길로 행하며 그 계명을 지켜 그에게 친근히 하고 너

회의 마음을 다하며 성품을 다하여 그를 섬길찌니라 하고 여호수아가 그
들에게 축복하여 보내매 그들이 자기 장막으로 갔더라"(수22:1-6)

이스라엘 자손이 요단강을 건너 가나안 땅을 정복하기 위한 기반을
마련하는 데 르우벤 지파, 갓 지파, 므낫세 반 지파에 속한 용사들의 역
할이 매우 컸다. 하지만 그들은 그 땅에 눌러앉아 살게 되는 것이 아니
라 가족이 기다리는 동편 지역으로 돌아가게 된다. 그들이 비록 약속의
땅 가나안의 영역 밖인 요단강 동편 지역에 살아가야 하지만 여전히 언
약의 자손으로서 그 정체성을 유지해야만 한다.

그러므로 여호수아는 그들에게 가족들이 살고 있는 요단강 동편으로
돌아가서 하나님의 율법과 계명을 지키고 마음을 다하고 성품을 다하
여 여호와 하나님을 섬기라는 당부를 하게 된다. 그것은 그들 자신뿐
아니라 그들의 아내와 자녀들을 비롯한 요단강 동편에 남아 있는 자들
모두에게 그렇게 가르치고 지도하라는 의미를 지니고 있다. 그리하여
여호수아는 그들에게 축복한 후 그 가족이 기다리고 있는 저들의 영역
으로 돌려보내게 되는 것이다.

3. 여호수아와 이스라엘 자손 사이의 언약 (수1:18)

하나님께서 구속 사역을 진행하시는 과정에서 특별히 세워진 여호수
아는 처음부터 이스라엘 백성들 가운데서 그 권위를 인정받았다. 그것
은 모세의 사명을 계승한 후계자에게 허락되는 당연한 결과였다. 물론
그것은 여호수아 자신의 개인적인 능력 때문이라기보다 하나님의 전적
인 섭리로 말미암은 것으로 이해해야 한다.

그러므로 가나안 땅 진입을 눈앞에 둔 모든 언약의 백성들은 여호수
아에 대한 절대복종을 다짐하며 맹세했다. 특히 처음 그로부터 중요한
명령을 듣게 된 르우벤 지파와 갓 지파와 므낫세 반 지파에 속한 사람

들이 먼저 분명한 고백을 하게 되었다. 여호수아가 저들에게 명령을 내리고 지시하는 모든 말씀을 그대로 들어 순종하겠노라고 했던 것이다.

따라서 만일 이스라엘 백성들 가운데 여호수아의 말을 순순히 받아들이지 않고 불순종하는 자가 있다면 반드시 죽임을 당하리라고 말했다. 이는 그런 악한 자들을 절대로 좌시하지 않겠다는 선한 의지를 드러내 보여주고 있다. 하나님께서 세우신 지도자의 말에 불복종하는 자가 한 사람일지라도 그로 인해 사악한 거짓 여론이 조성될 것이며, 그것이 결국 누룩이 되어 전체 언약 공동체를 허무는 위험한 역할을 할 우려가 따르기 때문이다.

이 말은 또한 여호수아의 입에서 나오는 모든 명령이 하나님의 뜻을 드러내는 절대적인 성격을 지니고 있다는 사실을 말해주고 있다. 뿐만 아니라 그의 모든 판단은 사람의 생명을 좌우할 만큼 중요하다는 의미를 내포하고 있다. 따라서 그에 연관된 진정한 뜻을 알고 받아들이는 것이 언약의 자손들에게 진정한 복이 되었다.

그와 더불어 이스라엘 자손들은 여호수아를 향해 특별한 격려의 마음을 전하고 있다. 이제부터 그에게 전적인 힘을 보탤 것이며 그의 모든 명령을 온전히 받아들여 순종하리라는 것이었다. 따라서 장차 안팎으로부터 사악한 자들의 심한 위협과 공격이 있을지라도 그에 크게 신경쓰지 말라고 했다. 그 대신 여호와 하나님을 의지하며 강하고 담대한 마음을 먹으라는 당부를 했다.

이처럼 모세를 계승하여 새로운 지도자가 된 여호수아와 그를 따라야 할 언약의 백성들 사이에 맺어진 특별한 관계는 구속사 가운데 존재해야 할 매우 중요한 교훈을 남기고 있다. 즉 언약 공동체의 지도자와 그에 속한 모든 구성원들 사이에는 하나님의 말씀을 통한 불변의 신뢰 관계가 유지되어야 한다. 이에 대해서는 신약시대의 지상 교회 가운데서 그대로 적용되어야 하는 신령한 성격을 지니고 있다.

지상 교회에서 하나님의 말씀과 성령의 간섭과 도우심에 따라 적법하게 세워진 지도자는 당연히 하나님을 진정으로 경외하는 자세를 유지해야만 한다. 그리고 그 신앙 공동체에 속한 성도들은 그에 대한 진정한 신뢰의 마음을 가져야 한다. 즉 모든 언약의 백성들은 교회로부터 위임받은 그가 자기에게 맡겨진 사명을 온전히 감당해 낼 수 있도록 격려하며 힘을 북돋워 주어야 하는 것이다.

그렇게 할 때 교회의 지도자인 교사는 마귀에게 속한 악한 세력에 대항하여 싸울 때 강하고 담대한 마음을 가질 수 있게 된다. 우리는 직분을 맡은 지도자들을 부당한 방법으로 모함하거나 그의 힘을 빼는 것은 하나님에 대한 저항 행위이자 신앙 공동체를 허물어뜨리는 것과 다르지 않다는 사실을 기억해야 한다. 특히 지상 교회에서 감독 직분을 맡은 자들은 항상 이를 염두에 두고 하나님의 몸된 교회를 돌봐야 하며 교회 안팎으로부터 나타나는 위협세력에 대하여 단호하게 대처해야만 한다.

제3장

여호수아가 보낸 두 정탐꾼과
여리고 성의 기생 라합

(수2:1-24)

1. 여호수아가 보낸 비밀 정탐꾼과 기생(harlot, prostitute) 라합 (수2:1)

여호수아는 이스라엘 민족이 가나안 땅으로 진입하기에 앞서 싯딤에서 두 명의 정탐꾼을 요단강 건너에 위치한 여리고 성으로 비밀리에 들여보냈다. 그 땅과 거기 살고 있는 여리고 성의 형편을 살펴보기 위해서였다. 하나님께서 주시기로 약속한 땅이었지만 가만히 앉아 있으면 되는 것이 아니라 모두가 순종해야 할 과정적 절차가 있었다. 그렇게 함으로써 백성들을 안전하게 인도해 들이게 되는 것이다.

여호수아의 명령을 듣고 여리고 성으로 잠입해 들어간 정탐꾼들은 라합이라고 하는 기생의 집으로 들어가 유숙하고자 했다. 라합은 오늘날의 용어로 말하자면 숙박업을 하면서 경우에 따라 몸을 파는 매춘부와 같은 일을 했다. 즉 보통 사람들이 볼 때 건전한 사람으로 보기 어려운 부정한 여인이었다.

하나님께서는 두 정탐꾼들을 섭리에 따라 그 여성의 집으로 들어가도록 하셨다. 물론 그들은 적절한 숙소를 찾아 들어갔을 뿐 그 집 여주인이 매춘을 하는 여성이란 사실을 전혀 몰랐을 것이다. 그녀의 이름을 몰랐던 것은 지극히 당연한 일이었다. 그 가운데는 아무도 눈치챌 수 없는 하나님의 놀라운 섭리가 작용하고 있었다.

또한 라합이 어떤 피할 수 없는 사정으로 인해 성적으로 부도덕한 그런 일을 시작하게 되었는지도 알 수 없다. 나아가 그 당시에도 그 행위를 지속하고 있었는지 아니면 여호와 하나님을 알고부터 그 일을 중단했는지도 명확하게 알 수 없다. 아마도 정탐꾼들이 라합의 집에 들어갔을 당시에는 과거를 청산하고 더 이상 매춘행위를 하지 않았을 것으로 보인다.

분명한 사실은 기생 라합이 성적으로 부정한 여성이었다는 사실과 여호수아가 보낸 정탐꾼들을 하나님께서 그 집으로 인도하신 것은 매우 중요한 의미를 지니고 있다는 점이다. 이는 기생 라합은 하나님께서 이스라엘 민족을 위해 은밀히 예비해 두신 인물이었음을 말해주고 있다. 그 여인은 이방 종족에 속해 있으면서 소문을 통해 여호와 하나님을 알고 그에 대한 경외심을 가지고 있었다.

우리가 여기서 분명히 깨달아야 할 바는 기생 라합이 부도덕한 삶을 살았음에도 불구하고 당시 어느 누구에 못지 않은 훌륭한 인물이었다는 사실이다. 많은 사람들이 그를 비천한 여인으로 간주하여 멸시했을지라도 스스로 자신의 신앙을 내세우며 건전하고 잘난 체하는 자들보다 훨씬 나은 인물이었던 것이다. 따라서 그 여인이 하나님께서 메시아를 이땅에 보내시는 과정에서 소중한 통로로 사용되었음이 마태복음에 기록되어 있다.

> "살몬은 라합에게서 보아스를 낳고 보아스는 룻에게서 오벳을 낳고 오벳은 이새를 낳고 이새는 다윗왕을 낳으니라 다윗은 우리야의 아내에게서

솔로몬을 낳고"(마1:5,6)

비천한 매춘부였던 라합이 예수님의 족보에 들어있다는 사실은 매우 중요한 의미를 지니고 있다. 우리의 눈길을 크게 끄는 대목은 그녀가 과거에 몸을 파는 매춘행위를 했다는 사실보다 그가 언약의 백성에서 벗어난 이방 종족에 속한 인물이었다는 점이다. 하나님께서는 이땅에 메시아를 보내시기 위해 구속 사역을 이루어 가시는 중에 겉보기에 순결한 여인이 아니라 비천한 이방 여인을 사용하셨다.[4)

이는 이 세상에 살아가면서 자기 스스로 잘난 줄로 판단해도 좋을 만큼 훌륭한 자가 존재하지 않는다는 사실을 선포하는 의미를 지니고 있다. 따라서 혈통적으로 언약의 자손인 이스라엘 모든 여성들보다 이방의 비천한 여인인 라합이 더 중요한 일을 감당하게 되었다. 즉 당시 나름대로 순결한 삶을 살았을 수십만의 이스라엘 여성들이 몸을 파는 직업을 가졌던 매춘부 라합보다 낫다고 할 수 없었던 것이다.

이에 대해서는 오늘날 우리 역시 마음 깊이 새겨야 할 소중한 교훈으로 받아들여야 한다. 우리 가운데 라합과 같은 매춘행위를 한 사람들은 거의 없을 것이다. 즉 윤리적으로 보아 우리가 매춘부와 같은 라합보다 낫다고 생각할 수도 있다. 하지만 우리는 결코 기생 라합보다 나은 자가 될 수 없다. 그렇다고 해서 이 말이 의도적으로 윤리를 무시하거나 그와 같은 삶이 별문제가 될 것이 없다고 하는 말은 아니다.

---

4) 신약성경에서도 예수님께서 사람들이 손가락질하는 창녀와 같은 여인들을 더 귀하다고 말씀하신 내용이 나온다. 물론 그들은 주님으로 말미암아 과거의 부정한 것들을 청산하고 복음의 새로운 삶을 살게 되었다(마21:31,32; 요8:3-11, 참조).

2. 여리고 성의 왕(王)과 기생 라합의 배신행위 (수 2:2-7)

여호수아가 보낸 정탐꾼들이 여리고 성에 잠입해 들어왔다는 사실은 곧 여리고 성 왕의 정부 당국에 알려졌다. 누군가 그 사람들을 보고 이상하게 여기게 되었다. 아마도 그들의 옷차림새와 말투를 비롯한 뭔가 수상쩍은 모습을 보고 의심의 눈초리를 보냈을 것이다. 그리하여 이스라엘 자손들 가운데 몇 명이 그 땅을 염탐하기 위해 들어온 사실을 알아차린 자들이 당국에 신고했다.

이는 그 상황이 정탐꾼들에게는 심각한 위기가 닥쳐왔음을 의미하고 있다. 그들이 여리고를 염탐하기 위해 잠입한 이스라엘의 특수 요원들이라는 사실이 발각되면 생명을 부지하기 어려웠다. 하지만 그 당사자들은 그와 같은 위기의 상황이 자기 주변에서 일어나고 있다는 사실을 감지하지 못하고 있었을 것이 분명하다. 모든 위기가 예기치 못한 상황에서 발생하고 있었기 때문이다.

그런 중에 여리고 성의 왕이 기생 라합의 집에 병사들을 보내 그들을 체포하고자 했다. 여리고 성의 병사들은 라합을 향하여 그 집에 유숙하기 위해 들어온 자들을 밖으로 끌어내라는 요구를 했다. 왕을 비롯한 당국자들의 판단에는 라합이 그들의 신원에 대한 판단을 제대로 하지 못한 것으로 여기고 있었다. 따라서 라합에게 이스라엘 젊은이들이 여리고 지역을 염탐하기 위해 온 첩자들이란 사실을 언급했다.

하지만 라합은 이미 이스라엘 백성들 가운데서 온 저들의 정체를 정확하게 파악하고 있었다. 그들이 자기가 살고 있는 땅을 염탐할 목적으로 들어온 첩자라는 사실을 잘 알고 있었던 것이다. 그럼에도 불구하고 라합은 그들을 당국에 신고하기는커녕 오히려 적군인 그들을 보호하는 역할을 했다. 그녀는 몸을 파는 비천한 매춘부 신분이면서 자기의 나라를 배신하는 자로서 최악의 역할을 자처하게 되었다.

기생 라합은 재빨리 여호수아가 보낸 두 명의 정탐꾼들을 은밀한 곳에 안전하게 숨겨주었다. 그와 같은 상황 가운데 당국자들이 찾아와서 그 첩자들을 내어놓으라고 했다. 그러나 라합은 그들 앞에서 거짓말을 했다.[5] 낯선 사람들이 자기 집에 들어온 것은 사실이지만 어디서 왔는지 어떤 신분을 가진 자들인지 몰랐다는 것이었다.

그리고 그 청년들은 날이 어두워져 성문을 닫을 때쯤 되어 자기 집을 떠나 성 밖으로 나갔다고 둘러댔다. 따라서 그 첩자들을 체포하기 위해 급파된 병사들이 급히 추격하면 그들을 잡을 수 있을 것이라고 했다. 그 말을 듣게 된 여리고 성의 병사들은 정탐꾼들을 잡기 위해 성 밖으로 나가 요단강 나루턱까지 추격했다. 하지만 그들은 헛고생을 했을 따름이며 그 사이 성문이 굳게 닫혀 버렸다. 그리하여 그 병사들은 성 안으로 들어갈 수 없는 처량한 형편에 처하게 되었다.

그런데 여리고 성 병사들이 헛 고생을 하는 동안 기생 라합은 두 명의 정탐꾼을 자기 집 옥상에 숨겨주고 있었다. 옥상에 벌여놓은 삼대(亞麻, stalks of flax) 줄기들 사이에 그들을 숨어있도록 했다. 당시 여리고 성의 입장에서 볼 때 기생 라합의 행위는 나라를 팔아먹는 악한 매국노(賣國奴)와 전혀 다를 바 없었다. 만일 그 사실을 여리고 성의 당국이 알게 되는 날이면 극형에 처해질 수밖에 없는 위험한 일이었다. 하지만 기생 라합은 자기의 나라를 택한 것이 아니라 여호와 하나님을 선택하는 일을 주저하지 않았다.

---

5) 우리는 당시 기생 라합의 거짓말을 '의로운 거짓말'로 이해한다. 개인적인 욕망을 추구하기 위해 내뱉는 거짓말은 사악한 행위임이 분명하다. 하지만 하나님의 뜻을 따르며 순종하는 자들을 보호하기 위한 거짓말은 그와 성격이 다르다. 이에 대해서는 오늘날 우리 시대에도 그대로 적용된다. 우리는 하나님을 위한 '선한 거짓말'과 자기의 욕심을 채우기 위해 내뱉는 '사악한 거짓말'을 구별하여 우리의 삶 가운데 적용할 수 있어야 한다.

3. 라합의 고백과 당부 (수2:8-13)

기생 라합은 여리고 성에서도 가장 비천한 여성들 가운데 하나였다. 하지만 그 여인은 외부에서 들려오는 소문을 통해 여호와 하나님에 관한 모든 사실을 듣고 믿음으로 그를 받아들였다(히11:31, 참조). 고통스럽고 소외된 삶을 살아가던 그 여인에게는 그것이 진정한 복음이었던 것이다.

라합의 상황이 그렇게 변화되어 가던 중에 하나님의 섭리에 따라 이스라엘 민족의 두 정탐꾼이 누추한 여관인 그녀의 집을 찾아가게 되었다. 그래서 라합은 이스라엘 정탐꾼들을 안전하게 옥상에 있는 삼대 줄기들 사이에 숨겨주었던 것이다. 이제 그 여인은 옥상 위에 피해 있던 정탐꾼들 앞으로 나아가 중요한 당부를 하고자 했다. 그녀에게는 저들에게 숙소를 빌려준 댓가로 숙박비를 비롯한 돈을 요구하고자 하는 마음이 전혀 없었다.

라합에게는 저들에게 부탁해야 할 그보다 훨씬 중요한 일이 있었다. 따라서 정탐꾼들을 향해 자기가 살고 있는 그 땅을 여호와 하나님께서 이스라엘 백성들에게 붙이신 줄을 잘 알고 있다는 사실을 언급했다. 자기와 함께 있는 여리고 성 사람들은 이스라엘 민족을 매우 두려워하고 있으며 그 앞에서 간담이 녹아내릴 정도로 위축되어 있다고 했다. 이는 이스라엘 자손이 애굽에서 나올 때 여호와 하나님께서 홍해 바다를 갈라 그 땅을 마르게 하신 사실과 요단강 동편에서 막강한 세력을 펼치고 있던 아모리 사람의 두 왕인 시혼과 옥에게 행한 모든 일과 그들을 전멸시킨 일을 소문으로 들어 알고 있기 때문이라는 것이었다.

여리고 성에 살고 있는 모든 사람들도 그 소문을 듣고는 마음이 녹아내리지 않을 수 없었으며 그로 말미암아 사람들이 크게 위축되어 정신이 혼미할 정도가 되었노라고 했다. 그리하여 이스라엘 백성을 애굽으

로부터 인도해 내신 여호와가 하늘과 땅을 포함한 우주 만물을 주관하
시는 하나님이라는 사실을 알게 되었다는 것이다. 그와 같은 하나님을
어찌 두려워하지 않을 수 있겠느냐는 것이었다.

그러므로 기생 라합은 그들에게 간곡한 당부를 했다. 자기가 이스라
엘의 정탐꾼인 그들을 선하게 대접했으니 나중 이스라엘 자손이 여리
고 성을 정복할 때 그들도 자기와 아버지의 집을 그와 같이 대우해 달
라고 했다. 자기의 부모 형제를 비롯하여 자기 집에 있는 모든 사람들
의 생명을 구해주도록 부탁했던 것이다.

기생 라합은 장차 여호와 하나님으로 인해 어떤 일이 발생하게 될지
잘 알고 있었다. 그러므로 이스라엘 백성이 여리고 성을 함락할 때 자
기뿐 아니라 자기와 함께하는 모든 사람들의 생명을 지켜 보호해 달라
고 했다. 이제 그것을 위해 여호와 하나님의 이름으로 맹세하고 그에
대한 진실한 표를 보여달라는 요구를 했다.

우리는 여기서 매우 중요한 의미를 생각해 볼 수 있어야만 한다. 그
것은 당시 여리고 성 안에는 기생 라합과 같이 여호와 하나님을 두려워
하고 그를 믿는 자들이 상당수 있었다는 사실에 연관되어 있다. 라합이
자기와 함께하는 가족을 비롯한 여러 사람들이란 여호와 하나님의 사
역과 언약의 자손인 이스라엘 민족에 대한 소문을 듣고 그에 따르는 것
이 복음이라고 믿고 있는 자들이었다. 이는 이스라엘 자손이 가나안 땅
에 들어가기 전에 이미 하나님께서 그 지역 사람들 가운데 역사하고 계
신 사실을 분명히 보여주고 있다.

기생 라합의 신앙고백과 처신

우리는 여기서 기생 라합의 신앙에 관련된 고백에 대하여 깊은 주의
를 기울여 잘 이해할 수 있어야 한다. 그 여인은 대화 가운데 여호와 하

나님에 관한 고백적 언어를 되풀이하여 사용하고 있다(수2:9-13). 즉 라합이 이스라엘 민족의 신을 단순히 '하나님'이라 칭하지 않고 '여호와'라고 부른 것은 신앙고백적 성격을 지니고 있음이 분명하다.

즉 라합은 정탐꾼들 앞에서 이스라엘 민족의 신을 칭하며 하나님이란 일반적인 용어를 사용하는 데 그치지 않았다. 그 여인은 신의 초월적인 특성을 막연하게 언급한 것이 아니라 이스라엘 민족이 신앙하는 '여호와'의 고유한 신명(神名)을 부름으로써 인격적인 그 하나님을 믿고 있다는 심경을 드러내 보여주고 있다. 즉 그 여인은 언약의 백성을 인도하시는 여호와 하나님의 실체적 존재에 대하여 깨닫고 있었던 것이다.

그것은 물론 하나님의 전적인 은혜에 기인한 것으로 받아들여야 한다. 이방 여인인 라합은 이스라엘 민족이 홍해 바다 밑의 마른 땅을 밟고 건넌 사실과 시내 광야 사십 년의 생활 가운데 발생한 기적적인 모든 사건들이 여호와의 직접적인 간섭에 의해 일어난 사건이란 사실을 잘 알고 있었다. 이방 여인이 그에 관한 진리를 알게 된 것은 하나님의 특별한 은총에 근거한 것이 분명하다.

우리는 이스라엘 민족에 관한 소문이 주변의 여러 이방지역으로 퍼져나갈 때 그 중심에는 여호와 하나님이 존재해 계신 사실을 알고 있다. 즉 모든 사건의 중심에 주님이 계셨던 것처럼 그 내용이 이방 사람들에게 퍼져나갈 때도 그랬었다. 하지만 그 소문을 듣게 된 이방인들의 반응은 동일하지 않았다. 대다수 이방인들은 여호와 하나님의 실상에 대하여 무지했던 반면 기생 라합은 그 모든 본질을 올바르게 깨달아 알고 있었다.

그와 더불어 우리가 반드시 생각해야 할 점은 기생 라합이 여호와가 '구원의 하나님'이라는 사실을 깨닫고 있었다는 사실이다. 그것은 영생에 연관된 개념이기도 하거니와 현실적 상황에도 밀접하게 연관되어 있었다. 여호와 하나님은 인간의 영원한 생명을 주관하시는 분이다. 그는 또한 자기 백성을 위한 구원을 현실적으로 베풀고 계신다.

기생 라합은 여호와에 연관된 사건들에 관한 분명한 깨달음을 소유하고 있었다. 여호와께서는 자기에게 저항하는 사악한 인간들을 반드시 심판하시며 그 가운데서 신음하는 자기 백성들을 은혜로 구원해주신다. 그는 전지전능하신 분이시기 때문에 스스로 작정하신 모든 것을 자신의 고유한 뜻에 따라 이루어 가신다. 이는 인간의 생명과 구원이 오직 여호와 하나님께 달려 있다는 사실을 말해주고 있다.

그와 같은 놀라운 진리를 깨닫게 된 기생 라합은 자기의 모든 것을 버릴 수 있었다. 그녀가 자기가 속한 왕국이었던 여리고 성을 배반하는 것은 우선 보기에 그리 쉬운 일이 아니었을 것이다. 하지만 라합에게 근본적으로 중요한 것은 자기가 속한 왕국이 더 이상 이 세상의 여리고 왕국이 아니라 여호와께서 통치하시는 언약의 나라이다.

따라서 기생 라합이 여리고 성의 왕을 배반한 것은 여호와 하나님에 대한 절대적인 충성심을 드러내 보여주고 있다. 물론 엄밀한 의미에서 볼 때 그런 자세는 새로 속하게 된 언약의 백성으로서 취해야 할 지극히 당연한 행동이었다. 그 모든 과정을 통해 라합은 이땅에 세워진 인간들의 왕국이 아니라 영원한 하나님의 왕국에 속해 있다는 사실을 고백함과 더불어 신앙인으로서 실제적인 삶의 실천을 보여주었던 것이다.

이처럼 기생 라합의 신앙고백과 실천적인 신앙행위는 오늘날 우리에게도 매우 중요한 의미를 지니고 있다. 이스라엘 자손이 가나안 땅에 들어가기 전 하나님께서 이미 이방지역 가운데서 역사하고 계신 사실을 통해 장차 일어나게 될 언약의 성취에 관한 선포가 이루어지고 있기 때문이다. 여호와 하나님께서는 인간들이 전혀 감지하지 못하는 상태에서 자신의 고유한 일을 은밀하게 진행시켜 나가고 계셨던 것이다.

4. 정탐꾼들의 약조와 기생 라합의 협조 (수2:14-21)

이스라엘 민족의 정탐꾼들은 기생 라합의 당부의 말을 듣고 난 후 그에 대하여 반응했다. 저들의 정탐 사실을 외부에 누설하지 않는다면 라합이 요구하는 대로 장차 그와 함께 있는 모든 사람들의 생명을 보장해 주리라는 것이었다. 그에 대한 확실한 보증으로써 저들의 생명을 담보로 내어놓겠다는 사실을 언급했다. 그리하여 하나님께서 여리고 성의 지역을 정복하도록 저들에게 허락하실 때 성실하고 진실한 마음으로 라합과 그에 속한 자들을 대우해 주리라는 맹세를 했다.

그들의 모든 말을 들은 라합은 비로소 안심하게 되었다. 그리하여 두 명의 정탐꾼들을 위하여 창에 줄을 매고 아래로 내려뜨린 채 그 줄을 타고 내려갈 수 있도록 준비했다. 라합은 성벽 위에 있는 집에 거주했으므로 그렇게 하기에 용이했다. 나아가 그 모든 일들은 밤중에 비밀리 행해졌으므로 그에 대하여 아는 자가 아무도 없었다.

라합은 성벽을 타고 탈출하게 될 정탐꾼들을 향하여 추격하는 여리고 관리들에게 잡히지 않고 안전하게 도망할 수 있도록 조언했다. 그 여인은 주변의 지형지물을 잘 파악하고 있었으므로 몸을 피할 수 있는 효과적인 방법을 알고 있었다. 그것은 산속으로 들어가 거기서 사흘 동안 숨어지내다가 그들을 찾는 여리고 병사들이 성 안으로 돌아간 후에 왔던 길로 되돌아가라는 것이었다.

정탐꾼들이 밤중에 여리고 성을 탈출하여 산 속에서 사흘 동안 피신해 있어야 한다는 것은 결코 쉬운 일이 아니었음이 틀림없다. 그들은 사전에 며칠 동안 먹을 음식을 준비하여 사람들의 눈을 피할 수 있는 은밀한 장소에서 몸을 숨기고 지내야만 했기 때문이다. 하지만 그와 같은 상황은 가나안 땅 진입을 눈앞에 둔 이스라엘 백성들에게 매우 중요한 일이었으므로 기꺼이 참아내야만 할 일이었다.

그와 같은 심각한 상황을 눈앞에 둔 정탐꾼들은 라합과 헤어지면서 그녀에게 약속하고 맹세한 모든 내용이 반드시 문제없이 지켜질 것이라고 장담했다. 나중에 이스라엘 백성이 여리고 성으로 진입해 들어올 때 그들의 탈출을 돕기 위해 라합이 자기 집 창문에서 달아 내린 붉은 줄을 창문에 매어 표시해두라고 했다. 그리고 그의 부모 형제를 비롯한 그와 함께하는 모든 사람들이 그 집에 모여 있어야 한다는 사실을 언급했다. 그렇게 하면 그들의 생명이 안전하게 보존될 수 있으리란 것이었다.

하지만 만일 누구든지 임의로 그 집을 벗어나 문 밖의 거리로 나가게 되면 그들의 생명을 보장할 수 없다고 했다. 즉 그들이 라합의 집 바깥에서 죽게 된다면 그것은 그 당사자의 책임이라는 것이었다. 그에 반해 누구든지 라합과 함께 그 집 안에 있는 자에게 손을 대면 그 책임은 정탐꾼인 자기들에게 있다는 사실을 말했다.

그리고 기생 라합이 이스라엘 민족의 정탐꾼들에 대한 비밀을 누설하게 된다면 그 모든 약속과 맹세는 무효가 될 것이라고 했다. 그 말을 들은 라합은 반드시 모든 비밀을 지켜 아무에게도 발설하지 않으리라는 다짐을 했다. 그리고는 정탐꾼들로 하여금 창문에 맨 붉은 줄을 타고 성벽을 내려가 탈출하도록 했다.

5. 정탐꾼들의 사명 완수 (수2:22-24)

여호수아의 특명을 받은 두 정탐꾼들은 적진(敵陣)의 모든 상황을 파악한 후 한밤중에 여리고 성에서 무사히 탈출했다. 여리고 성의 특수임무를 맡은 병사들은 그들을 추격하기 위해 최선의 노력을 기울였을 것이 틀림없다. 따라서 정탐꾼들은 그들의 추격을 피해 산속 은밀한 곳에서 몸을 숨기고 지내야만 했다. 여리고 성 부근의 지형에 밝지 못한 그들은 여간 조심하지 않으면 안 되었다.

여리고 성의 추격자들은 결국 그 정탐꾼들을 찾지 못한 채 성으로 되돌아갈 수밖에 없었다. 그 모든 과정은 기생 라합이 알려준 것과 같이 진행되었다. 그들이 성 안으로 돌아간 후에 그 두 사람은 산에서 내려와 요단강을 건너 여호수아에게 돌아갈 수 있었다.

여리고 성을 정탐하고 돌아온 두 사람은 여호수아에게 직접 목격하고 들은 모든 상황을 상세히 보고했다. 그들은 여호와 하나님께서 요단강 건너 모든 땅을 이스라엘 민족의 손에 붙이셨다고 말했다. 그들이 그 땅에 들어가 살펴보니 그곳의 모든 거민들은 이스라엘 백성의 소문을 듣고 간담이 서늘하게 녹아있더라는 것이었다. 그 보고로 말미암아 여호수아를 비롯한 이스라엘 백성은 승리에 대한 자신감을 가지게 되었다.

그리고 우리가 여기서 반드시 기억해야 할 바는 라합에 관련된 정탐꾼들의 보고였다. 그곳에 살아가는 기생 라합이 여호와 하나님을 믿는 성도로서 자신의 신앙을 고백한 사실은 여간 중요한 보고사항이 아닐 수 없었다. 이방인들 가운데 여호와의 이름과 그의 능력을 듣고 그에게 순종하기로 작정한 무리가 존재한다는 사실은 놀라운 일이었다. 그것은 이스라엘 민족이 가나안 땅에 들어가기에 앞서 행하신 하나님의 특별한 섭리적 사건이었기 때문이다.

제4장

이스라엘 백성의 요단강 도하(渡河)와 언약궤

(수3:1-17)

1. 가나안 땅을 향한 출발 준비 (수3:1-4)

요단강 동편 약간 내륙에 속한 싯딤[6]은 일시 동안 이스라엘 백성을 위한 일종의 교두보 역할을 했다. 모든 진지의 본부가 그곳에 자리잡고 있었으며 여호수아는 거기서 두 명의 정탐꾼을 여리고 성으로 보냈다 (수2:1). 그리고 싯딤에서 모든 보고를 들은 후 그는 요단강을 건너 가나안 땅에서 실행해야 할 일들에 대한 구체적인 구상을 했다.

여리고 성에 관한 전반적인 보고를 들은 여호수아는 그 이튿날 아침 일찍 일어나 백성들과 함께 싯딤을 출발하여 요단강 앞에 이르게 되었다. 하지만 그는 곧장 그 강을 건너가려고 시도하지 않았다. 그 대신 사흘 동안 유숙하며 작전을 지휘하는 가운데 열두 지파의 지도자들을 불러 중요한 명령을 내렸다.

---

6) 싯딤(Shittim)은 요단강으로부터 약 12킬로미터 정도 떨어진 과거 모압지역에 속했던 땅으로 알려져 있다.

그리하여 여호수아는 각 지파 지도자들을 향해 진중 여러 곳을 두루 다니며 백성들에게 자기의 명을 전달하도록 지시했다. 이제 곧 이스라엘의 레위 지파 제사장들이 하나님의 언약궤를 어깨에 메게 될 터인데 그것을 보게 되거든 모든 백성은 자기가 있는 곳을 떠나 그 뒤를 따라가라는 것이었다. 이스라엘 백성의 가나안 땅 진입이 구체적으로 실행되기 시작한 것이다.

그런데 여호수아는 일반 백성들이 여호와의 언약궤 뒤에 바짝 따라붙지 않도록 특별한 주의를 주었다. 앞서 진행하는 언약궤를 멘 제사장들로부터 이천 규빗 곧 약 1km 정도 떨어지라는 것이었다.[7] 그에 너무 가까이 밀착하는 것을 금했던 것이다. 이는 안전상의 문제도 없지 않았겠지만 하나님을 경외해야 한다는 보다 중요한 의미가 내포되었을 것이 분명하다.

요단강을 건너 가나안 땅을 향해 나아가는 모든 이스라엘 자손은 반드시 그 법을 준수해야만 했다. 그래야만 그들이 행할 길을 원만히 알 수 있게 된다. 그들은 이제 과거에 한 번도 가본 적이 없는 그 생소한 길을 통해 여호와 하나님께서 약속하신 거룩한 땅으로 들어가게 되는 것이다.

2. 백성들에게 성결케 하라는 명령을 내림 (수3:5)

여호수아는 모든 이스라엘 백성으로 하여금 성결케 하도록 명령을

---

7) 여기서 1규빗을 대략 45cm 정도로 볼 경우 2천 규빗은 900m 정도가 된다. 그것은 사람의 팔꿈치에서 가운데 손가락 사이의 길이를 염두에 둔 수치이다. 하지만 각 사람들의 체격에 따라 그 차이는 현저히 다를 수 있기 때문에 정확한 것으로 볼 수 없다. 따라서 한글 현대인의성경은 '이천 규빗'을 '1킬로미터 정도'로 번역하고 있으며 한글 새번역성경은 '이천 보쯤'으로 번역하고 있다. 그리고 영어성경 NIV는 'a thousand yards'(1천 야드)로 번역하고 있다. 우리는 본문의 '이천 규빗'을 이에 준하는 거리로 짐작할 수 있을 것이다.

내렸다. 따라서 각 지파 지도자들은 진중을 두루 다니며 '성결케 하라' 는 여호수아의 명을 전했다. 그렇게 하면 여호와 하나님께서 그 백성들 가운데서 놀라운 기적을 행하실 것이라고 했다. 그것은 아마도 이스라엘 자손이 가나안 땅에 들어가는 중에 요단강 물이 멈추게 되는 사건과 연관되어 있을 것으로 보인다.

우리는 여기서 몇 가지 중요한 사실을 생각해 볼 수 있다. 그것은 이 스라엘 백성의 성결과 하나님의 기적이 서로간 밀접하게 관련되어 있 다는 사실이다. 즉 하나님께서 행하시는 그 놀라운 일은 이스라엘 백 성의 성결한 상태 여부와 연관되어 있다. 그들이 성결하지 않고 부정 하면 하나님께서 그들 가운데서 자신의 기적을 행하시지 않는다는 것 이었다.

또한 우리가 생각해보아야 할 바는 이스라엘 백성이 어떻게 자신을 성결케 할 수 있는가 하는 문제이다. 물로써 몸을 깨끗이 씻는다고 해 서 성결하게 될 수 있는 것은 아니다. 보다 중요한 것은 저들의 전인적 인 삶이 거기에 포함되어 있다는 점이다. 즉 우리가 분명히 깨달아야 할 것은 그 명령이 이스라엘 자손으로 하여금 물로써 자신의 몸을 깨끗 이 하여 정결케 하도록 요구한 것에 국한되지 않는다는 사실이다.

거기에는 저들의 정신과 육체적인 모든 면을 하나님의 말씀을 통해 점검하라는 의미가 담겨있는 것으로 보아야 한다. 즉 이제까지 시내 광야에서 묻힌 때를 다 씻어내고 모든 부정한 것들을 버리라는 의미 를 지니고 있는 것이다. 이는 개인적인 성결에 연관되어 있으나 그와 더불어 집단적인 민족 성결에 연관되는 것으로 이해하는 것이 자연스 럽다.

이는 개인의 문제에 국한되는 것이 아니라 공적인 의미를 지니고 있 음을 말해주고 있다. 이로 말미암아 하나님께서는 개개인을 위해 특별 한 기적을 베풀어주시는 것이 아니라 이스라엘 민족 전체를 위해 기적 을 행하시게 된다는 것이었다. 이는 이스라엘 민족이 가나안 땅에 들어

가는 길목에서 하나님의 능력을 먼저 보여 주심으로써 언약의 성취에
대한 확신을 가질 수 있게 하시는 것이다.

3. 제사장들을 향한 여호수아의 명령 (수3:6)

여호수아의 명령에 따라 이스라엘 백성들이 모든 준비를 완료했다.
제사장들은 언약궤를 메고 요단강을 건널 준비를 갖추었으며 백성들은
요단강으로 나아갈 때 그로부터 약 1km 정도 뒤떨어져 가라는 명령을
기억했다. 그리고 모든 백성들은 여호수아의 요구에 따라 자신들을 성
결케 했다.

그와 같은 상황에서 여호수아가 먼저 제사장들을 향해 언약궤를 메
고 백성 앞서 요단강을 건너라는 명령을 내렸다. 제사장들이 메고 갈
언약궤는 그냥 일반적인 궤가 아니었다. 그 안에는 소중한 성물들이 담
겨있었다. 즉 거기에는 하나님과 언약의 백성 사이에 맺어진 언약문서
인 십계명의 두 돌판과 아론의 싹난 지팡이와 만나가 담긴 금항아리가
들어있었다.

언약궤는 이 세상에 존재하지만 그 자체로서 천상에 연결된 기적의
영역이다. 그 안에 들어있는 십계명의 두 돌판에는 하나님께서 직접 기
록한 율법이 새겨져 있었다. 그리고 아론의 싹난 지팡이는 이스라엘 민
족을 천상으로 이끄는 홀(the scepter)과 같은 역할을 한 특별한 지팡이
다. 또한 만나는 이스라엘 자손이 전적으로 하나님에 의해 공급된 생명
의 근원이 되는 기적의 식량이다.

이처럼 언약궤 안에 담긴 그 모든 성물(聖物)들은 여호와 하나님과 직
접 연관된 것들이다. 따라서 이는 약속의 땅 가나안을 향해 가장 미리
들어가시는 분은 하나님이란 사실을 말해주고 있다. 그 언약궤 위에는
하나님께서 친히 존재하고 계시기 때문이다. 성경은 언약궤를 하나님
의 발등상이란 표현을 하며 하나님께서 영적으로 그곳에 실제 거하신

다는 사실을 말해주고 있다.

"이에 다윗왕이 일어서서 가로되 나의 형제들, 나의 백성들아 내 말을 들
으라 나는 여호와의 언약궤 곧 우리 하나님의 발등상을 봉안할 전 건축
할 마음이 있어서 건축할 재료를 준비하였으나"(대상28:2); "너희는 여
호와 우리 하나님을 높여 그 발등상 앞에서 경배할찌어다 그는 거룩하시
도다"(시99:5)

성경은 언약궤를 하나님께서 거하시는 거룩한 장소로 묘사하고 있
다. 그곳이 곧 천상에 계시는 여호와 하나님이 지상에 좌정하시는 특별
한 영역이었던 것이다. 바로 그 언약궤가 이스라엘 민족에 앞서 요단강
으로 들어가는 것은 하나님이 먼저 그곳으로 들어가고 계신다는 사실
을 보여주고 있다.

그러므로 여호수아는 제사장들을 향해 언약궤를 메고 백성들 앞에서
요단강을 건너라는 명령을 내렸다. 그는 자기가 선두에 서서 이스라엘
백성을 인도해 간 것이 아니라 제사장들을 앞세웠다. 즉 하나님을 모든
백성의 선두에 서도록 했던 것이다. 그리하여 여호수아의 명령을 들은
제사장들은 언약궤를 메고 백성들 앞에서 나아가게 되었다.

4. 여호수아에게 부여된 특별한 지위 (수3:7,8)

언약궤를 멘 제사장들에게 요단강으로 나아가라는 명령을 내린 여호
수아를 향해 하나님께서 말씀하셨다. 그날부터 여호수아를 온 이스라
엘 백성의 목전에서 크게 해주시리라는 것이었다. 이는 그를 이스라엘
민족을 인도하는 영도자의 역할을 하도록 세워주실 것이라는 사실에
연관되어 있다.

즉 그동안 하나님께서 모세와 함께 하셨듯이 이제 여호수아와 함께

계시리라고 했다. 이는 그에게 절대적인 지위와 권위를 부여하겠다는 의미를 지니고 있다. 그에 관한 사실을 모든 이스라엘 백성이 알도록 해 주겠다는 것이었다. 이 말은 그가 하나님의 특별한 대리자 역할을 하게 되리라는 사실을 의미한다.

하나님께서는 여호수아를 향해 이제 그 크고 놀라운 권위를 가지고 언약궤를 맨 제사장들에게 명령을 내리라고 하셨다. 요단강가에 이르거든 머뭇거리지 말고 강물 속으로 곧바로 들어서라는 것이었다. 그렇게 하는 것은 사실 그리 간단한 일이 아니었다. 아직 하나님께서 강물을 멈추시는 기적이 일어나기 전에는 그 상황을 확신하기 쉽지 않았기 때문이다.

따라서 여호와 하나님에 대한 신실한 믿음이 없거나 부족하다면 그렇게 하기가 쉽지 않다. 그대로 강물 안으로 들어가면 옷과 신발을 다 버릴 수밖에 없었다. 어쩌면 수영을 하지 못해 생명을 잃을지도 모른다. 하지만 논리를 따지지 말고 무조건 그렇게 하라고 했다. 즉 하나님께서는 일반 상식과 무관하게 언약궤를 맨 제사장들을 향해 그와 같은 명령을 내리도록 요구하셨다.

이 말 속에는 하나님의 특별한 기적이 일어나게 되리라는 사실을 시사하고 있다. 언약궤를 맨 제사장들이 먼저 강물 속으로 들어가면 하나님께서 저들을 위해 어떻게 하시는지 지켜보라는 것이었다. 이는 하나님께서 그들을 요단강물 가운데서 허우적대거나 헤매도록 그냥 내버려 두시지 않는다는 사실을 의미하고 있다.

이제 모든 것은 전적으로 여호와 하나님의 손에 달려 있었다. 물론 다수의 백성들은 여호와 하나님께서 그들의 조상을 애굽으로부터 인도해내실 때 홍해를 가르고 마른 땅 위를 밟고 건너게 하신 사건을 기억하고 있었을 것이다.

5. 여호수아의 명령과 선포 (수3:9,10)

하나님의 말씀을 들은 여호수아는 이스라엘 백성을 향해 말했다. 자기 앞으로 나아와서 여호와 하나님의 명령을 들으라는 것이었다. 그 내용은 언약의 자손이 자력(自力)으로 약속의 땅 가나안을 정복하게 되는 것이 아니라 하나님께서 그 땅을 선물로 주시리라는 사실에 연관되어 있었다.

그러므로 여호와 하나님께서는 항상 그들과 함께 계신다는 사실을 강조했다. 설령 일반 백성들이 그에 대한 인식을 전혀 하지 못한다고 할지라도 하나님은 항상 그들 가운데 계시면서 활동하신다. 즉 인간들의 인식이나 인정 여부에 따라 하나님께서 그들 가운데 계시는 것이 결코 아닌 것이다.

여호와 하나님이 언약의 백성과 함께 계신다는 실체적인 표징이 곧 언약궤이다. 이스라엘 자손들 가운데 있는 언약궤 위에 하나님께서 현존하고 계시기 때문이다. 우리가 여기서 주의해야 할 점은 하나님의 현존이 단순히 상징적인 의미에 그치는 것이 아니라 실제적인 상황이라는 사실이다.

그러므로 언약궤와 함께 가나안 땅으로 먼저 들어가시는 하나님께서 그곳을 불법으로 장악하고 있는 일곱 족속 곧 가나안 족속과 헷 족속과 히위 족속과 브리스 족속과 기르가스 족속과 아모리 족속과 여부스 족속을 쫓아내신다. 그들은 하나님께서 이스라엘 백성에게 주신 땅을 그동안 불법으로 지배하며 유린하고 있었다. 그 이방 족속들은 저들의 행동이 적법한 듯이 여기며 그 땅을 자신의 것인 양 여기며 살았다.

하지만 요단강 건너 그 땅은 하나님께서 자신의 구속 사역을 위해 특별히 구별해 두신 약속의 땅이었다. 이제 때가 이르러 그 땅의 참 주인인 이스라엘 백성이 그곳으로 들어가게 된다. 이는 그로 말미암아 창세전에 선택하신 자기 자녀들을 구원하시기 위해 메시아를 보내시고자 하는 하나님의 뜻이 더욱 구체화되고 있음을 보여주고 있다. 이제 곧 이스라엘 제사장들이 멘 언약궤가 요단강에 들어가게 되고 그곳에서 놀라운 기적이 일어나는 것을 보면 그에 관한 하나님의 뜻을 더욱 분명히 깨달을 수 있게 된다.

우리가 여기서 생각해보아야 할 점은 이방 여러 종족들이 하나님의 땅을 불법으로 점거하고 있었다는 역사적 사실이다. 원래 그 땅은 하나님의 고유한 목적을 이루시기 위해 존재하는 영역이었다. 따라서 그 이방 족속들은 언약의 자손들이 들어오면 그 땅을 순순히 내어주고 물러나야만 했다. 하지만 어리석은 그들은 그 사실을 인정하지 않고 여전히 자기의 땅이라는 생각을 버리지 못했다. 그러다 보니 피 흘리는 전쟁이 일어나게 되고 저들에게 하나님의 무서운 심판이 임하게 되었던 것이다.

이를 통해 우리가 알 수 있는 사실은 인간들이 살고 있는 모든 땅은 원래 하나님의 소유라는 점이다. 하지만 여호와 하나님을 알지 못하는 어리석은 인간들은 이 땅이 마치 자기의 것인 양 착각하고 있다. 인간들의 경험적 사고가 그와 같은 주장을 고착시키는 역할을 하게 되는 것이다. 하지만 이 세상의 모든 곳은 여호와 하나님의 구원 사역을 이루어가기 위한 과정적 영역으로서 근본적으로는 하나님께 속한 영역이다.

6. 언약궤를 멘 제사장들과 요단강물 (수3:11-13)

여호수아는 온 땅(all the earth)의 주인이신 여호와 하나님의 언약궤가 이스라엘 민족의 맨 앞에서 요단강으로 들어간다는 사실을 선포했다. 하나님은 우주 만물의 주인으로서 지구 온 땅의 주권자이지만 가나안 땅을 특별히 자신의 구원 사역을 위해 따로 구별해 두셨다. 그 땅에서 이 세상에 메시아를 보내시고자 하는 특별한 계획을 실행하기 위해서였다.

여호수아는 그 놀라운 일을 행하기 위해 이스라엘 지파들 가운데서 매 지파마다 한 사람씩 열두 명을 선택하라는 요구를 했다. 그렇게 함으로써 이스라엘 자손들은 각 지파에 따라 질서대로 가나안 땅으로 들어갈 채비를 갖추게 되었다. 그와 더불어 레위 지파 제사장들이 멘 언약궤와 함께 열두 지파의 대표들이 요단강 안으로 들어가게 된다. 그리하면 이제 곧 하나님께서 행하시는 기적을 보게 될 것이며 그 가운데 하나님의 언약이 작동하게 된다.

또한 언약궤를 멘 제사장들이 발바닥으로 요단강 물을 밟고 멈추어 서게 되면 그와 동시에 흐르던 물길이 끊어질 것이라고 했다. 즉 위로부터 흐르던 요단강물이 더 이상 내려오지 않고 바로 위 상류 지역에 쌓이게 된다는 것이다. 그리하여 그곳에 있던 물들은 하류로 흘러내려 갈 것이며 요단강 바닥은 마른 땅이 되어 그 모습을 드러내게 된다.

이는 여호와 하나님의 권능 앞에서 자연의 법칙이 일시적으로 중단된다는 사실을 말해주고 있다. 하나님의 구속사적인 중요한 사건 앞에서는 자연적인 일반 법칙이 아무런 기능을 하지 못한다. 이스라엘 자손들은 그 모든 과정을 지켜보며 하나님께서 구원 약속을 이루어가시는 상황을 깨닫게 되는 것이다.

7. 요단강물이 멈춘 마른 강바닥을 통해 건너는 이스라엘 백성
(수3:14-17)

이제 모든 이스라엘 백성들이 요단강을 건너 가나안 땅으로 들어가기 위해 머물던 동편 진지에서 출발했다. 그들은 자기가 잠시 거처하기 위해 쳐놓았던 장막을 떠나게 되었다. 그때 언약궤를 멘 제사장들이 가장 앞에서 행진했다.

이스라엘 자손이 요단강을 건너가고자 하던 때는 유월절을 앞두고

(수4:19; 5:10, 참조), 곡식을 거두는 추수 시기였으므로 강둑의 물이 넘칠 만큼 가득 차 있었다. 이제 곧 그 강물이 갈라지고 땅바닥을 드러내게 된다. 따라서 언약궤를 멘 제사장들의 발이 요단강의 물에 잠기게 되자 위에서부터 흘러내리던 물이 그치게 되었다. 즉 상류에서 흘러내리던 강물이 윗 지역에 있던 얍복강 부근 사르단에서 가까운 아담 지역 변방에 멈추어 쌓였다.[8]

그리고 아라바의 사해 바다로 내려가는 물은 그대로 흘러감으로써 강바닥이 드러나게 되었다. 그리하여 모든 백성들은 아무런 문제 없이 여리고 성 앞으로 건너갈 수 있었다. 이는 마치 사십 년 전 이스라엘 자손이 애굽에서 나와 홍해 바다를 건널 때 일어난 사건과도 유사했다. 이제 그 언약의 자손들은 첫 번째로 바다를 가르고 건넌 후 이제 두 번째로 강물을 가르고 건너게 되었던 것이다.

여호와의 언약궤를 멘 제사장들은 요단강 가운데 마른 땅 위에 섰다. 그리고 모든 이스라엘 자손은 강바닥의 마른 땅을 밟고 요단강을 건너가게 되었다.[9] 상식적으로 볼 때 이는 결코 있을 수 없는 일이었으나 하나님께서는 자연법칙을 일시적으로 중단시키시고 물이 마른 강바닥 위로 백성들이 건너도록 인도하셨던 것이다.

그것을 통해 이스라엘 자손은 하나님의 인도하심에 따라 가나안 땅으로 진입해 들어갈 수 있었다. 그것은 하나님의 작정과 계획에 따른 일로써 저들에게 중요한 사명이 기다리고 있다는 사실을 말해주고 있

---

8) '사르단'과 '아담'은 얍복강 가까운 지역으로 여리고에서 약 20km 정도 떨어진 곳이다.

9) 우리가 여기서 기억해야 할 바는 이스라엘 백성이 요단강을 건널 때 요셉의 유골을 가지고 건넌 사실이다. 오래전 이스라엘 자손이 홍해 바다를 건널 때는 모세가 그의 유골을 같이 가지고 나왔다(창50:24,25; 출13:19). 따라서 이스라엘 자손이 요단강을 건널 때 여호수아가 요셉의 유골을 가지고 요단강을 건넜던 것이다. 이스라엘 자손은 나중 요셉의 유골을 세겜에 장사지내게 되었다(수 24:32).

다. 하나님의 구원 사역이 그로부터 실행된다는 사실을 온 이스라엘 자
손이 깨닫게 되었던 것이다.

| 홍해 바다에서 요단강까지 |

하나님의 특별한 섭리에 따라 홍해 바다를 가르고 물 가운데로 지나
간 이스라엘 백성들이 사십 년이 지난 후 요단강을 가르고 물 가운데를
지나 건너가게 되었다. 우리는 여기서 매우 중요한 상징적인 의미를 생
각해보게 된다. 이는 이스라엘 자손이 홍해와 요단강 사이의 사십 년
동안 긴 물 터널을 지난 것과 유사한 성격을 지니고 있다는 사실이다.

이스라엘 백성이 출애굽할 때는 홍해의 마른 땅바닥과 양쪽의 물 벽
면 그리고 그 위에는 구름이 덮고 있었다(고전10:1,2, 참조). 그리고 사십
년 후 그들은 요단강의 마른 땅바닥과 윗물과 아랫물 사이를 지나갔다.
그때 하늘에 구름이 덮고 있었는지 확실하지 않지만 요단강을 건널 당
시는 곡식을 거두는 시기였다는 사실을 기억할 필요가 있다.

가나안 지역에서는 유월절을 전후하여 동쪽으로부터 뜨거운 열풍이
불어오기 시작한다.[10] 따라서 이스라엘 백성이 요단강을 건널 당시는
햇살이 상당히 뜨거웠을 것으로 보인다. 그러므로 하나님께서 그 백성
들 위에 짙은 구름을 허락하여 그들을 보호하셨으리라 생각된다. 그렇
다면 그들이 물과 물 사이의 요단강 바닥 마른 땅을 밟고 건너갈 때 하
늘 위에는 구름이 뒤덮여 있었을 것이다.

그러므로 우리는 이를 염두에 두고 이스라엘 백성이 출애굽 할 때의
홍해 물 터널을 지나 광야 사십 년 동안 구름기둥 아래 존재하는 역사

---

10) 유월절(Passover)은 유대력으로 1월 곧 닛산(Nisan)월 14일이다. 이 시기는 우
리의 달력으로 본다면 대개 3월 말에서 4월 초순 경이 된다.

적인 거대한 터널을 거쳐 요단강의 물을 지나간 것으로 이해할 수 있다. 이스라엘 백성은 그 사십 년 동안 하나님께서 특별히 허락하신 구름기둥과 불기둥 아래서 상징적인 긴 터널을 지나왔던 것이다.

이는 나중 이스라엘 자손이 그 사십 년 동안 할례를 베풀지 않은 사실과 더불어 생각해 볼 수 있다(수5:2, 참조). 아브라함 때 시작된 할례가 이방 지역인 애굽에서도 중단되지 않고 지속되었다. 그러다가 광야 사십 년 동안은 그것이 일시적으로 중단된다. 하나님께서는 그 기간동안 할례를 베풀지 않는 것을 허용하셨기 때문이다. 그것은 아마도 긴 물 터널의 영역을 지나는 과정에서 특별히 허용되었던 하나님의 섭리로 보인다.

제5장

길갈과 요단강 바닥의 언약을 증거하는 열두 개의 돌들

(수4:1-24)

1. 요단강 도하(渡河)와 열두 개의 돌 (수4:1-3)

모든 이스라엘 자손들이 요단강을 건너기를 마쳤다. 그때 여호와 하나님께서 여호수아를 향해 말씀하셨다. 이스라엘 열두 지파 가운데 각각 한 명씩 열두 사람을 특별히 선택하라는 것이었다. 그 숫자는 하나님의 언약이 역사 가운데 성취되어 가는 중이란 사실을 말해주고 있다.

그들은 하나님의 요구에 따라 요단강 가운데 제사장들의 발이 굳건히 선 자리에서 열두 개의 돌을 취해야 했다. 그 가운데는 이스라엘 백성들이 마른 땅을 밟고 요단강을 건넌 배경에는 하나님의 언약이 들어 있다는 의미가 담겨 있다. 상징적인 관점에서 말하자면 이스라엘 자손은 그 열두 돌들을 밟고 지난 것과 마찬가지였다.

하나님께서는 각 지파 대표자들을 향해 제사장들이 언약궤를 메고 요단강 가운데 선 바로 그 자리에서 우선 열두 개의 돌을 취하라는 명령을 내렸다. 그 돌을 뭍으로 옮겨 그날 밤 이스라엘 자손들이 유숙하게 될 요단강 서편 숙소 가까이 보관해 두라고 했다. 그 언약의 돌들을 통해 하나님께서 행하신 기적적인 일들이 단순한 기적을 넘어 하나님의 언약이 실행된 것이라는 사실을 확인할 수 있게 되었던 것이다.

2. 열두 지파와 증거를 위한 돌들을 취함 (수4:4-8)

여호수아의 명령에 따라 이스라엘 열두 지파는 대표자 한 사람씩 선택하게 되었다. 여호수아는 그들을 향해 요단강 가운데 있는 언약궤 앞으로 가서 이스라엘 자손들의 지파 수대로 각각 돌 하나씩을 취하도록 했다. 이는 각 지파의 대표자로 뽑힌 자들이 제각기 돌을 취하게 된다는 사실을 말해주고 있다.

그 돌은 개인이 취하지만 개인의 소유가 아니라 그가 속한 지파의 소유이며 동시에 이스라엘 민족 공동체의 공동 소유의 성격을 지니고 있었다. 하나님께서 그렇게 하도록 명한 것은 그 돌들이 나중 후손들에게 중요한 표징이 되도록 하기 위해서였다. 그리하여 이스라엘 열두 지파로부터 선택된 자들은 언약궤가 있는 강바닥으로 내려가서 각기 돌 하나씩을 취해 어깨에 메고 나왔다.

그 열두 개의 돌은 이스라엘 열두 지파를 대표하는 성격을 지니고 있다. 즉 그 돌의 성분 자체로는 아무런 생명이 없는 무생물에 지나지 않았으나 그것들을 통해 언약적 의미가 생생하게 드러나게 된다. 하나님께서 여호수아를 통해 그와 같은 명령을 내리셨던 것은 하나님의 언약을 선포하기 위한 의도와 밀접하게 연관된 성격을 지니고 있었다.

나중 그 땅에서 태어나게 될 이스라엘 민족의 자손들은 요단강이 아래위로 갈라져 마른 땅이 된 역사적 사실에 대하여 아무것도 알지 못한다. 그들은 그 사실을 직접 경험하거나 목격하지 않았기 때문이다. 그런 상황에서 기적적인 그 역사적 사실을 듣게 되면 실제 사건으로 받아들이는 것이 아니라 상징화하거나 믿지 않을 가능성마저 있었다.

따라서 여호수아는 열두 개의 돌들을 세워두고 자손들이 그것이 무엇인지 물어올 때 하나님의 언약궤 앞에서 요단강물이 끊어진 사실에 대한 증거로 보여주라고 했다. 즉 언약궤가 요단강물 속으로 들어오게 되자 흐르던 물이 멈추었으며 그 돌들이 언약의 자손들에게 그에 관한 영원한 기념물이 되리라는 것이었다. 그리하여 이스라엘 자손들은 명령에 따라 요단강으로 내려가 열두 개의 돌들을 취하여 저들이 유숙하는 곳에 가지고 와서 보관했다. 그 돌들은 나중에 길갈에 세워지게 될 것이었기 때문이다.

그 돌들은 오늘날 우리에게도 당시와 전혀 다르지 않은 중요한 증거의 역할을 하고 있다. 현대에 와서는 불신자들뿐 아니라 하나님의 교회에 속한 자라 내세우면서도 그 놀라운 기적을 믿지 않는 자들이 많이 있다. 그와 같은 일을 방지하기 위해 여호수아는 그 증거의 돌을 세우도록 했던 것이다. 비록 오랜 세월이 흐르면서 당시에 세워진 그 돌들은 훼손되었겠지만 그 돌들에 연관된 의미는 여전히 우리의 마음속에 실제적인 증거로 남아 있다.

3. 요단강 가운데 세워진 열두 개의 돌 (수4:9)

여호수아는 앞의 경우와는 별도로 또 다른 열두 개의 돌들을 요단강에서 취하여 언약궤를 멘 제사장들이 선 그 자리에 세우라는 명령을 내렸다. 그 돌들은 앞서 강 바깥으로 가지고 나간 열두 개의 돌과는 다른 것들이었다. 그리하여 그들은 또다시 열두 개의 돌들을 취하여 언약궤가 머물던 그 아래 세워두게 되었다.

우리가 쉽게 알 수 있는 사실은 이제 곧 요단강물이 다시 넘쳐 흐르게 되면 그 열두 개의 돌들은 더 이상 사람들의 눈에 보이지 않게 된다는 점이다. 강바닥에 세워진 돌은 물이 흐르게 되면 보이지 않지만 여전히 그 돌은 물 속에 존재한다. 그 당시에도 요단강을 건너는 수많은 백성들 가운데 다수는 그 광경을 직접 목격하지 못했을 것이지만 추호의 의심도 없이 강바닥에 열두 개의 돌들이 세워진 사실을 알고 믿었을 것이 분명하다.

물론 어떤 사람들은 그에 대한 중요성을 전혀 인식하지 못했을 수 있다. 즉 그 진행 과정을 자기 눈으로 직접 목격하지 못한 자들은 그것을 중요하게 여기지 않았을 수도 있다. 하지만 명백한 사실은 사람들의 눈에 보이지 않고 물 속에 잠긴 그 돌들이 하나님의 언약궤로 인해 요단강물이 마르고 이스라엘 자손들이 마른 땅을 밟고 건넌 역사적 실제를 증거하고 있다는 점이다. 아직도 그 열두 개의 돌들은 우리의 마음속 깊이 실제적인 증거로 남아 있으며 믿음으로 그 역사적 사실을 알고 있다.

4. 모든 백성들이 요단강의 마른 바닥을 건넘 (수4:10-13)

여호와 하나님께서 여호수아에게 명령하신 모든 일을 다 마칠 때까지 언약궤를 멘 제사장들은 요단강 가운데 그대로 서 있었다. 그동안 이스라엘 모든 자손들은 속히 그 강을 건너가게 되었다. 백성들 가운데 선봉에 서서 요단강을 건넌 자들은 르우벤 지파와 갓 지파와 므낫세 반 지파에 속한 병사들이었다. 그것은 과거에 이미 모세가 지시한 내용이었다.

제사장들이 멘 언약궤가 요단강 가운데 머물러 있는 동안 여러 일들이 진행되었다. 여호수아의 명령에 따라 열두 지파에서 특별히 선택된 자들은 제사장들이 선 강바닥에서 열두 개의 돌을 취해 강 건너편 가나안 땅의 유숙할 곳으로 옮겨가 보관했으며 또 다른 열두 개의 돌을 강바닥에 세우게 되었다. 그 돌들은 장차 태어날 이스라엘 자손을 위한 중요한 표징과 기념비 역할을 하게 될 것들이었다.

이스라엘 모든 백성의 선두에 서서 요단강을 건넌 자들은 동편 땅을 분배받은 르우벤 지파, 갓 지파, 므낫세 반 지파에 속한 용사들로서 사만 명가량 되었다. 그들은 무장(武裝)한 채 여호와 하나님 앞에서 강을 건너갔다. 그들은 먼저 강을 건너가 여리고 평지에 이르러 전투에 임할 태세를 갖추었다. 그 뒤를 모든 이스라엘 백성이 질서에 따라 강을 건너게 되었던 것이다.

이처럼 열두 개의 돌들을 강 밖으로 옮기고 또 다른 열두 개의 돌들을 강바닥에 세우는 일을 완수함과 더불어 모든 이스라엘 자손이 요단강을 건너가게 되었다. 그후에 언약궤와 그것을 멘 제사장들은 백성들이 보고 있는 가운데 요단강으로부터 올라오게 되었다. 그리하여 모든 이스라엘 자손들이 강을 건너게 되어 그동안 있었던 과거와는 단절되었던 것이다.

5. 여호수아의 권위 (수4:14)

여호수아는 이스라엘 자손이 원하여 세운 인물이 아니었다. 나아가 이스라엘 열두 지파에서 중의(衆意)를 모아 선출하지도 않았다. 그는 오직 하나님의 뜻에 따라 특별히 세워진 인물로서 모세를 계승한 이스라엘 민족의 지도자였다. 즉 모세를 계승해야 할 인물로서 하나님께서 그를 특별히 택정하신 것이다(신31:3; 34:9).

사실 여호수아는 요단강을 건너기 전부터 이미 이스라엘 민족을 인도해오고 있었다. 따라서 두 명의 정탐꾼들을 여리고 성에 비밀리에 들여보내 그쪽 상황을 염탐하도록 지시했다. 그리고 제사장들로 하여금 언약궤를 메고 먼저 요단강물로 들어가라는 명령을 내렸다. 뿐만 아니라 제사장들이 서 있던 요단강 바닥에서 열두 개의 돌들을 취하여 숙소로 옮기도록 했으며 또 다른 열두 개의 돌들을 강바닥에 세우도록 했다.

그와 같은 상황에서 하나님께서는 여호수아를 다시금 모든 이스라엘 백성의 목전(目前)에서 절대적인 인물로 선포하셨다. 이는 온 백성이 요단강을 건넌 후에 이루어진 일로서 특별한 의미를 지니고 있는 것으로 이해해야 한다. 이제 가나안 땅을 정복해야 할 이스라엘 자손들에게는 전체적인 질서가 요구되었다. 따라서 백성들 가운데 여호수아의 말을 거역하는 자가 있다면 죽임을 면치 못한다.

이처럼 하나님께서 요단강을 건너 가나안 땅에 들어가게 된 바로 그 날 온 백성들 가운데 다시금 여호수아의 권위를 높이셨다. 이는 그가 곧 하나님의 대리자 역할을 한다는 사실을 선포하는 것과 같은 의미를 지니고 있다. 즉 여호수아의 명령을 듣지 않는 것은 하나님의 뜻을 거부하는 것과 같다. 그런 자들은 하나님께 대항하는 것과 마찬가지였던 것이다.

그러므로 모든 이스라엘 백성은 여호와 하나님의 뜻을 받아들였다. 그로 인해 여호수아가 살아있는 동안에는 모두가 그를 크게 두려워하게 되었다. 그것은 마치 모세가 시내 광야에서 이스라엘 백성을 인도할 때 그들이 모세를 두려워한 것과 같았다. 이제 때가 이르러 여호수아를 정점으로 하여 이스라엘 민족이 가나안 땅을 정복하는 일이 시행된 것이다.

6. 언약궤와 제사장들의 요단강 도하 완료 (수4:15-18)

이스라엘 자손이 요단강을 건넌 것은 자의적인 판단에 따른 것이 아니었다. 요단강물의 흐름을 중단시키시고 강바닥을 마르게 하신 분은 여호와 하나님이다. 또한 제사장들에게 언약궤를 메고 흘러내리는 강물로 들어가게 하신 분도 하나님이시다.

이처럼 하나님께서 친히 그 모든 것을 작정하시고 계획에 따라 일을 진척시켜 나가셨다. 따라서 모든 이스라엘 백성이 요단강을 건넌 후에 언약궤를 멘 제사장들이 물 밖으로 나오는 것도 자의적인 것이 아니라

하나님의 명령에 따른 것이었다. 구속사적인 모든 일들은 전적인 하나
님의 뜻에 따라 행해져야 했던 것이다.

그러므로 하나님께서는 여호수아를 향해 증거궤를 멘 제사장들을 명
하여 요단강에서 올라오게 하라는 명령을 내리셨다. 여호수아는 그에
따라 제사장들을 명하여 강으로부터 올라오도록 했다. 그들의 발바닥
이 육지를 밟는 동시에 요단강물이 원래대로 흘러내리기 시작했다. 그
리하여 강물이 불어 다시금 강둑에 가득 차게 되었던 것이다.

이제 이스라엘 자손이 언약궤와 더불어 안전하게 요단강을 건너 약
속의 땅에 도착하게 되었다. 우리가 이와 함께 반드시 기억해야 할 것
은 강바닥에 세워진 열두 개의 돌들이다. 그것들은 물 속 깊숙이 감추
어져 이제 사람들의 눈으로 볼 수 없게 되었기 때문이다.

이처럼 눈으로 직접 목격하기 어려우나 그 열두 개의 돌들은 여전히
그 강바닥에 남아 있었다. 그것들은 물 속 깊이 숨겨진 듯 존재하면서
이스라엘 자손을 위해 행하신 하나님의 놀라운 기적들을 증거하게 된
다. 이제 이스라엘 자손들은 점차 가나안 땅 본토를 향해 나아갈 것이
며 세월이 많이 흐르면 그 돌들은 점차 이스라엘 자손의 생각 속에서
희미해져 사라지게 될 것이다.

중요한 사실은 요단강물 속에 잠겨있는 열두 개의 돌들이 길갈에 세
워진 열두 개의 돌들과 함께 역사상의 이스라엘 자손들의 마음속에 항
시 존재해야 한다는 점이다. 사사시대가 끝나고 다윗 왕국이 건립되어
왕정이 행해지던 시대에도 그러했다. 또한 그후 이스라엘이 패망을 당
한 시대에도 언약의 자손들의 심령에는 그 돌들이 살아있어야만 했다.

신약시대 성도들 역시 그 돌들을 통해 여호와 하나님의 기적과 그가
베푸신 언약을 기억하게 된다. 나아가 이 열두 개의 돌들은 오늘날 우
리 시대 성도들의 마음속에도 여전히 존재하고 있다. 우리는 성경에 기
록된 그 증거를 통해 당시 하나님께서 행하신 요단강의 기적을 분명히
알고 있는 것이다.

어떤 의미에서는 나중에 사람들의 눈에 보이게 길갈에 세워진 열두 개의 돌들보다 눈에 보이지 않는 요단강 바닥에 세워진 그 돌들이 우리에게 더 강력한 증거가 된다. 눈에 보이지 않지만 그 돌들은 오늘날 성도들의 심령에 더욱 분명하게 존재하고 있기 때문이다. 어리석은 자들은 육안으로 직접 볼 수 없기 때문에 그 실상을 부정할지라도 언약의 자손들은 그 사실을 액면 그대로 믿고 있다.

7. 갈갈에 세워지는 열 두개의 증거 돌 (수4:19-24)

이스라엘 자손들은 정월 곧 유대력으로 닛산월 십일에 요단강에서 올라온 후 여리고 동편 길갈에 진을 쳤다. 여호수아는 요단강 바닥에서 가져온 열두 개의 돌들을 그곳에 표징을 위한 기념물로 세웠다. 그 진행되는 모든 광경을 수많은 백성들이 지켜보고 있었다. 그들은 길갈에 세운 그 증거의 돌들을 통해 요단강 바닥에 세워진 그 돌들을 마음속에 떠올렸을 것이 분명하다.

당시 여호수아는 언약의 백성들을 향해 그에 연관된 중요한 선포를 했다. 나중 이스라엘 자손이 그들의 부모에게 이 돌들이 무엇을 의미하는지 물을 때 반드시 그 실상을 말해주라고 했다. 하나님께서 출애굽한 후 사십 년의 광야 생활을 끝낸 이스라엘 백성으로 하여금 요단강의 마른 땅을 밟고 건너게 한 사실을 분명히 전해주라는 것이었다.

여호와 하나님께서 요단강물을 마르게 하여 백성들로 하여금 강바닥을 밟고 건너가게 하신 일은 오래전 이스라엘 자손들 앞에서 홍해 바다를 말리고 건너가게 하신 것과 같다는 사실을 나중 세대에 전하라고 했다. 하나님께서는 언약의 자손들을 위해 그와 같은 놀라운 기적을 행하셨다. 그렇게 하심으로써 이스라엘 자손들에게 전지전능하신 하나님을 믿고 의지하도록 은총을 베풀어 주셨던 것이다.

그리고 당시 가나안 땅을 불법으로 점거하고 있던 여러 이방 종족으로 하여금 그 소문을 듣고 간담이 서늘하게 만들고자 하셨다. 여호와 하나님으로 인해 이방인들이 두려워하여 떨게 하셨던 것이다. 그에 반해 이스라엘 자손들은 여호와의 능력을 알고 영원토록 하나님을 경외하며 그를 찬송하며 경배하게 되었다. 하나님의 백성들은 그로 말미암아 언약의 은택을 입도록 하셨던 것이다.

| 요한계시록의 24장로 : 구약시대 12지파 및 신약시대 12사도 |

우리는 이스라엘 자손이 요단강을 건너면서 스물네 개의 돌을 표징으로 삼아 세워둔 사실에 관한 언약적 의미를 생각해 볼 필요가 있다. 각 지파로부터 임무를 부여받은 대표자들은 언약궤를 멘 제사장들이 서 있던 강바닥에서 총 스물네 개의 돌을 취했다. 그 가운데 열두 개는 뭍으로 가지고 나와 나중 길갈에 세웠으며 또 다른 열두 개의 돌은 요단강 바닥에 세웠다.

요단강에 세운 열두 개의 돌은 나중 강이 다시금 물에 잠기게 되자 그 돌들도 물 속 깊이 숨어버리게 되었다. 따라서 사람들은 요단강 바닥에 세워진 그 돌들을 더 이상 눈으로 볼 수 없게 되었다. 하지만 이스라엘 자손은 물 속의 그 돌들의 존재를 확실히 알고 있었으며 마음속 깊이 그 표징의 돌들을 새겨두고 있었다.

그에 반해 길갈에 세워진 열두 개의 돌들은 당시 백성들이 항상 눈으로 볼 수 있었다. 사람들은 그 돌을 보기 위하여 일부러 찾아오기도 했을 것이며 상당한 세월이 흐른 후에도 그런 자들이 많이 있었을 것이 틀림없다. 언약의 자손들은 그 표징의 돌들을 통해 여호와 하나님께서 행하신 기적들을 마음속 깊이 담아두고자 했을 것이기 때문이다.

그러므로 언약의 백성들은 요단강 바닥에 세워진 열두 개의 돌들과 길갈에 세워진 열두 개의 돌들을 머릿속에 떠올리거나 직접 볼 때마다 요단강에서 베푸신 하나님의 놀라운 기적과 그 은혜를 기억했을 것이 분명하다. 그와 동시에 하나님께서 이스라엘 백성을 애굽에서 인도해 내실 때 홍해 바다의 마른 땅을 건너게 하신 사실을 떠올렸을 것이다. 이스라엘 자손은 나중에 이르기까지 하나님께서 행하신 기적의 표징인 스물네 개의 돌들을 통해 영원한 구원을 기대했을 것이다.

우리는 이와 더불어 요단강 가운데 바닥에 세워진 열두 개의 돌과 길갈에 세워진 열두 개의 돌을 떠올리며 이스라엘 열두 지파와 신약시대 열두 사도를 기억하게 된다. 그리고 요한계시록에 기록된 이십사 장로들을 동시에 떠올리게 된다(계4:4, 참조). 그들이 언약의 자손들을 구원하기 위한 근본 배경이 되었듯이 가나안 진입과 더불어 세워진 스물네 개의 돌들도 그에 연관된 상징적 역할을 하게 되었던 것이다.

그러므로 우리는 스물네 개의 돌들이 메시아 예언적 성격을 지니고 있음을 생각해 볼 수 있다. 당시에는 이스라엘 열두 지파는 존재했으나 예수님의 열두 제자들은 미래의 역사 가운데 숨겨진 채 아직 존재하지 않을 때였다. 그리고 요한계시록에 기록된 이십사 장로들에 대해서도 선포되기 전이었다. 하지만 메시아와 연관된 먼 미래를 바라볼 때 장차 있게 될 언약적 실체에 대한 예언적 의미가 담겨 있었던 것이다.

제6장
이스라엘 민족의 소문과 할례 문제
(수5:1-12)

1. 이스라엘 자손의 소문이 가나안 땅 전역으로 퍼져나감 (수5:1)

이스라엘 자손이 요단강을 기적적으로 건넜다는 소문은 가나안 땅 온 지경에 퍼져나가게 되었다. 마른 강바닥을 밟고 요단강을 건넌다는 것은 결코 상식적이지 않다. 따라서 가나안 땅을 불법 점거하고 살아가던 이방 종족들은 당황스럽지 않을 수 없었다. 그들은 이미 이스라엘 백성이 가진 세력에 대해서는 들은 바가 많았다.

당시 애굽은 전 세계 가운데 최강국이었다. 애굽에 대적할 만한 세력은 어디에도 없었다. 더구나 애굽과 가까운 지역에 위치한 가나안 땅에 살아가던 종족들은 그에 대한 두려움이 크지 않을 수 없었다. 그런데 이스라엘 자손이 애굽의 강력한 압제에서 벗어났다는 소문을 듣게 되었던 것이다.

절대적인 세력을 지닌 애굽 바로 왕의 손아귀에서 벗어난다는 것은 결코 쉽지 않은 일이었다. 더구나 애굽 땅에서 노예 생활을 하던 이스라엘 민족이 그 권력으로부터 무사히 탈출했다는 것은 예사롭지 않은 사건이다. 비록 그들이 애굽 지역을 정복한 것은 아닐지라도 막강한 애굽 정부와 군대가 그들의 탈출을 막지 못했다는 것은 이스라엘의 승리로 보아도 무방할 지경이었다.

그들에게 있어서 보다 심각했던 것은 이스라엘 자손의 탈출을 실질적으로 주도한 존재가 그들의 신인 여호와 하나님이라는 사실이었다. 그들이 여호와의 도우심에 따라 홍해 바다의 마른 땅바닥을 밟고 탈출했다는 것은 충격적이지 않을 수 없었다. 나아가 그 백성이 곡물을 재배할 수 없는 황량한 시내 광야에서 그들의 신이 날마다 공급하는 만나와 메추라기를 먹고 살아왔다는 것은 믿을 수 없는 사실이었다.

그런데 그와 같은 막강한 초월적인 배경을 지닌 이스라엘 자손이 요단강을 건넜다는 소식을 접한 가나안 땅의 여러 종족과 그 왕들은 충격을 받지 않을 수 없었다. 더구나 그들의 하나님 여호와께서 요단강물의 흐름을 중단시키고 마른 강바닥을 밟고 건너게 했다는 말을 듣고는 저들의 마음이 녹아내렸으며 엄청난 공포감에 휩싸이게 되었다.

이를 통해 우리가 알 수 있는 사실은 하나님께서 앞서 일하고 계신다는 사실이다. 즉 이스라엘 자손들의 무기나 전략이 아니라 하나님의 권능이 가나안 땅에 먼저 들어가게 되었던 것이다. 이제 그 언약의 자손들은 하나님의 말씀에 온전히 순종하여 약속의 땅을 얻어 소유하는 일만 남아 있었으나 앞으로의 상황은 복잡하게 전개되어 가게 된다.

2. 이스라엘 백성의 할례산 할례 (수5:2-5)

이스라엘 자손이 요단강을 건넌 후 가장 먼저 시행해야만 했던 일은 남자들에게 할례를 행하는 일이었다. 따라서 여호와 하나님께서는 이스라엘 자손이 요단강을 건넌 후 여호수아를 향해 그들에게 할례를 베풀도록 명령했다. 이는 이스라엘 백성이 시내 광야에 유리하는 동안 할례를 베풀지 않았다는 점을 말해주고 있으며, 한편 그것이 하나님으로부터 허용되었다는 사실을 말해주고 있다.

이스라엘 백성이 시내 광야에 머물렀던 사십 년의 그 특별한 기간 동안 언약의 자손들에게 할례가 베풀어지지 않은 배경에 관해서는 이 책의 앞부분 즉 여호수아 3장의 해설에서 그에 연관된 언급을 했다.[11]

이스라엘 백성이 출애굽 할 때의 물 터널을 지나 광야 사십 년 동안 구름기둥 아래 존재하는 거대한 역사적 터널을 거쳐 요단강의 물을 지나간 것을 하나의 큰 묶음으로 이해할 수 있다. 즉 이스라엘 백성은 그 사십 년 동안 하나님께서 특별히 허락하신 물과 물 사이의 역사적 긴 터널을 지나왔던 것이다.

이제 언약의 자손들이 상징적으로 이해되는 그 역사의 긴 물 터널을 완전히 지나 가나안 땅에 도착했을 때 그들에게 할례를 베풀어야 했다. 아브라함 때부터 시작된 할례가 이방 지역인 애굽 땅에서 사백삼십 년을 지내는 동안에도 할례가 중단되지 않고 지속되었다. 그런데 시내 광야 사십 년 동안 일시적으로 중단된 할례가 이스라엘 자손이 요단강을 건넌 후 '할례산'[12]에서 다시금 할례가 베풀어졌다.

가나안 땅을 정복하기 위해 새로운 땅에 들어선 자들에게 할례를 베푼다는 것은 생각하기에 따라서는 상당한 위험부담이 따른다고 볼 수 있다. 만일 그 상처가 아물기 전에 적군이 공격해 오거나 전투가 벌어진다면 상당한 어려움이 따를 수밖에 없다. 하지만 그들에게 중요한 것은 원수들의 군사적 전략이 아니라 하나님의 언약을 회복하는 일이었다.

그러므로 하나님의 명령을 들은 여호수아는 할례를 베풀고자 모든

---

11) 여호수아 3장 해설 마지막 부분에서 언급한 [홍해 바다에서 요단강까지]를 참조하라(본서 제4장).

12) 여기서 언급된 '할례산'을 영어성경 NIV와 NASB에서는 'Gibeath Haaraloth'이라 명시하고 있으며, 한글 새번역성경에서도 '기브앗 하아라롯 산'이라고 기록하고 있다.

준비를 갖추었다. 부싯돌로써 예리한 칼을 만들어 모든 남성들에게 할례를 행하고자 했다. 그리하여 할례산에서 이스라엘 자손들에게 할례를 행하게 되었다. 아마 각 지파 별로 그 일이 시행되었을 것이다. 이제 그 백성은 여호와 하나님께 속한 언약의 자손으로서 새로운 마음가짐을 가져야만 했다. 그들은 가나안 땅에 살고 있던 이방인들과는 근본적으로 다른 존재였던 것이다.

우리가 알고 있는 것처럼 이스라엘 백성 가운데 홍해 바다를 건너 출애굽한 남자들은 애굽에서 할례를 받은 상태에서 나왔다. 하지만 그들 가운데 대다수는 시내 광야에서 죽게 되었다. 그들은 하나님의 율법에 저항함으로써 징계를 받아 약속의 땅에 들어가는 것을 허락받지 못했기 때문이다.

하지만 시내 광야에 나온 후 출생한 다음 세대의 남자들은 할례를 받지 못했다. 그렇게 된 이유가 어떤 특별한 사건에 연관된 것이 아니라면 그럴 만한 또 다른 이유가 있었을 것이 분명하다. 우리는 상징적인 관점에서 보아 짙은 구름기둥 아래 살아가던 그 백성이 하나님께서 인도하시는 사십 년 동안의 역사적 긴 물 터널과 연관되어 있음을 생각해 볼 수 있다. 따라서 그 긴 터널을 완전히 빠져나왔을 때 다시금 할례의 시행이 회복되었던 것이다.

3. 시내 광야 사십 년 및 젖과 꿀이 흐르는 땅 (수5:6)

하나님께서 이스라엘 자손에게 약속하신 젖과 꿀이 흐르는 가나안 땅은 매우 특별한 의미를 지니고 있다. 그 땅이 '젖과 꿀이 흐르는 땅' (the land flowing with milk and honey)으로 불린 것은 출애굽 이후로 이해할 수 있다. 물론 가나안 땅이 하나님의 약속에 따라 확정된 언약의 땅이었으나 그처럼 불린 것은 이스라엘 자손이 삭막한 광야에서 그와 비교되어 지칭되었을 것이 분명하다.

황량하고 메마른 시내 광야에서 볼 때는 가나안 땅이 젖과 꿀이 흐르는 비옥한 땅이었을 것이 틀림없다. 그 지역은 오래전 아브라함을 비롯한 그들의 조상들을 통해 주어지기로 약속되어 있었다. 출애굽하기 전 애굽에서 노예살이를 하던 이스라엘 자손들은 비록 그곳을 젖과 꿀이 흐르는 땅이라 칭하지 않았을지라도 하나님으로부터 약속받은 장차 돌아가야만 할 본향이었다.

이스라엘 자손이 시내 광야에 머무는 동안 모세가 그 땅을 '젖과 꿀이 흐르는 땅'으로 언급했을 때 이스라엘 자손들은 그곳으로 들어가기를 더욱 갈망했을 것이 틀림없다. 하지만 그 땅을 이기적인 탐욕의 눈으로 바라보던 자들에게는 그 땅에 들어가는 것이 허락되지 않았다. 그런 자들은 젖과 꿀이 흐르는 약속의 땅을 자기의 욕망을 위한 도구로 만들어 가기를 원했기 때문이다.

하지만 하나님께서 약속하신 그 땅은 일차적으로 이스라엘 자손의 평안하고 안락한 삶을 위해 예비된 것이 아니었다. 만일 이스라엘 백성이 그와 같은 사사로운 욕망을 가지게 된다면 그 땅은 젖과 꿀이 흐르는 땅이 아니라 온갖 살상(殺傷)과 상처로 인해 피비린내 나는 곳이 되고 만다. 실제로 사사 시대에는 이스라엘 자손이 젖과 꿀을 풍족하게 얻었던 것이 아니라 엄청난 고통 가운데 지내야만 했다.

그러므로 언약의 백성은 그 땅에서 생성되는 가시적인 젖과 꿀이 아니라 하늘에서 공급된 진정한 젖과 꿀을 간절히 사모해야만 했다. 그 사실을 오해하던 자들은 가나안 땅에서 저들의 입맛에 맞는 젖과 꿀을 원했으나 그것을 얻을 수 없었다. 오히려 그들이 삭막한 시내 광야에 살아가는 동안 하나님으로부터 젖과 꿀에 상응하는 식물인 만나와 메추라기, 그리고 사막에서 흐르는 생수가 공급되었던 것이다.

이에 관해서는 오늘날 우리 역시 중요한 교훈을 얻어야만 한다. 주님의 몸된 교회에 속한 하나님의 자녀들은 예수 그리스도로 말미암아 허락된 참된 젖과 꿀을 공급받으며 살아가고 있다. 하지만 어리석은 자들은 위로부터 주어지는 젖과 꿀이 아니라 이 세상에서 풍요로운 것들을 추구하기를 좋아한다. 그들은 이 세상의 욕망을 추구하며 살아가지만 그것이 지극히 허망한 것에 지나지 않는다는 사실을 깨닫지 못하고 있다.

4. 시내 광야에서의 할례 중단과 가나안 땅에서의 재개 및 '길 갈'(수5:7-9)

하나님께서는 약속의 땅 가나안에 들어간 이스라엘 자손들에게 다시금 할례를 시행하여 그 언약을 확인함으로써 조상들의 믿음을 상속하게 하셨다. 그 자손들은 시내 광야에 머무는 동안 일시적으로 할례를 받는 일이 중단되었다. 그것은 이스라엘 자손의 개별적인 판단이나 결심 혹은 집단적 결의에 의한 것이 아니라 하나님의 섭리에 따른 것이었다.

그러므로 시내 광야에서 출생한 이스라엘 자손들의 몸에는 언약의 자손으로서 가져야 할 특별한 표징이 없었다. 하지만 인간의 육체 가운데서는 할례의 표가 중단되었으나 외부에서는 하나님으로 말미암은 중요한 표징이 끊임없이 되풀이하여 지속되었다. 하나님께서는 그 백성들에게 하늘로부터 내리는 만나와 메추라기를 날마다 공급하셨으며 반석을 통한 생수를 제공하셨던 것이다.

그와 더불어 하늘에는 구름기둥과 불기둥이 항상 떠 있었다. 낮에는 구름기둥을 통해 뜨거운 햇빛을 막아주셨으며 밤에는 불기둥을 통해 사막의 찬 공기를 막아 적절한 기온을 허락하여 백성들을 보호해 주셨다. 그리고 구름기둥과 불기둥이 신적인 완벽한 방향키 역할을 함으로써 백성들이 나아갈 길을 알려주며 인도하는 역할을 했다.

뿐만 아니라 시내 광야에서 모세를 통해 하나님의 거룩한 성막을 허락하셔서 여호와의 임재를 구체적으로 선포하도록 했다. 나아가 거룩한 율법을 주셔서 이스라엘 백성의 삶이 그릇된 길로 나아가지 않도록 했다. 그 모든 일은 하나님께서 모세와 대제사장 아론, 그리고 이스라엘 열두 지파들 가운데 질서 정연하게 진행되어 갔던 것이다.

이스라엘 자손이 하나님의 언약궤와 더불어 요단강을 건너 가나안 땅에 들어갔을 때 시내 광야에서의 그 특별한 사십 년이 종료되었다. 그리하여 하나님께서는 새로운 지도자로 세우신 여호수아에게 요단강을 건너 가나안 땅에 진입한 이스라엘 자손을 위해 할례를 베풀도록 명령하셨다. 그리하여 모든 백성이 할례를 받고 각 지파 별로 진중에 머물면서 상처가 낫기를 기다렸다.

그런 중에 하나님께서는 여호수아를 향해 말씀하셨다. 그것은 '오늘날 애굽의 수치를 너희에게서 굴러가게 하였다'는 내용이었다. 이는 이제야 비로소 이스라엘 자손이 치욕의 애굽 생활로부터 완전히 단절되었다는 선언적인 의미를 내포하고 있다.

거룩한 언약의 자손이 부정한 이방인들의 왕국인 애굽의 태중(胎中)에서 성장한 것과 오직 여호와 하나님 한 분만을 섬겨야 할 백성이 이방인들을 섬긴 과거의 역사는 수치스러운 일이 아닐 수 없었다. 그리하여 그 지명을 수치를 굴려버린다는 의미를 지닌 길갈(Gilgal)이라 부르게 되었다.[13] 길갈은 가나안 땅 정복을 앞두고 전초 기지 역할을 한 곳으로 매우 중요한 의미를 지니고 있다.

5. 길갈과 긴 광야 생활 마무리 (수5:10-12)

요단강을 건넌 이스라엘 자손은 이와 같은 상황 중에 여리고 성에서 그리 멀지 않은 길갈로 가서 그곳에 진을 치게 되었다. 길갈은 요단강 서편 이스라엘 자손이 도착한 지점에서 북쪽으로 약 10km 정도 떨어

---

13) 이광호, 구약신학의 구속사적 이해, 서울: 도서출판 깔뱅, 2006, pp.189-191.

진 지역에 위치해 있다. 그곳이 이스라엘 백성이 가나안 땅을 정복해 나가는 중요한 전초 기지가 된다.

여호수아의 지휘에 따라 이스라엘 자손이 길갈에 진을 친 다음 니산월 곧 정월 십사일 저녁에 여리고 평지에서 유월절을 지켰다. 이스라엘 자손이 약속의 땅 가나안을 밟은 지 나흘째 되는 날이었다. 유월절은 이스라엘 자손이 애굽에 있을 때 출애굽을 촉진시킨 매우 중요한 절기였다. 따라서 이제 그들이 가나안 땅에 도착한 지 얼마 되지 않아 유월절을 지킴으로써 그것이 약속의 땅 가나안 정복에 대한 새로운 신호탄 같은 역할을 하게 되었다.

그리하여 백성들은 그날 율법의 규례에 따라 누룩을 넣지 않은 무교병과 볶은 곡식을 먹게 되었다. 이스라엘 자손은 유월절을 지키고 나서 이튿날부터 그 땅(the land)에서 난 소산물을 먹었다. 아마도 하나님께서 그들을 위해 산과 들에 먹을 만한 다양한 양식을 예비해 두었을 것으로 보인다. 그리고 여호수아 1장 11절에 기록된 대로 이스라엘 자손들이 특별히 비축해둔 만나가 남아 있었을 것이다.

유월절 이튿날 가나안 땅에서 난 소산물을 먹은 다음 날부터 그동안 하늘에서 공급되던 만나가 완전히 그쳤다. 백성들은 더 이상 하늘로부터 내려오는 만나를 얻을 수 없었다. 그 대신 그해부터 가나안 땅에서 난 열매를 먹고 살아가야만 했다.

이는 언약의 자손들이 이제부터 땅을 가꾸어 열매를 얻고 농사를 지으면서 살아가야만 한다는 사실을 말해주고 있다. 가나안 땅에 진입한 그들의 입장에서 본다면 이제 자기의 노동력과 더불어 땀을 흘려야 하는 새로운 환경에 적응해야만 했다. 이를 통해 이땅에 메시아를 보내시고자 하는 하나님의 뜻이 진행되어 갔던 것이다.

제7장

메시아의 출현과 예언

(수5:13-15)

1. 특별한 천사의 등장 (수5:13)

여호수아가 여리고 성 가까이 나아갔다. 아직 여리고를 정복하기 전이었으므로 조만간 놀라운 사건이 일어나게 될 주변의 환경을 미리 살피기 위한 목적이 있었을 것으로 보인다. 그는 곧 그 성을 정복하게 되리라는 점과 그 안에 기생 라합과 그와 함께하는 이방인 출신 언약의 자녀들이 상당수 있다는 사실을 알고 있었다.

여호수아는 그와 같은 점을 염두에 두고 혼자서 여리고 성 쪽으로 걸어간 것이 분명하다. 물론 그 모든 과정에는 하나님께서 그에게 중요한 말씀을 하시고자 하여 베푸신 섭리가 들어있었을 것이다. 하지만 그는 하나님께서 자기 앞에서 특별한 사건이 일어나게 하실 줄은 전혀 눈치채지 못했다.

그런 중에 여호수아가 여리고 성 가까이 다가갔을 때 갑자기 놀라운 일이 발생했다. 눈을 들어서 앞을 보니까 위엄을 갖춘 한 사람의 군인이 칼을 든 채 자기를 마주 대하고 서 있었던 것이다.[14] 그와 같은 상황이 발생하리라고는 전혀 예기치 못했으므로 놀라지 않을 수 없었다.

여호수아는 갑자기 단독으로 출현한 그 인물이 범상치 않다는 점을 즉시 파악할 수 있었다. 따라서 그는 그가 선 자리로 가까이 나아가 그의 신분을 확인하고자 했다. 그가 이스라엘 자손을 위한 자인지 아니면 가나안 땅에 속한 이방인들의 편에 선 인물인지 알아보고자 했던 것이다. 하나님을 전적으로 의지하는 여호수아였으므로 강력한 힘을 가진 듯이 보이는 그 사람 앞에서 전혀 주눅이 들거나 공포에 빠지지 않았다. 아무도 모르는 사이에 여리고 성 부근에서 이 놀라운 사건이 일어나고 있었다.

2. 성자 하나님 : 여호와의 군대장관 (수5:14)

여호수아 앞에 홀연히 나타난 그 특별한 인물은 자기의 신분을 밝혔다. 자기는 여호수아가 생각하는 그런 사람이 아니라 '여호와의 군대장관'(the Captain of the LORD's host)이라는 것이었다. 이는 그가 하나님께 속한 모든 군대의 총사령관이라는 사실을 언급하는 의미를 지니고 있다.

그의 말씀을 들은 여호수아는 곧 그의 존재를 알아보았다. 그리하여 즉시 땅에 엎드려 그에게 경배했다. 자기 앞에 나타난 그가 하나님이라는 사실을 알고 그렇게 했다. 여호수아는 인간의 모습으로 이땅에 내려오시는 하나님의 존재에 대한 분명한 깨달음을 가지고 있었던 것이다.

우리는 여기서 몇 가지 중요한 사실을 보게 된다. 그것은 먼저 군대장관의 모습을 한 그 사람이 여호수아의 경배를 받으셨다는 점이다. 만

---

14) '여호와의 군대장관'으로 밝혀지는 메시아의 손에 칼이 들려 있다는 것은 그가 이스라엘 백성을 위해 앞장서 싸우게 된다는 사실을 선언하는 의미를 지니고 있다. 그는 이스라엘 역사 가운데 실제로 전투의 선봉에 계셨으며 오늘날 신약시대 역시 마찬가지다. 그러나 언약의 자손이라 주장하면서 하나님께 저항하거나 배도에 빠지게 되면 그 무서운 칼은 사악한 자들을 응징하고 심판하는 일에 사용되었다.

일 그가 천사들 가운데 하나였다면 그의 경배를 막았을 것이 틀림없다. 하지만 그가 엎드려 경배하는 신앙을 받으심으로써 자기의 신분을 분명히 밝히셨던 것이다.

또한 그가 군대장관의 모습을 갖춤으로써 이제 가나안 땅에서 앞장서 나가 싸우는 자는 하나님이신 자기라는 사실을 그에게 선언적으로 보여주고 있다. 우리는 아직 첫 성인 여리고를 공격도 시작하기 전에 하나님께서 인간의 모습을 띠고 여호수아에게 나타나신 사실을 눈여겨볼 필요가 있다. 이제 여호수아를 비롯한 모든 이스라엘 백성은 총사령관이신 그의 지휘를 받아야만 한다. 모든 언약의 자손은 그의 부하가 되는 것이다.

그 모든 정황을 분명히 깨닫게 된 여호수아는 그를 '주님'(my Lord)으로 칭하여 불렀다. 자기는 그의 지휘를 받는 종이자 신하라는 것이었다. 따라서 그를 향해 이제 자기에게 무슨 명령을 내리시려고 하는지 물었다. 이는 그가 지시하는 모든 것에 대하여 그대로 복종하겠다는 그의 강한 의지를 보여주고 있다.

왕벌(the hornet)

우리는 이 말씀을 통해 여호와 하나님께서 이스라엘 백성을 위해 특별히 보내시는 '왕벌'[15]을 기억하게 된다. 구약성경에는 왕벌에 관한

---

15) 출애굽기 23:28의 '왕벌'을 영어성경 NIV에서는 정관사를 동반한 특정된 단수(the hornet)로 번역하고 있다. 그에 반해 KJV와 NASB에서는 복수(the hornets)로 번역하고 있다. 하지만 신명기 7:20에서는 전부 정관사를 가진 단수(the hornet)로 되어 있다. 출애굽기 23:28과 신명기 7:20의 히브리어 원본에는 전부 단수(the hornet)로 기록되어 있다. 참고로 여호수아 24:12에서도 '왕벌'(the hornet)은 정관사를 가진 단수로 기록되어 있다. 우리가 또한 여기서 기억해야 할 바는 모든 성도들은 질서 가운데 '그 왕벌'을 따르는 '벌떼'라는 사실이다.

기록이 몇 차례 나타난다. 그 왕벌은 원수와 전쟁을 치를 때 언약의 백성들 앞에서 싸우는 분으로 묘사되고 있다. 그는 당연히 하나님으로서 메시아를 지칭하고 있음이 분명하다. 출애굽기와 신명기에는 그에 관한 구체적인 기록이 나타나고 있다.

> "내가 내 위엄을 네 앞서 보내어 너의 이를 곳의 모든 백성을 파하고 너의 모든 원수로 너를 등지게 할 것이며 내가 왕벌을 네 앞에 보내리니 그 벌이 히위 족속과 가나안 족속과 헷 족속을 네 앞에서 쫓아내리라"(출 23:27,28); "네 하나님 여호와께서 또 왕벌을 그들 중에 보내어 그들의 남은 자와 너를 피하여 숨은 자를 멸하시리니 너는 그들을 두려워 말라 너희 하나님 여호와 곧 크고 두려운 하나님이 너희 중에 계심이니라"(신 7:20,21)

하나님께서는 가나안 땅을 향해 나아가는 이스라엘 백성들 앞에서 자기의 위엄있는 모습을 보여주겠다고 말씀하셨다. 그렇게 되면 모든 원수들이 등을 보이며 도망치게 된다는 것이었다. 그것을 위해 특별히 '왕벌'을 자기 백성들 앞에 보내 가나안 땅의 히위 족속과 가나안 족속과 헷 족속을 비롯한 이방 족속들을 쫓아낼 것이라고 하셨다.

또한 여호와께서 보내시는 그 왕벌이 참람한 행위를 포기하지 않는 남은 이방인들과 일시적으로 피신한 자들을 찾아서 멸망시키게 되리라고 했다. 이는 그 원수들을 패망시키시는 분은 여호와 하나님이라는 사실을 말해주고 있다. 즉 이스라엘 백성의 군사력이나 전술이 아니라 하나님의 능력이 그들을 승리로 이끌게 되는 것이다.

그러므로 이스라엘 자손을 향해 가나안 땅에 거주하고 있는 이방 족속을 두려워하지 말라고 했다. 그들이 겉보기에 아무리 강력한 세력을 가진듯이 보여도 겁낼 필요가 전혀 없다는 것이다. 이는 지극히 위대하실 뿐 아니라 사악한 자들을 무섭게 심판하시는 여호와 하나님이 저들과 함께 계시기 때문이었다.

우리가 여기서 기억해야 할 바는 그 왕벌과 여호수아가 여리고 성 부근에서 만난 군대장관이 동일한 존재라는 사실이다. 모세를 통해 이스라엘 백성이 가나안 땅에 진입할 때 왕벌을 보내시고자 하신 여호와께서 그 왕벌인 군대장관을 보내셨기 때문이다. 이제 왕벌이신 여호와의 군대장관이 앞서 싸우게 되면 그의 지휘 아래 있는 백성들은 그에 순종하여 가나안 정복에 참여하게 되는 것이다.

3. 성자 하나님의 현현(顯現) (수5:15)

여호수아가 그 군대장관을 향해 자기에게 무슨 말씀을 하시려는지 물었을 때 그는 전혀 예기치 못한 의외의 답변을 하셨다. 이를테면 장차 있게 될 어떤 계획이나 전략 같은 것을 말씀하시지 않았다. 여호수아가 듣고 싶은 대답은 아마도 그와 같은 반응을 동반한 내용이었을 것이 분명하다.

하지만 군대장관은 그런 적극적인 답변 대신 전혀 다른 반응을 보이셨다. 그는 여호수아를 향해 '네 발에서 신을 벗으라 네가 선 곳은 거룩하니라'고 말씀하셨기 때문이다. 그 말씀을 들은 여호수아는 조금도 지체하지 않고 그대로 순종했다. 그가 요구하시는 대로 신발을 벗었던 것이다.

우리는 여기서 몇 가지 중요한 사실을 생각해 보게 된다. 우선 여호수아가 선 곳이 거룩하다는 말은 그 땅 자체를 두고 한 말이 아니란 점이다. 즉 그곳이 거룩했던 까닭은 땅의 성분 때문이 아니라 거룩한 하나님 곧 거룩한 군대장관이 서 있는 곳이었기 때문이다. 메시아가 그곳에 계셨으므로 그 땅이 거룩했던 것이다.

이스라엘 백성이 들어가게 될 가나안 땅은 거룩한 땅이 된다. 이는 그 땅 자체가 거룩하기 때문이 아니라 여호와 하나님이 그곳에 함께 계실 것이기 때문이다. 언제든지 하나님께서 그곳을 버리고 떠나신다면 전혀 거룩하지 않은 오염된 땅에 지나지 않게 된다. 따라서 언약의 자손은 하나님께서 그곳에 거하게 하심으로써 그 거룩성을 유지해야만 했던 것이다.[16]

또한 지금 전쟁을 앞둔 상태에서는 여호수아를 향해 신을 벗을 것이 아니라 신끈을 바짝 동여매라고 해야 할 형편이다. 그런데도 군대장관은 그를 향해 신을 벗으라는 명령을 내렸다. 이 말씀 가운데는 장차 가나안 땅에서 벌어지게 될 거룩한 전쟁은 이스라엘 군대의 군사력이나 전술에 기초하는 것이 아니란 사실을 말해주고 있다.

이는 이제부터 시작되는 가나안 땅 정복을 위해서는 하나님의 군대장관 곧 하나님께서 앞장서신다는 사실을 선포하는 의미를 지니고 있다. 따라서 이스라엘 자손이 마음속 깊이 새겨 두어야 할 사항은 군대의 다양한 전술보다 중요한 것은 하나님의 뜻에 따라 거룩성을 유지하는 것이란 사실이다.

그것이 곧 가나안 땅을 불법으로 점거하고 있는 원수를 물리치는 승리의 원동력이 된다. 타락한 인간들이 하나님의 말씀에 불순종한 채 전술을 개발하는 데 열중한다면 그것은 패망의 원인이 될 따름이다. 따라서 하나님의 말씀에 따른 거룩성을 유지하며 그에 온전히 순종할 때 하나님께서 승리를 안겨주시는 것이다. 우리는 그 교훈이 오늘날 우리 시대에도 동일하게 적용된다는 사실을 기억해야만 한다.

---

16) 하나님의 백성들이 원수들을 대항하여 전투하기 위해서 가장 중요한 것은 탁월한 무기나 군사적 전술이 아니라 하나님께서 요구하시는 거룩성 곧 순결이다. 우리 시대 지상 교회가 세상에 맞서 싸울 때도 기본적으로 갖추어야 할 가장 중요한 것은 순결이다. 교회가 순결성을 상실한다면 세상에 대한 어떤 전투도 수행할 수 없게 된다.

│ 호렙산 사건과 메시아 │

호렙산 떨기나무 불꽃 가운데서 모세에게 나타나신 '여호와의 사자'와 여리고 인근에서 여호수아에게 나타나신 '여호와의 군대장관'은 동일한 인물이다. 그는 곧 '하나님의 아들'(聖子) 메시아로서 이스라엘 민족의 앞길을 위해 대신 싸워주실 분이었다. 호렙산에서 그 놀라운 사건을 직접 목격하고 하나님을 대면한 자는 모세밖에 없었으며 여리고 인근에서 일어난 사건에서 상황을 직접 목격하고 하나님을 대면한 자는 여호수아밖에 없었다.

하나님께서는 호렙산에서 모세를 불렀을 때도 그곳이 거룩한 땅임을 말씀하셨다. 따라서 그에게 신을 벗으라고 했다. 이는 그 땅 자체가 거룩하다는 의미가 아니라 거룩한 하나님께서 그곳에 계시니 거룩하다는 것이었다. 모세는 그 말씀을 듣고 그대로 순종했다. 그에 관한 기록이 출애굽기에 나타나고 있다.

> "여호와의 사자가 떨기나무 불꽃 가운데서 그에게 나타나시니라 그가 보니 떨기나무에 불이 붙었으나 사라지지 아니하는지라 이에 가로되 내가 돌이켜 가서 이 큰 광경을 보리라 떨기나무가 어찌하여 타지 아니하는고 하는 동시에 여호와께서 그가 보려고 돌이켜 오는 것을 보신지라 하나님이 떨기나무 가운데서 그를 불러 가라사대 모세야 모세야 하시매 그가 가로되 내가 여기 있나이다 하나님이 가라사대 이리로 가까이 하지 말라 너의 선 곳은 거룩한 땅이니 네 발에서 신을 벗으라 … 내가 내려와서 그들을 애굽인의 손에서 건져내고 그들을 그 땅에서 인도하여 아름답고 광대한 땅, 젖과 꿀이 흐르는 땅 곧 가나안 족속, 헷 족속, 아모리 족속, 브리스 족속, 히위 족속, 여부스 족속의 지방에 이르려 하노라" (출3:2-8)

출애굽기 본문에 나타나는 '여호와의 사자'는 곧 하나님 자신이시다. 이는 그가 곧 메시아라는 사실을 말해주고 있다. 그는 모세에게 불이 붙었으나 타지 않는 떨기나무 가운데서 모세를 불러 장차 일어나게 될 놀라운 사실에 관한 말씀을 하셨다.

이제 곧 애굽에서 종살이하는 이스라엘 백성을 애굽인들의 손아귀에서 끌어내어 젖과 꿀이 흐르는 가나안 땅으로 인도하리라는 것이었다. 그곳은 저들의 조상 아브라함과 이삭과 야곱에게 주리라고 약속하신 땅이다. 당시 그곳에는 가나안 족속, 헷 족속, 기르가스 족속, 아모리 족속, 브리스 족속, 히위 족속, 여부스 족속 등 이방인들이 부당하게 점거하고 있는 상태였다.

하나님께서는 그것을 위해 직접 이 땅에 내려와서 그 놀라운 일을 실행하실 것이라고 언급하셨다. 그는 장차 '내가 내려와서'(I have come down) 그 백성을 애굽인들의 손에서 건져내신다는 약속을 하셨던 것이다. 그리하여 직접 그 자손들을 가나안 땅으로 인도하여 들일 것이라고 말씀하셨다.

바로 그 약속이 모세를 통해 이스라엘 백성을 출애굽 시켰으며 여호수아를 통해 가나안 땅에 들어가도록 했다. 따라서 호렙산에서 모세에게 나타나신 여호와의 사자와 여호수아에게 나타나신 군대장관은 동일한 하나님 곧 성자 하나님이시다. 그는 곧 메시아였으며 장차 완벽한 인간의 몸을 입고 이 땅에 오실 예수 그리스도이다.

우리가 또한 여기서 기억해야 할 바는 당시 여호수아에게 나타나신 군대장관은 일반적으로 생각하는 보통 사람이 아니었으나 완전한 사람으로 나타나셨다는 사실이다. 즉 그는 '하나님'이면서 여호수아의 눈에는 완전한 사람으로 보였기 때문이다. 우리는 여기서 일시적이나마 '하나님'이 인간의 모습을 띠고 이 땅에 내려온 사실을 통해 이 말씀이 장차 오실 메시아에 대한 예언적 성격을 지니고 있음을 알게 된다.

호렙산에서 모세에게 나타나신 여호와의 사자와 여리고 성 인근에서 여호수아에게 나타나신 여호와의 군대장관은 이스라엘 백성을 위해 원수들과 싸우시는 분이다. 그가 직접 싸우시기 때문에 그에 속한 언약의 자손들은 결국 완전한 승리를 거두게 된다. 즉 그가 없이는 어떤 승리도 거둘 수 없는 것이다.

이는 신약시대 교회에도 그대로 적용되어야 할 교훈이다. 오늘날 우리도 하나님께 속한 군사로서 사탄에게 속한 악한 세력과 맞서 싸워야 한다. 우리 스스로는 그 싸움을 이겨낼 수 없다. 하지만 우리의 대장이신 예수 그리스도가 앞서 싸우심으로써 궁극적인 승리를 거두게 된다. 즉 하나님의 자녀들은 하나님 곧 하나님의 아들이신 예수 그리스도에게 속하여 궁극적인 승리에 참여하게 되는 것이다.

제 2 부

약속의 땅 정복
(수 6:1 - 12:24)

제8장

여리고 성 함락
(수6:1-27)

1. 여리고 성 함락을 위한 하나님의 특별한 작전 계획 (수6:1-5)

이스라엘 자손은 이제 요단강 건너 가나안 땅 첫 성읍인 여리고 성을 점령하기 위한 준비를 하고 있었다. 백성들은 그 전투에서 반드시 승리하리라는 확신을 가진 상태였다. 그에 반해 여리고 성의 왕을 비롯한 정치 군사 지도자들과 일반 백성들은 심한 두려움에 빠져 떨지 않을 수 없었다. 그들은 이미 이스라엘 백성이 요단강을 어떤 기적적인 방식으로 건너게 되었는지 잘 알고 있었기 때문이다.

그런데 우리가 기억해야 할 중요한 사실은 이스라엘 자손들의 고조된 분위기이다. 그들은 요단강의 마른 땅바닥을 밟고 건너면서 이미 자신감을 얻었을 것이 분명하다. 하지만 그들이 기억해야 할 점은 하나님의 도우심으로 인해 그런 놀라운 기적을 체험한 것에 대하여 지나친 감성적 정서에 머물지 말아야 한다는 사실이다. 그들이 반드시 염두에 두어야 할 바는 여호수아에게 나타나셨던 '여호와의 군대장관' 곧 '하나님의 메시아'가 저들 앞서 나아가고 계신다는 실제적 현실이다.

그와 같은 정황 가운데 하나님께서 여호수아에게 말씀하셨다. 이스라엘 자손이 여리고로 나아가기 전에 벌써 그 성읍과 왕을 비롯한 모든 용사들과 온 백성을 그의 손에 붙이셨다는 사실이다. 하나님께서는 이스라엘 백성을 향해 명령하신 것이 아니라 근본적으로는 여호수아에게 그 일을 허락하셨다. 물론 여호수아는 앞서 여리고 성 부근에서 만났던 여호와의 군대장관에게 예속된 상태였다.

그러므로 여리고 성읍을 정복하기 위한 모든 전략과 세력은 여호와의 군대장관에게 있었다. 여호수아를 비롯한 이스라엘 백성은 그에게 온전히 복종함으로써 신령한 전투에 임해야만 했다. 이와 같은 상황은 앞으로 전 가나안 땅을 정복하는 일과 나중에 세워지게 될 이스라엘 왕국, 그리고 그후에 따라오는 이스라엘 민족의 모든 역사 가운데서 동일한 관점에서 받아들여져야 한다. 이는 물론 신약시대 지상 교회에 속해 살아가는 우리에게도 그대로 적용되어야 한다.

따라서 여리고 성 정복을 앞둔 상태에서 하나님께서는 이스라엘 백성에게 창과 칼을 앞세워 전투에 임하도록 요구하지 않으셨다. 그 대신 인간들의 상식으로는 결코 합리적인 전략이 될 수 없는 독특한 명령을 내리셨다. 그것은 이제 엿새 동안 모든 병사들이 여리고 성 주위를 매일 한 바퀴씩 돌라는 요구였다. 그리고 마지막 일곱째 되는 날에는 성을 일곱 번 돌라는 명령을 내리셨다.

물론 백성들이 하나님의 명령에 복종하여 그 성 밖을 돌게 되지만 하나님께서 그들 앞에서 행하시게 된다. 따라서 앞선 일곱 명의 제사장들에게 언약궤를 보필하며 각기 양각(羊角) 나팔(trumpets of rams' horns)을 손에 잡고 불라고 명하셨다. 그것은 엿새 동안 매일 한 바퀴 돌 때와 마지막 일곱째 날에도 그렇게 해야만 했다.

맨 마지막에 제사장들이 양각 나팔을 길게 불어서 크게 울려 퍼지는 소리를 모든 백성들이 듣게 되면 모두가 큰 함성을 부르짖어 외치라고 하셨다. 그렇게 하면 견고한 여리고 성벽이 그대로 무너져 내리게 되리라는 것이다. 그리하여 이스라엘 백성은 성 안으로 들어가 최종 승리를 쟁취하면 된다는 것이었다. 이처럼 약속의 땅 가나안의 여리고 성을 맨 처음 정복하는 과정을 통해 강력한 병기나 군사적 전략이 아니라 하나님께서 친히 가나안 땅을 정복하게 된다는 사실을 보여주시게 된다.

2. 여호수아의 작전 명령과 수행 (수6:6-15)

여호수아는 그와 같은 상황에서 여리고 성 정복을 위해 제사장들을 불러모았다. 그리고 저들에게 언약궤를 메도록 했으며 일곱 명의 제사장이 각기 일곱 양각 나팔을 손에 잡고 불며 여호와의 궤 앞에서 행하라는 명령을 내렸다. 이는 이번뿐 아니라 장차 가나안 땅을 정복하는 전 과정과 이방인들에 맞서 싸우는 모든 전투에서 하나님의 언약궤가 앞장서게 된다는 사실을 말해주고 있다. 이 말은 또한 여호와 하나님께서 전쟁의 맨 앞에 서서 나아가신다는 것을 의미한다.

그리고 무장한 병사들로 하여금 여호와의 언약궤 앞에서 행하라고 요구했다. 그들은 선두에서 언약궤를 호위하며 인도하는 역할을 하게 된다. 이스라엘 자손은 여리고 성을 정복하는 신령한 작전을 펼치며 하나님의 뜻에 따라 질서정연하게 움직여야 했다. 즉 백성들이 개인적인 판단과 들뜬 마음과 감정에 따른 행동을 하지 말아야 했던 것이다.

여호수아의 모든 명령이 떨어지자 일곱 명의 제사장들이 각기 양각 나팔을 손에 잡고 여호와 하나님 앞에서 행진했다. 그들은 나팔을 불며 앞으로 나아갔으며 다른 제사장들이 멘 하나님의 언약궤가 그 뒤를 따라갔다. 무장한 병사들은 나팔을 부는 제사장들 앞에서 행진했으며 또 다른 병사들은 언약궤 뒤에서 나아갔다. 이는 무장한 병사들이 언약궤 앞뒤에 배치되어 그것을 보호하는 역할을 하는 모습을 보여주고 있다.

여호수아는 또한 모든 언약의 자손들을 향해 큰 소리로 떠들면서 대화하는 것을 금했으며 불필요한 목소리가 입 밖으로 나오지 않도록 하라는 지시를 내렸다. 그 대신 마지막 날 여호수아가 크게 외치라는 명령을 내릴 때 큰 함성을 지르라는 것이었다. 이는 제사장들과 무장한 병사들과 이스라엘 백성들 사이에 서로간 주관적인 생각이나 어떤 논의로 말미암아 승리를 거두게 되는 것이 아니라는 사실을 말해주고 있다.

나아가 이 요구는 행진하는 대열 가운데서 불필요한 '분위기'를 조성하지 말라는 의미를 담고 있다. 어리석은 자들 가운데는 함께 행진하는 주변 사람들을 부당하게 선동하는 자가 생겨날지 모를 일이었다. 여호수아는 이에 대하여 강력한 제재를 가하고 있다.

그리하여 이스라엘 자손이 여리고 성을 향해 나아가는 첫날 여호수아가 명령한 대로 언약궤를 앞세우고 그곳을 중심으로 여리고 성벽 주위를 한 바퀴 돌았다. 그들은 필요 이상의 열정을 내세워 성을 더 많이 돌려고 하지 않았으며 오직 하나님께서 정하신 규례에 순종하여 따랐다. 그후 제사장들을 비롯한 모든 백성들은 저들이 머물고 있는 진으로 돌아와 휴식을 취하며 잠을 잤다.

그리고 그 이튿날 모든 백성은 아침 일찍 일어나 첫째 날과 동일한 행진을 되풀이했다. 여호수아의 지휘에 따라 제사장들이 언약궤를 메고 일곱 제사장은 일곱 양각 나팔을 잡고 언약궤와 함께 진행했다. 무장한 병사들은 언약궤 앞에 서고 후군(後軍)이 언약궤 뒤에서 따라갔다. 그때 일곱 제사장들은 양각 나팔을 불며 행진했다.

이처럼 둘째 날에도 하나님께서 요구하시는 규례대로 여리고 성을 한 바퀴 돌았다. 그리고는 진으로 돌아왔다. 그들은 엿새 동안을 그와 같이 행하기를 되풀이했다. 그리고 일곱째 날에는 새벽 일찍 일어나 동일한 방식으로 여리고 성으로 나아가 성벽 주위를 일곱 바퀴 돌았다. 앞의 엿새 동안 한 바퀴씩 돈 것에 비해 그날만은 일곱 바퀴를 돌았던 것이다. 그것은 백성들의 군사적인 작전이나 인간적인 지혜가 아니라 하나님께서 명하신 규례에 따른 것이었다.

3. '작전 성공'과 후속 명령 (수6:16-19)

이스라엘 자손들이 마지막 일곱 번째 날 성벽 주위를 일곱 바퀴를 돌면서 제사장들은 전과 같이 나팔을 불었다. 그 마지막 바퀴를 돌면서 여호수아가 백성들을 향해 큰 함성을 내며 외치라는 명령을 내렸다. 여호와 하나님께서 여리고 성을 이스라엘 자손에게 주셨다는 것이었다(수6:16). 이는 이스라엘의 용맹한 병사들이 그 성을 자력(自力)으로 정복한 것이 아니라 하나님께서 저들에게 붙이셨음을 말해주고 있다.

요단강 건너 맨 첫 성읍인 여리고 성을 하나님께서 특별한 방법을 통해 친히 정복하여 이스라엘 자손에게 주신 것은 매우 중요한 의미를 지니고 있다. 이는 앞으로 가나안 땅에서 다양한 전투가 일어나게 되지만 기본적으로는 여호와의 군대장관 곧 하나님의 아들이신 메시아가 언약의 백성들에 앞서 싸운다는 사실을 선포하는 의미를 지니고 있기 때문이다. 하나님의 명령에 온전히 순종하면 원수들을 정복하고 승리를 거두게 된다는 것이었다.

전적인 하나님의 일하심으로 말미암아 여리고 성을 받아 소유하게 된 이스라엘 백성은 그 안에 있는 모든 물건을 여호와 하나님께 바쳤다(수6:17). 이는 새로 정복하게 된 그 성은 '하나님의 소유'가 된다는 의미를 가지고 있다. 즉 여리고 성은 실제적인 의미상 이스라엘 자손의 소유가 된 것이 아니라 하나님의 소유가 되었던 것이다.

그런 가운데 앞서 여호수아가 여리고 성에 몰래 들여보낸 정탐꾼들이 만났던 기생 라합과 그의 집에 거하는 모든 사람들은 하나님에 의해 생명을 보장받을 수 있었다. 그들이 이스라엘 민족을 지휘하는 여호수아가 보낸 정탐꾼들을 안전하게 숨겨주었기 때문이다. 라합이 그들을 숨겨주었던 것은 개인적인 연민이나 단순한 두려움 때문이 아니라 그

가 하나님의 은혜 가운데 허락된 언약에 속한 사람이었기 때문이다. 이
는 라합이 구원을 받은 것은 정탐꾼들을 숨겨준 공로에 의한 것이 아니
라 창세 전에 맺어진 하나님의 언약과 그의 은혜로 말미암은 것이란 사
실을 말해주고 있다.

여호수아는 그와 더불어 이스라엘 백성에게 중요한 명령을 내렸다.
여리고 성에서 취하여 하나님께 바칠 물건에 대하여 탐심을 가지지 말
라는 것이었다. 하나님께 바친 물건 가운데 어느 것이라도 개인의 욕심
에 따라 그것을 취하려 해서는 안 된다. 만일 그런 일이 발생하면 그렇
게 한 개인 당사자뿐 아니라 이스라엘 진영 전체가 큰 화를 당하게 되
리라고 했다.

따라서 금, 은, 동, 철로 만든 모든 물건들은 여호와 하나님의 곳간
에 들여두라는 명령을 내렸다. 그런 것들은 성막과 성소에 사용되어야
할 재료가 될 것이었기 때문이다. 그리고 나중 예루살렘에 하나님의
거룩한 성전이 건축될 때 쓰여질 금속들이었다. 물론 당시 일반 백성
들의 입장에서는 언제 하나님의 성전이 건립될지 전혀 알 수 없는 상
황이었다.

4. 여리고 성벽의 붕괴와 기생 라합의 집에 거하는 자들 구출 (수 6:20-25)

이스라엘 자손이 마지막 날 일곱 번째 여리고 성을 돌 때 여호수아
의 명령이 내려졌다. 그에 따라 제사장들은 양각 나팔을 길게 불었으
며 모든 백성이 큰소리로 함성을 질렀다. 그동안 조용하게 성벽을 따
라 돌던 사람들이 한꺼번에 큰 소리로 외칠 때 그 위엄은 대단했을 것
이 분명하다.

백성들이 함성을 지르자 그와 더불어 여리고 성의 성벽이 한꺼번에
무너져 내렸다. 병사들의 무기나 군사적 전략이 아닌 하나님의 언약궤

와 제사장들의 나팔소리와 백성들의 함성만으로 성벽이 완전히 파괴되었던 것이다. 그와 같은 일은 인간들의 상식으로는 도저히 설명될 수 없는 기적이었다. 여리고 성벽이 완전히 무너졌다는 것은 이제 이스라엘 자손이 자유롭게 그 성 안으로 들어가게 되었다는 점을 말해주고 있다.

그러므로 이스라엘 백성은 여리고 성 안으로 들어가 남녀노소(男女老少) 할 것 없이 모든 사람들을 칼로 쳐 죽였다. 그리고 소와 양과 나귀 등 동물들까지 죽였다. 일반적인 관점에서 본다면 범죄에 대한 판단과 행위 능력이 전혀 없는 어린아이들이나 동물까지 죽일 이유가 없었을 것이라고 생각할 수 있다.

하지만 이스라엘 자손은 하나님의 뜻에 따라 이방인들 가운데 있는 모든 생명을 가차 없이 죽여 살해했다. 우리는 여기서 그와 연관된 매우 중요한 의미를 생각해 볼 수 있어야 한다. 언약의 자손들이 여리고 성 안에 살던 이방인들과 동물들을 무차별적으로 살해한 것은 그 백성들의 윤리적인 부정이나 일반적인 죄악 때문이 아니었다.

이스라엘 자손이 여리고 성 안에 있는 모든 생명을 살해한 것은 그들이 여호와 하나님의 뜻에 저항한 부정한 존재들이었기 때문이다. 따라서 여호수아의 지휘를 받은 언약의 백성들이 여리고 성 안의 이방인들을 잔인하게 죽인 것은 하나님 앞에서 범죄행위가 아니라 오히려 적법한 순종행위였다. 생명이 붙어 있는 모든 것들을 쳐 죽임으로써 하나님께 속한 거룩한 생명과 구별하게 되었기 때문이다.

그런 중에 여호수아는 앞에서 언급한 것처럼 여리고 성을 정탐했던 두 명의 병사들에게 특명을 내렸다. 그들로 하여금 기생 라합의 집으로 들어가 그와 함께 있는 사람들을 인도해내고 그에게 속한 모든 것을 따로 끌어내라는 것이었다. 이는 그 전에 그들이 그 여인에게 맹세한 바 있었기 때문이다. 이스라엘 민족을 대표하는 성격을 지닌 정탐꾼들이 한 맹세는 분명한 효력을 지니고 있었다.

그러므로 두 명의 정탐꾼은 하나님 앞에서 맹세한 대로 여리고 성 안으로 들어가 라합과 그 부모 형제 및 친족들과 그에게 속한 모든 것들을 그 패망의 정황으로부터 인도하여 이끌어냈다. 그리고 아직 독자적인 거처가 없는 상태에서 그들을 데리고 나와 이스라엘 백성의 진 밖에 머물게 함으로써 보호해 주었다. 그들은 하나님의 뜻에 따라 여리고 성을 탈출하여 생명을 구하게 되었던 것이다. 신약성경에는 그에 대한 증거들이 기록되어 남아 있다.

"믿음으로 기생 라합은 정탐군을 평안히 영접하였으므로 순종치 아니한 자와 함께 멸망치 아니하였도다"(히11:31); "또 이와 같이 기생 라합이 사자를 접대하여 다른 길로 나가게 할 때에 행함으로 의롭다 하심을 받은 것이 아니냐"(약2:25)

히브리서와 야고보서에서는 기생 라합이 여호수아가 보낸 정탐꾼을 평안히 영접한 것이 구원의 근거가 되었다는 사실을 언급하고 있다. 그로 말미암아 그들이 여호와 하나님 앞에서 의로운 자로 인정받게 되었던 것이다. 라합이 이스라엘 민족의 정탐꾼들을 영접한 것은 단순히 외국 군대의 첩자들을 비밀리에 숨겨준 행동이라기보다 실제로는 하나님께 속한 이방인 출신의 언약의 백성으로서 취한 행동이었다.

이스라엘 병사들은 기생 라합과 그의 집에 속한 모든 사람들을 성 밖으로 데리고 나온 후 여리고 성 안에 있는 모든 것들을 불살랐다. 그리고 금, 은, 동, 철로 된 물건들은 여호와 하나님의 집 곳간에 특별히 보관해 두었다. 여기서 여호와의 집이란 당시 하나님의 언약궤를 둔 성막과 연관된 곳을 의미하고 있다. 그것들은 나중 이스라엘 백성이 언약궤를 두기 위한 지성소와 성소가 있는 성전 건축을 위하여 특별히 예비된 것으로 이해해야 한다.

여호수아는 성 밖으로 데리고 나온 기생 라합과 그의 가족 및 모든 사람들을 이스라엘 백성 가운데 거하도록 허락했다(수6:25). 앞에서 정탐꾼을 영접한 것을 통해 그들이 언약의 백성에 속한 자들이라는 사실을 확인할 수 있었기 때문이다. 따라서 그때부터 그들은, 이방인의 혈통을 지니고 있었으나 그와 상관없이 하나님께 속한 언약의 백성이 되었던 것이다.

5. 여호수아의 특별 경고 (수6:26-27)

여리고 성 점령에 연관된 모든 일들이 완료된 후 여호수아는 언약의 백성들을 경계하며 맹세하는 가운데 하나님의 뜻을 선포했다. 장차 누구든지 무너진 여리고 성을 다시금 건축하는 자는 반드시 여호와 하나님 앞에서 저주를 받게 되리라는 것이었다. 이는 하나님께서 파괴한 여리고의 성벽을 인간이 재건하여 세운다는 것은 하나님께 저항하는 사악한 행위라는 사실을 말해주고 있다.

따라서 누구든지 무너진 여리고 성벽을 세우기 위해 그 기초를 닦고 쌓을 때 장자(長子) 곧 맏아들을 잃게 되리라고 했다. 그리고 성문을 세울 때 계자(季子) 곧 막내아들을 잃으리라고 말했다.[17] 여호수아가 여리고 성에 연관된 모든 사역과 더불어 강력한 경고의 메시지를 전했을 때 그의 명성이 온 땅에 퍼지게 되었다.

여호수아가 하나님의 계시에 따라 선포한 말씀대로 오랜 세월이 흐른 후 하나님의 뜻에 저항하는 자가 생겨나게 되었다. 이스라엘 왕국의

---

17) 여기서 나중 여리고 성을 다시금 세우는 자가 있다면 그가 성의 기초를 닦을 때 장자 곧 맏아들을 잃을 것이며 성문을 세울 때 계자 곧 막내아들을 잃게 된다고 했는데 그 말은 그의 맏아들과 막내아들 두 명을 잃게 되리라고 한 말이 아니다. 그것은 오히려 여리고 성을 다시 건축하는 과정에서 장자로부터 계자에 이르기까지 그의 모든 아들들을 다 잃게 되리라는 사실을 말해주고 있다. 이는 그 집안의 상속이 완전히 끊어지는 무서운 형벌을 받게 되는 점에 연관되어 있다.

아합왕이 통치하던 시기에 벧엘 출신 히엘(Hiel)이 여리고 성을 재건하기 시작했기 때문이다. 열왕기상에는 그에 관한 내용이 기록되어 있다.

> "그 시대에 벧엘 사람 히엘이 여리고를 건축하였는데 저가 그 터를 쌓을 때에 맏아들 아비람을 잃었고 그 문을 세울 때에 말째 아들 스굽을 잃었으니 여호와께서 눈의 아들 여호수아로 하신 말씀과 같이 되었더라"(왕상16:34)

벧엘 사람 히엘은 여호수아가 전한 하나님의 말씀을 거부한 채 그에 대한 경고를 심중에 받아들이지 않았다. 그는 자기의 추한 야망을 달성하고자 무너진 여리고 성을 다시금 건축하고자 했다. 그는 하나님께서 내리신 저주의 말씀을 전혀 받아들이지 않았던 것이다.

그리하여 히엘이 여리고의 성벽 기초를 쌓을 때 그의 맏아들 '아비람'이 죽게 되었다. 그리고 그가 성문을 세울 때 막내아들 '스굽'을 잃게 되었다. 하나님께서 오래전 여호수아를 통해 선포하신 경고의 말씀이 그대로 이루어지게 된 것이다. 우리는 이를 통해 이스라엘 역사 가운데 친히 자신의 뜻을 이루어가신 여호와 하나님을 기억하게 된다.

제9장

아간의 범죄로 인한 하나님의 진노와 형벌

(수7:1-26)

1. 아간의 범죄와 온 이스라엘 백성에게 진노하신 하나님 (수7:1)

여호수아는 앞에서 여호와 하나님께 바친 물건을 탐하지 말고 하나님의 것을 취하지 말라는 명령을 내렸다. 성별된 그 물건들은 하나님의 언약궤가 놓여있는 거룩한 성소와 연관된 특별한 곳간에 보관해야 하며 누구든지 그것을 탐하여 훔치면 큰 화를 당하게 된다고 했다. 하나님의 소유를 인간의 욕심의 대상으로 삼아서는 안 되기 때문이다.

우리가 기억해야 할 심각한 문제는 특정 개인이 그와 같은 범죄를 저지르게 되면 그 당사자뿐 아니라 이스라엘 민족 전체가 화를 입게 된다는 사실이다(수6:18). 이 말은 언약 공동체가 공적으로 그와 같은 악행을 저지르는 자가 발생하지 않도록 철저히 감시해야 한다는 것을 의미하고 있다. 하나님의 율법을 지키고 그에 온전히 순종해야 할 백성 가운데는 절대로 그와 같은 일이 발생해서는 안 된다는 것이다.

그런데 여리고 성을 점령하고 난 후 이스라엘 자손들 가운데 그와 같은 불의한 사건이 발생했다. 하나님께 바쳐진 물건을 훔치는 자가 생겨났기 때문이다. 그는 유다 지파에 속한 아간(Achan)이라는 인물이었다. 그가 하나님께 바쳐져 성별된 물건을 남몰래 훔쳐 자기의 것으로 취했던 것이다.

아간의 범죄행위는 그에 관한 사실이 심각한 문제가 되어 외부로 불거지기 전까지는 다른 사람들에게 알려지지 않았다. 하지만 여호와 하나님께서는 그로 말미암아 범죄를 저지른 개인뿐 아니라 전체 이스라엘 자손들에게 크게 진노하시게 되었다. 이와 같은 상황은 여간 심각한 문제가 아니었다.

2. 아이 성 전투에서 패배 (수7:2-5)

유다 지파에 속한 아간이 하나님께 바쳐진 물건을 몰래 훔쳤으나 백성들은 그 사실을 전혀 모르고 있었다. 그런 와중에 여리고 성에 완승(完勝)을 거둔 여호수아는 벧엘 동편에 위치한 아이(Ai) 성으로 정탐꾼을 보냈다. 이제 곧 아이 성을 공격해 점령하려는 계획을 세우고 있었기 때문이다.

여호수아의 명령을 받은 정탐꾼들은 아이 성 내부로 몰래 잠입해 들어가 모든 실상을 정탐했다. 아이 성의 전반적인 형편을 파악한 그들은 여호수아에게 돌아와서 정탐한 모든 내용을 그대로 보고했다. 그들이 보기에는 크게 힘들이지 않고 아이 성을 정복할 수 있을 것으로 여겼다. 거대한 여리고 성을 쉽게 정복한 이스라엘 병사들로서는 아이 성 정도는 간단하게 점령할 수 있으리라 판단했던 것이다.

그리하여 이스라엘 군대의 모든 병사들을 다 그곳으로 보낼 필요 없이 소수만 올라가서 공격해도 충분할 것이라고 했다. 전 병력을 동원하여 힘을 소진할 필요가 없다는 것이었다. 따라서 이삼천 명 정도의 일부 병력만 올라가서 그 성읍을 치면 되리라는 의견을 제시했다. 그 정도 규모의 병사들이면 어렵지 않게 승리를 거둘 수 있으므로 전체 병사들을 수고롭게 할 필요가 없다고 보았던 것이다.

정탐꾼들의 보고를 들은 여호수아는 그 견해를 받아들여 이스라엘 병사들 가운데 삼천 명 정도를 택하여 아이 성을 공격하도록 올려보냈다. 그런데 전투의 결과는 전혀 예상치 못한 방향으로 흘러갔다. 이스라엘 군대가 아이 성 병사들에게 크게 패배하여 도망치는 신세가 되었기 때문이다. 당시 첫 번째 아이 성 전투에서 이스라엘 병사들 가운데 서른여섯 명이 전사하게 되었다.

뿐만 아니라 아이 성의 병사들은 패배하여 도주하는 이스라엘 군대를 성문에서부터 스바림까지 추격했다. 주변 산세에 익숙한 아이 성 병사들은 아래쪽으로 내려가는 비탈길에 이르러 전투를 벌였으므로 이스라엘 병사들은 기진맥진하여 정신을 잃을 정도가 되었다. 그로 말미암아 이스라엘 군대는 전의(戰意)를 완전히 상실할 수밖에 없었다.

당시 이스라엘 병사들이 아이 성 군대에 의해 크게 패배했을 때 여호수아를 비롯한 언약의 자손들은 당황하지 않을 수 없었다. 여호와 하나님께서 도와주실 것이므로 반드시 승리할 것으로 생각하고 있었기 때문이다. 하지만 그들의 기대와는 전혀 달리 이방 군대에 의해 완패를 당했을 때 백성들 가운데는 왜 그렇게 되었는지 그 근본적인 이유를 아는 자들이 아무도 없었다.

이스라엘 백성이 첫 번째 아이 성 전투에서 크게 패배한 원인은 아간이 하나님의 것을 훔쳤기 때문이었다. 물론 그때까지 그에 대하여 알고 있는 자가 아무도 없었으나 앞서 하나님께서 말씀하신 대로 하나님의 것으로 성별된 물건을 훔치는 자가 생겨나면 이스라엘 민족 전체가 하나님의 진노를 살 수밖에 없었다. 즉 이스라엘 군대가 아이 성 병사들에 의해 패배한 원인은 전적으로 아간의 악행에 있었던 것이다.

3. 여호수아와 이스라엘 백성의 슬픔 (수7:6-9)

이스라엘 군대가 아이 성 군대에 의해 완전히 패배당하자 여호수아는 큰 충격을 받게 되었다. 자기가 보낸 병사들이 패배하고 상당수 전사자들이 발생했다는 것은 마음 아픈 일이 아닐 수 없었다. 그 일은 최고 지휘관인 여호수아뿐 아니라 이스라엘 모든 백성들로 하여금 당황스럽게 했을 것이 분명하다.

그러므로 여호수아는 입고 있던 옷을 찢고 이스라엘 장로들과 함께 여호와의 언약궤 앞으로 나아가서 땅에 엎드렸다. 그리고 머리에 티끌을 뒤집어쓰고 날이 깜깜해질 때까지 그 자리에 머물러 있었다. 그때 여호수아는 여호와 하나님께 자기의 슬픈 마음을 토로했다.

그는 아이 성 전투에서 이스라엘 군대가 완패한 사실로 인해 그 슬픔을 견뎌내기 어렵다고 했다. 하나님께서 언약의 백성을 인도하여 요단강을 건너 가나안 땅에 이르게 하셨으나 이제 요단강 서편 땅을 지배하고 있는 아모리 사람들에 의해 멸망당할 위기에 처했다는 것이다. 그렇게 될 수밖에 없다면 차라리 요단강을 건너지 않고 동편 땅에 그냥 머물러 살았으면 좋았을 뻔했다고 했다.

그런데 요단강을 건넌 이스라엘 자손이 아이 성 사람들에 의해 큰 패배를 당했으므로 이제 어떻게 처신해야 할지 막막하다는 말을 했다. 또한 이제 가나안 땅을 지배하고 있는 많은 이방 족속들이 그에 관한 소문을 듣고, 이스라엘 민족을 두렵게 여기기는커녕 오히려 우습게 볼 것이라고 했다. 결국 그들이 이스라엘 백성의 이름을 이 세상에서 도말시키고자 덤벼들 터인데 어찌해야 하느냐는 것이었다. 나아가 그보다 더한 것은 여호와 하나님의 위대한 이름이 부정한 이방 족속들에 의해 모독을 받는 일을 어떻게 지켜보아야 할 지 모르겠다고 했다.

우리는 여기서 하나님의 뜻을 버리고 그에 저항하는 한 개인의 악행이 여호수아를 비롯한 이스라엘 백성 전체를 큰 고통에 빠뜨리고 있는 사실을 보게 된다. 여호수아는 하나님께서 아간이 저지른 악행에 대한 실상을 드러내시기 전까지는 그에 관한 이유를 전혀 알 수 없었다. 또한 악행을 저지른 당사자는 여호수아를 비롯한 이스라엘 백성이 엄청난 고통을 당하고 있음에도 불구하고 그것이 자기로 말미암은 것이란 사실을 인식하지 못했을 뿐더러 그에 대한 반성과 후회의 마음을 가지지 않았던 것으로 보인다.

4. 패배의 원인과 하나님의 진노 (수7:10-12)

이스라엘 백성이 당시 아이 성 전투에서 크게 패배한 근본적인 원인은 하나님의 말씀에 대한 불순종 행위에 직접 연관되어 있었다. 즉 그들의 병사의 수가 적었다거나 전략이 잘못되었기 때문에 완패한 것이 아니었다. 하지만 어리석은 자들 가운데는 그들이 패한 것이 마치 이스라엘 군대의 외적인 형편에 기인하는 것인 양 생각했을지도 모른다.

믿음의 사람 여호수아는 그 패배가 하나님의 진노로 말미암은 것이란 사실을 분명히 알고 있었다. 하지만 당시에는 그 구체적인 내용을 알지 못했다. 그와 같은 형편에서 하나님께서는 여호수아를 향하여 말씀하셨다. 왜 그렇게 엎드려 있느냐고 하시면서 이스라엘이 패배한 원인에 관한 언급을 하셨다.

하나님께서는 이스라엘 군대의 패배가 저들의 범죄행위에 기인한다는 사실을 밝히셨다. 여기서 주목해야 할 바는 실제로는 한 사람의 범죄행위였음에도 불구하고 그 의미상 이스라엘 민족 전체의 범죄행위가 되었다는 점이다(수6:11). 따라서 하나님께서는 이스라엘이 자신의 언약을 어긴 사실을 지적하여 말씀하셨다. 그들이 하나님께 바쳐진 물건을 취하고 도적질하여 속이면서 저들의 개인적인 곳에 챙겨두었다는 것이다.

이스라엘 자손들이 여호와 하나님께서 명령하신 내용을 어기고 그와

같은 악행을 저질렀으므로 그 대적자들에 대하여 승리를 거두기는커녕
그 앞에서 도망치게 되었다고 했다. 즉 전쟁에서 패배하게 된 원인은
하나님께 바쳐진 물건을 도둑질하여 인간의 소유로 만들어버렸기 때문
이라는 것이었다. 그에 대한 전반적인 문제 해결이 없는 상태에서는 이
스라엘 백성이 하나님의 저주 아래 놓여있을 수밖에 없다고 했다.

우리는 그 원인과 연관된 모든 내용을 주의 깊게 살펴 생각해 보아야
만 한다. 우선 언약의 자손인 이스라엘 민족 자체가 하나님 앞에 바쳐
진 존재라는 사실을 이해해야 한다. 따라서 그 바쳐진 백성들 가운데
누군가가 하나님의 명령을 거슬린 채 사악한 범죄를 저지르게 되면 무
서운 저주를 받게 되며, 그런 부정한 자가 속해 있는 전체 언약 공동체
가 동일한 저주의 자리에 처할 수밖에 없게 된다.

그러므로 이스라엘 민족은 원래의 거룩한 상태로 회복되어야만 한
다. 그러기 위해서는 그들 가운데 하나님의 명령을 어기고 하나님께 바
쳐진 거룩한 물건을 훔친 그 사람을 저들 가운데서 멸하여 제거해야 한
다. 그렇게 하지 않으면 하나님께서 저들과 함께 하시지 않을 것이며
그와 같은 자를 멸망시켜 제거할 때 다시금 그들과 함께 계시리라고 말
씀하셨다.

우리는 여기서 매우 중요한 교훈을 배울 수 있어야 한다. 그것은 교
회의 권징 사역과 밀접하게 연관되어 있다. 지상 교회가 참된 교회의
면모를 유지하기 위해서는 반드시 권징이 분명하게 시행되어야만 한
다. 만일 교회 가운데 하나님의 뜻을 거슬러 거짓이나 악을 도모하는
자가 있다면 절차에 따른 권징을 시행하지 않으면 안 된다. 그와 같은
자를 아무런 문제가 없는 듯 용납하게 되면 그 개인 당사자뿐 아니라
전체 교회가 더럽혀질 우려가 있기 때문이다. 그것은 하나님을 진노케
하는 일이 되므로 성숙한 성도들은 항상 그에 대한 올바른 자세를 유지
해야만 한다.

5. 성결을 요구하시는 하나님 (수7:13-15)

하나님께서는 여호수아를 향해 부정하게 된 언약의 백성을 성결케 하라는 명령을 내리셨다. 이는 백성 각자가 개인적인 판단과 행위에 따라 스스로 성결케 되는 것이 아니라 여호수아의 특별한 사역과 더불어 그렇게 될 수 있다. 그 일을 실행하기 전에 여호수아는 먼저 자신을 성결케 한 후 그 다음 날을 기다려야 했다.

한 사람으로 말미암아 저질러진 사악한 사건이 전체 이스라엘 민족을 범죄의 도가니에 빠뜨려버린 상태에서 이제 온 백성은 다시금 성결케 되어야만 했다. 그것을 회복하지 않은 상태에서는 이스라엘을 향한 하나님의 진노가 풀리지 않는다. 따라서 하나님께서는 이스라엘 백성들 가운데 하나님께 바쳐져 성별된 물건이 존재한다는 사실을 먼저 언급하셨다.

하나님께 바쳐진 거룩한 물건이 다시금 부당한 방법으로 사악한 자의 손아귀에 들어가면 그것은 부정하게 된다. 그 부정하게 된 물건은 이스라엘 백성 중에서 반드시 제거해야만 한다.[18] 만일 그것을 이스라엘 가운데서 제거하지 않고 그냥 두면 하나님의 진노가 지속될 것이며, 이스라엘 자손은 가나안 땅을 장악하고 있는 원수들과 맞서 싸운다고 해도 그들을 이겨낼 수 없게 된다.

그러므로 하나님께서는 여호수아를 향해 이제 그 사악한 자와 그가 부당하게 취한 하나님의 것을 찾아내 규례대로 시행하도록 명하셨다. 그것을 위해 다음 날 아침 이스라엘 각 지파를 가까이 나아오도록 하라

---

18) 이스라엘 군대는 부정한 이방인들의 성읍인 아이 성을 공격하여 저들의 악을 제거하기 전에 먼저 이스라엘 민족 가운데 존재하는 악을 제거해야만 한다. 내부적인 악을 그대로 방치한다면 이방인들의 부정을 제거할 수 없다. 이는 우리 시대 지상 교회에 그대로 적용되어야 한다. 세상의 악한 것과 맞서 싸우기 위해서는 반드시 교회 내부의 부정과 악을 제거해야만 하는 것이다.

고 말씀하셨다. 이스라엘 백성 가운데 있으면서 하나님께 바쳐져 구별된 물건을 부당하게 취한 자를 드러내 보이리라는 것이었다.

또한 하나님께서는 여호수아에게 이스라엘 모든 지파들을 한자리에 모으고 그 중에서 한 지파를 뽑을 것이라고 말씀하셨다. 그리고 그 뽑힌 지파에 속한 여러 가문들 가운데 한 가문을 뽑으리라고 하셨다. 그 다음에는 그 가문에 속한 집안들 가운데 한 집안을 뽑으리라는 말씀을 하셨다. 그후에 그 집안의 모든 남자들을 모아 그 중에서 하나님의 거룩한 것을 훔친 자를 뽑아내 보이겠다는 것이었다.

그리하여 많은 백성들이 모인 공개적인 석상에서 하나님의 거룩한 물건을 훔친 자가 뽑히면 그를 불살라 죽이라고 명령하셨다. 그리고 그가 소유하여 부정하게 된 물건들도 그리하도록 하셨다. 그렇게 함으로써 이스라엘 백성은 정결한 상태를 회복해야만 했다. 따라서 그가 여호와 하나님께서 제시하신 언약을 어기고 이스라엘 민족 가운데 하나님을 욕되게 하는 악행을 저지름으로써 무서운 재앙을 불러오게 된 사실을 모든 백성이 알도록 저들을 향해 선포하게 하셨다.

6. 아간의 범죄가 드러남 (수7:16-21)

여호수아는 하나님의 요구에 따라 다음 날 아침 일찍 일어나 언약궤가 놓인 장소로 나아가 이스라엘 백성을 각 지파대로 불러 모았다. 여호수아가 주도하는 모든 과정에서 이스라엘 열두 지파 가운데 유다 지파가 뽑히게 되었으며 그중에 다시 세라 족속이 뽑혔다. 또한 세라 족속의 남성들을 가까이 나아오게 했을 때 또다시 삽디 집안이 지목되었다. 그 가운데 최종적으로 '아간'이 뽑히게 되었다.

이 일은 여러 사람들이 모인 공적이며 공개적인 석상에서 이루어진 일로써 하나님께서 직접 관여하신 결과였다. 즉 누군가가 아간을 신고한 것이 아니었으며 그가 의심스러웠기 때문에 그를 미리 지목한 것도 아니었다. 모든 인간들의 마음과 행위를 속속들이 들여다보고 계시는 여호와 하나님께서 완벽한 방편에 따라 하나님의 것을 훔친 무서운 죄를 범한 아간을 온 백성들 가운데 드러내셨던 것이다.

그러므로 여호수아는 그 자리에서 아간에게 단도직입적(單刀直入的)으로 말했다. 이스라엘 민족의 하나님이신 여호와의 위엄을 알고 그 앞에서 저지른 모든 죄를 자복하도록 명령을 내렸다. 즉 많은 백성이 보는 가운데 그가 행한 일의 자초지종(自初至終)을 자기에게 그대로 고하라는 것이었다.

따라서 아간은 그동안 남몰래 저지른 모든 죄악을 그대로 이실직고(以實直告)할 수밖에 없었다. 자기가 이스라엘 민족의 여호와 하나님께 범죄하여 하나님을 위해 특별히 바쳐진 물건을 훔친 모든 사실을 자백했다. 그는 자기가 훔친 물건 중에 '시날산의 아름다운 외투 한 벌'19) 과 은 이백 세겔과 오십 세겔이 되는 금덩이 하나를 탐내어 훔쳤다고 했다.

그것들은 하나님의 거룩한 사역을 위해 성별된 물건들이었다. 아간은 그 물건들이 탐이 나서 훔쳤으나 이제 그 모든 악행이 만천하에 드러나게 되었다. 따라서 그는 자기가 취한 그 물건들을 보관해 둔 장소를 여호수아에게 말했다. 자기가 거하는 장막의 바닥 아래 그것들을 감추어두었으며 은은 그 밑에 숨겨두었다는 것이다.

우리가 여기서 생각해 보아야 할 점은 아간이 여호수아 앞에서 모든 것을 솔직히 털어놓았으나 그로 말미암아 자기 죄를 용서받을 수 있었던 것은 아니라는 사실이다. 또한 아간이 개인적인 욕심으로 말미암아 그렇게 했으나 그것은 단순히 개인의 악행에 그치는 것이 아니었다. 그의 범죄는 이스라엘 민족 전체의 죄가 되어 큰 악영향을 끼치게 되었

---

19) 여기서 언급된 '시날산의 아름다운 외투 한 벌'은 단순히 값비싼 고급의상을 말하는 것이 아니다. 그 옷은 제사장들이 하나님을 섬기기 위하여 특별히 입게 될 성별된 의상으로 이해해야 한다.

다. 따라서 하나님께서는 아간뿐 아니라 온 이스라엘 자손에 대하여 진노하셨던 것이다.

7. 아간에 대한 형벌과 '아골 골짜기' (수7:22-26)

아간의 말을 듣게 된 여호수아는 자신의 사자를 그의 장막으로 보냈다. 그들이 가서 보니 그가 말한 대로 장막 안 바닥 아래 그것들이 감추어져 있었으며 그 밑에 은이 숨겨져 있었다. 그들은 도둑맞은 그 물건들을 취하여 여호수아와 이스라엘 자손들이 모여있는 곳으로 가지고 왔다.

맡겨진 임무를 완수한 자들은 가져온 물건들을 여호와 하나님 앞에 내어놓았다. 이는 하나님의 언약궤 앞에서 그 모든 일이 진행되고 있었음을 말해주고 있다. 이 말은 그 문제에 관한 해결은 인간들의 판단과 생각에 따라 행해지는 것이 아니라 하나님의 뜻에 따라 이루어지게 된다는 사실을 드러내 보여주고 있다.

여호수아는 그 자리에서 이스라엘 백성들을 향해 명령을 내렸다. 즉시 아간을 체포하고 그가 훔친 은과 외투와 금덩이를 취하라고 했다. 그리고는 그의 아들, 딸 등 모든 자식들과 그의 소유물인 소와 나귀와 양을 비롯한 짐승들, 그리고 그에게 속한 여러 물건들을 아골 골짜기(the valley of Achor)로 끌고 갔다.

여호수아는 그곳에서 아간을 향해 엄중하게 문책했다. 어찌하여 개인적인 욕망으로 인해 하나님의 뜻을 어기고 이스라엘 민족을 괴롭히느냐는 것이었다. 그가 언약의 자손들을 심하게 괴롭혔으므로 이제 여호와 하나님께서 그를 괴롭게 하시리라고 했다. 거기 모인 백성들은 여호수아의 선포를 들은 후 아간을 돌로 치고 불에 태웠다.

그때 아간뿐 아니라 그가 훔쳐 부정하게 된 물건들과 그의 자녀들과 그에게 속한 짐승들을 비롯한 모든 것들이 같이 태워졌을 것이 분명하다. 이는 부정하고 악한 것들에 대한 하나님의 철저한 심판을 보여주고 있다. 그리하여 하나님께서 그 모든 사악하고 부정한 것들을 엄히 심판하여 근절하심으로써 극렬한 분노를 그치게 되었다.

그리고 백성들은 불에 태워진 아간의 시신을 비롯한 모든 부정한 것들을 한 곳에 모으고 그 위에 커다란 돌무더기를 쌓았다. 그것은 그후 모든 이스라엘 자손에게 중요한 메시지가 되었을 것이 분명하다. 후대에 태어난 언약의 자손들은 그 참혹한 심판의 흔적이 남아있는 아골 골짜기를 지나다니면서 큰 돌무더기를 보며, 하나님께 바쳐진 물건을 훔친 아간의 사악한 행위와 더불어 그로 말미암아 이스라엘 군대가 아이 성을 상대로 한 첫 번째 전투에서 크게 패배한 사실을 기억했을 것이다.

8. 우리 시대 교회에 적용되어야 할 교훈

아간이 저지른 사악한 행위와 사건은 모든 이스라엘 자손이 기억하고 있어야 했으며 그에 연관된 교훈을 마음속에 새겨두고 있어야만 했다. 하나님께 바쳐진 물건을 훔친 아간의 행위는 단순한 개인적인 문제에 그치지 않았다. 그것은 이스라엘 민족 전체를 하나님의 무서운 진노에 빠뜨리는 행동이었기 때문이다. 그로 인해 이스라엘 군대가 첫 번째 아이 성 전투에서 완전히 패배하고 수많은 병사들이 생명을 잃게 되었던 것이다.

이에 대해서는 오늘날 우리 시대 교회 역시 중요한 교훈을 받을 수 있어야 한다. 한 사람의 거짓이나 사악한 범죄행위가 전체 교회에 엄청난 영향을 미치기 때문이다. 우리가 기억해야 할 바는 지상 교회를 크게 어지럽히는 행위가 사람들의 집단행동이 아니라 한두 사람의 악행으로부터 시작된다는 사실이다.

역사 가운데 살아갔던 많은 믿음의 선배들은 참된 교회를 유지하기 위하여 몇 가지 교회적 표지가 반드시 존재해야 한다는 사실을 강조했다. 순수한 말씀 선포, 올바른 성례, 정당한 권징 사역이 곧 그것이다. 아간의 범죄와 아이 성 전투의 패배를 보면서 깨달아야 할 바는 교회의 권징을 통해 순결을 유지하는 일이다.

한 개인의 사악한 판단과 행동은 개인 당사자뿐 아니라 전체 교회에 심각한 영향을 끼칠 수밖에 없다. 그것을 대수롭지 않게 여겨 방치하거나 가볍게 생각하면 교회가 큰 해를 당하게 된다. 앞에서 본 것처럼 외관상 사람들 앞에서 모든 것을 드러내고 뉘우치는 것처럼 보였던 아간의 태도에도 불구하고 여호수아는 엄격한 대응을 했다.

우리는 물론 아간이 과연 하나님과 언약의 백성 앞에서 진정으로 뉘우쳤는지에 대해서는 알 수 없다. 하지만 분명한 사실은 그의 악행이 이스라엘 민족을 심각한 궁지로 몰아갔다는 점이다. 따라서 오늘날 지상 교회에 속한 성도들은 이에 연관된 중요한 교훈을 신중하게 받아들이지 않으면 안 된다. 즉 교회 밖의 사악한 세력에 맞서 싸우기 전에 먼저 내부의 악을 제거하여 성결을 유지해야만 하는 것이다.

제10장

아이 성 재 공략과 승리 : 율법에 따른 제사
(수8:1-35)

1. 회개한 이스라엘 자손을 인도하시는 하나님 (수8:1,2)

여호수아를 비롯한 이스라엘 백성은 여호와 하나님 앞에서 저들의 모든 잘못을 회개했다. 하지만 직접 범죄를 획책했던 아간은 그 회개의 반열에 들지 못했다. 하나님을 능멸하는 사악한 범죄를 저지른 아간은 그 악행의 본질적인 의미를 깨닫지 못했으나, 범죄 행위에 직접 가담하지 않았던 이스라엘 자손은 하나님 앞에서 죄를 자복하고 저들 가운데 존재하는 악을 철저하게 제거했다.

그리하여 여호와 하나님과 이스라엘 자손은 원래의 관계를 회복하게 되었다. 따라서 하나님께서는 여호수아를 향해 이전에 이스라엘 백성에게 패배를 안겨주었던 아이 성 군대에 대하여 더 이상 두려워하거나 놀라지 말라고 했다. 따라서 이제 자리에서 일어나 이스라엘 병사들을 이끌고 아이 성으로 올라가 저들을 침공하라는 명령을 내렸다.

하나님께서 아이 성과 그 안에 살고 있던 왕과 백성들과 저들의 온 땅을 그의 손에 내어 주었다고 말씀하셨다. 하나님께서 여리고 성과 그 왕을 비롯한 저들의 군대에게 행한 것처럼 아이 성과 그 왕을 비롯한 모든 병사들에게 그와 같이 하시겠다고 했다. 그리하여 그곳에 있는 물건들과 가축들을 탈취해도 좋다는 말씀을 하셨다. 그 일을 위해 작전을 짜서 아이 성 주변에 군사들을 배치시키고 복병하라는 명령을 내리셨다.

우리가 여기서 분명히 알 수 있는 점은 이스라엘 백성을 총지휘하시는 분은 여호와 하나님이라는 사실이다. 즉 이스라엘은 여호수아의 개인적인 판단과 지혜에 의존한 것이 아니며 그의 두뇌에서 나오는 전략을 통해 아이 성을 점령하고자 하지 않았다. 오직 앞서 행하시는 여호와 하나님께서 여호수아에게 명령을 내리셨던 것이다.

그러므로 이스라엘 모든 자손은 여호수아가 지휘하는 모든 전략과 지혜가 근원적으로 하나님으로부터 나온 것이란 사실을 깨달아야 했다. 성숙하고 순수한 신앙인들은 그 사실을 믿고 그에 전적으로 순종했을 것이 분명하다. 하지만 어리석은 자들 가운데는 그에 연관된 판단과 전략이 여호수아의 두뇌에서 나온 것으로 오해하는 자들이 있었을지도 모른다. 그렇게 되면 여호수아의 명령에 불순종하는 자들이 생겨날 수 있다.

만일 그런 자들이 생겨나 여호수아의 지휘에 불복종한다면 그것은 여호수아의 말을 듣지 않는 것에 그치는 것이 아니라 감히 하나님께 저항하는 무서운 범죄 행위가 된다. 이에 대해서는 오늘날 우리 역시 그에 관하여 깊은 주의를 기울여 생각하지 않으면 안 된다. 참된 교회 가운데서 주관적인 욕망에 따라 성경이 허락한 직분적 질서를 허문다면 그것이 하나님께 저항하는 행위가 될 수 있기 때문이다.

2. 하나님의 전략과 여호수아의 순종 (수8:3-9)

하나님의 명령을 들은 여호수아는 즉시 그에 순종하여 실행에 옮겼다. 그는 아이 성을 공격하기 위해 삼만 명의 병사들을 뽑았다. 먼저 그들을 밤중에 아이 성 부근으로 올려보내며 하나님께서 지시한 바를 기초로 한 임무를 맡겨 작전 명령을 내렸다.

여호수아는 그들에게 성읍 뒤쪽으로 가서 아이 성을 향하여 매복하라고 했다. 그 성읍으로부터 너무 멀리 떨어지지 말고, 명령이 떨어지면 곧장 성을 공격할 태세를 갖추고 있으라는 것이었다. 모든 병사들은 그에 대한 만반의 준비를 한 채 매복해 있어야만 했다.

그 사이 여호수아가 이끄는 병사들은 아이 성읍 정면으로 나아가겠다고 말했다. 작전의 일환으로서 아이 성을 공격하는 태세를 잠시 보이겠다는 점을 언급했다. 그렇게 되면 아이 성 병사들이 나름대로 전세(戰勢)를 감지하고 지난번에 그리했던 것처럼 이스라엘 군대를 향해 적극적인 공세를 펼치게 되리라는 것이었다.

그와 같은 상황이 벌어지는 가운데 여호수아가 이끄는 병사들은 열세에 몰리는 듯 위장하고 뒤돌아 도망치리라고 했다. 그러면 아이 성의 병사들은 이스라엘 군대의 뒤를 따라 추격하게 될 것이다. 그것은 여호수아가 이끄는 군대의 전략이었으나 아이 성 군대는 도망치는 이스라엘 병사들을 보며 용기백배하여 그 뒤를 추격하리라는 것이었다.

하지만 그것은 하나님으로 말미암은 이스라엘 군대의 전략이자 아이 성 병사들을 성 밖 먼 곳으로 유인하는 방책이었다. 이스라엘 병사들이 도망을 치고 그 뒤를 적극적으로 추격하는 아이 성 병사들이 저들의 성읍으로부터 멀리 떨어지면 아이 성 뒤편에 매복해 있던 이스라엘 병사들이 일어나 성 안으로 쳐들어가 점령하면 된다는 것이었다. 이렇게 하여 하나님께서 아이 성을 언약의 자손들에게 붙이시리라는 것이다.

그리고 그들이 아이 성을 점령하게 되면 하나님께서 명령하신 대로 그 성을 불살라버리도록 했다.20) 이방인들의 부정한 것들을 언약의 자손들 가운데 남겨두어서는 안 된다는 것이었다. 여호수아가 백성들에게 전한 그 말을 마친 후, 매복하게 될 복병들은 그에 복종하여 밤중에 아이 성 뒤편으로 올라가 벧엘과 아이 성 사이에 매복했다. 한편 여호수아는 곧 벌어질 전투를 위해 병사들과 함께 본 진에서 그 이튿날 아이 성 정면을 공격할 대비를 했다.

3. 여호수아와 이스라엘 병사들의 전술과 눈먼 아이 성의 지휘부 (수8:10-17)

이스라엘 병사들 가운데 한 부대가 아이 성 뒤편에 매복해 있는 상태에서 여호수아는 아침 일찍 병력을 점검하고 병사들을 점호했다. 그리고는 지휘관들인 이스라엘 장로들과 병사들을 이끌고 아이 성 앞으로 나아갔다. 물론 많은 병사들은 장차 진행될 전체적인 전략에 대하여 잘 알고 있었다.

여호수아의 지휘에 따라 아이 성 쪽으로 올라간 병사들은 성읍 북편에 진을 쳤다. 그곳은 아이 성을 마주하고 있는 골짜기 사이에 위치한 전략적 지역이었다. 여호수아가 이미 병사들 가운데 오천 명 가량을 아

---

20) 하나님께서는 이스라엘 자손들을 향해 아이 성을 점령하면 그 성읍을 완전히 불살라버리라고 명령하셨다. 하지만 어리석은 자들 가운데는 잘 지어진 성읍과 건축물을 파괴하지 말고 이스라엘 자손이 유용하게 사용하면 되지 않느냐고 주장하는 자들이 있었을지 모른다. 하지만 하나님께서는 이방인들이 만든 것들을 삶의 기초로 삼지 못하도록 하셨다. 나중 이스라엘 군대가 실제로 아이 성을 점령했을 때 그곳을 불살라 황폐한 무더기로 만들어버렸다 (수8:28). 우리는 이를 통해 하나님을 알지 못하던 때 형성된 불신앙적인 사고들을 완전히 긁어낸 후 다시금 참된 신앙 가치를 확립해야 한다는 교훈을 얻게 된다.

이 성 서편 벧엘과 아이 성 사이에 매복시켜 두었다. 따라서 아이 성의 서쪽에는 매복한 병사들이 대기하고 있었으며 북쪽에는 주력 부대가 전투태세를 갖추고 있었다. 그와 같은 상황에서 여호수아는 계곡에서 밤을 보낸 후 이튿날 공격을 꾀하려는 듯한 행보를 보였다.

성 안에 있던 아이 성 왕을 비롯한 군대 지휘관들이 전황을 파악하고 아침 일찍 일어나 전열을 가다듬었다. 그들은 거친 들판인 아라바(Arabah) 쪽으로 나아가 작전 개시 시간에 맞추어 이스라엘 병사들과 맞서 싸우고자 했다. 아이 성 병사들은 성읍 뒤편에 복병들이 매복해 있다는 사실을 전혀 눈치채지 못하고 있었다.

그러므로 여호수아가 이끄는 병사들이 그들 앞에서 힘이 부족한 듯 위장된 행보를 보이며 광야 길로 도망쳤다. 그때 아이 성의 병사들은 마치 승기(勝機)라도 잡은 듯이 그 뒤를 바짝 추격했다. 당시 아이 성의 거의 모든 병사들은 성문을 열어놓은 채 이스라엘 병사들의 뒤를 추격하여 따라갔다. 그것은 여호수아의 작전상의 유인책이었으나 그들은 그 사실을 전혀 모르는 채 성으로부터 점점 멀어져 갔다. 그들은 그것이 승리를 거두는 방편이라 여겼을 뿐 저들의 행동이 영원한 죽음과 패망의 길이란 점을 눈치채지 못했던 것이다.

4. 이스라엘 군대의 승리 (수8:18-23)

이스라엘 군대가 마치 겁을 먹은 듯이 멀리 도망쳤으며 아이 성 병사들이 그 뒤를 따라 추격했다. 그때 추격자들이 전혀 예측하지 못했던 갑작스러운 반전(反轉)이 기다리고 있었다. 이스라엘 군대는 미리 세워둔 전략에 대하여 알고 있었으나 아이 성 병사들은 그 기밀에 대하여 아무것도 알지 못하고 있었다.

그와 같은 급박한 상황에서 하나님께서 여호수아에게 말씀하셨다. 손에 잡고 있는 단창을 높이 들어 아이 성을 가리키라는 것이었다. 이제 그 성읍을 그에게 주리라고 하셨다. 여기서도 우리가 반드시 기억해야 할 바는 그 전쟁을 위한 실질적인 지휘관은 여호와 하나님이라는 사실이다. 따라서 여호수아는 하나님의 명령에 전적으로 복종해야만 했다.

하나님의 명령을 듣는 순간 여호수아가 단창을 든 손을 들어 아이 성을 가리켰다. 그의 손이 높이 들리는 순간 성 뒤편에 매복해 있던 복병들이 그 자리에서 급히 일어나 열려있는 성문을 통해 성읍 안으로 달려 들어가 순식간에 점령했다. 그 병사들이 멀리 떨어져 있으면서 단창을 든 여호수아의 손을 육안으로 직접 볼 수 있었을 리 없다. 하지만 하나님께서 섭리 가운데 그렇게 인도하셨다.

따라서 매복해 있던 병사들은 성 안으로 달려 들어가 불을 질렀다. 여호수아를 비롯한 이스라엘 군대를 추격하던 아이 성의 병사들이 뒤를 돌아보니 저들의 성읍에 연기가 나서 하늘 높이 올라가고 있었다. 그것을 목격한 아이 성 병사들은 이러지도 저러지도 못했다. 그러자 그 동안 도망가던 이스라엘 병사들이 돌이켜 아이 성 병사들을 향한 역공격을 시도했다. 여호수아와 그의 지휘를 받던 병사들이 저들을 뒤쫓아 추격하던 아이 성 사람들을 쳐죽였다.

또한 긴 시간 동안 복병하고 있다가 아이 성을 점령한 이스라엘 병사들도 성읍으로부터 나와 아이 성 병사들을 공격했다. 그러자 아이 성 병사들은 앞뒤에 배치된 이스라엘 군대에 의해 포위되어 완전히 패망당할 수밖에 없었다. 이렇게 하여 아이 성의 병사들은 전멸당했으며 아이 성의 왕도 포로가 되어 여호수아 앞으로 끌려오게 되었다.

5. '여호수아의 단창'과 아이 성 함락 (수8:24-29)

전투적 열세에 몰려 도망치듯 하며 아이 성 군대를 광야로 유인하던 이스라엘 병사들은 아이 성이 불타는 것을 보며 자기를 추격해오던 이방인들을 들판에서 모조리 죽였다. 그리고 아이 성으로 들어가 남녀노소를 가리지 않고 그곳 사람들을 칼날로 죽여 진멸했다. 그때 죽은 사람의 수가 일만 이천 명이나 되었다고 했다.

그런데 우리는 아이 성 사람들을 죽이고 진멸한 주관자가 여호와 하나님이라는 사실을 기억해야 한다. 하나님의 명령을 들은 여호수아가 손에 든 단창을 내리지 않고 저들을 향해 들고 있었는데 그것이 곧 승리의 원동력이 되었기 때문이다. 이와 유사한 일은 그 전에 모세와 여호수아에게 일어난 바 있었다. 출애굽기에는 아말렉과의 전투에서 있었던 그와 연관된 내용이 기록되어 있다.

> "모세가 손을 들면 이스라엘이 이기고 손을 내리면 아말렉이 이기더니 모세의 팔이 피곤하매 그들이 돌을 가져다가 모세의 아래에 놓아 그로 그 위에 앉게 하고 아론과 훌이 하나는 이편에서, 하나는 저편에서 모세의 손을 붙들어 올렸더니 그 손이 해가 지도록 내려오지 아니한지라 여호수아가 칼날로 아말렉과 그 백성을 쳐서 파하니라"(출17:11-13)

오래전 이스라엘 민족이 시내 광야에서 유리하던 중 있었던 아멜렉과의 전투에서 여호수아가 선두에 섰다. 그 당시 이스라엘 민족이 최종 승리를 거둔 것은 그들의 전술이나 군사력 때문이 아니었다. 그들이 아말렉을 쳐부수고 승리한 것은 하나님으로 말미암은 것이었으며 모세가 든 두 팔에 승패가 달려 있었다. 그에 대해서는 여호수아가 이미 오래전에 직접 경험한 바였다.

그러므로 아이 성 전투에서도 여호수아는 하나님의 명령에 따라 단창을 든 손을 내리지 않았다. 그로 말미암아 이스라엘 군대는 이방 군대의 병사들을 쳐부수고 아이 성을 함락하여 대승을 거둘 수 있었다. 그리하여 그들은 여호와 하나님의 말씀에 따라 그 성읍의 가축과 물건들을 노획물로 삼았던 것이다.

그리고 여호수아는 아이 성읍을 완전히 불살라 영원한 폐허 무더기
로 만들어버렸다. 그리하여 그곳은 영원히 사람이 살 수 없는 황폐한
곳이 되었다. 그리고 사로잡은 아이 성의 왕을 저녁때까지 나무에 매달
아두었다가 해질녘이 되어서야 시체를 나무에서 내려 그 성문 어귀에
던지고 그 위에 돌로 큰 무더기를 쌓았다.

우리는 여기서 세상에서 큰 권력을 가지고 왕으로서 위세를 떨친 자
라고 할지라도 결국 아무것도 아니란 사실을 알 수 있다. 나아가 아이
성의 왕은 일반 거민들보다 더욱 참혹한 욕을 당하게 되었다. 또한 언
약의 자손들을 향해 강력하게 저항함으로써 하나님의 뜻을 거스르는
것이 얼마나 사악한 행위인가 하는 점을 여실히 보여주었다. 이스라엘
자손들이 그 모든 실행과정을 그대로 지켜봄으로써 그것이 저들에게
중요한 교훈이 되었던 것이다.

6. 승리와 감사의 제사 : '에발산과 그리심산' (8:30-35)

첫 번째 아이 성 전투에서 패배했으나 두 번째 전투에서 대승을 거
둔 여호수아는 곧장 여호와 하나님을 경배하기 위하여 북쪽에 위치한
에발 산과 그리심 산으로 올라가 제단을 쌓았다. 그는 먼저 에발산 앞
에서 이전에 모세가 이스라엘 자손에게 율법에 따라 명한 대로 제물
을 바쳤다. 모세는 이스라엘 자손이 요단강을 건너기 전 저들이 가나
안 땅에 들어가면 에발 산과 그리심 산에서 행해야 할 일들을 알려주
었다.

"너희가 요단을 건너거든 내가 오늘날 너희에게 명하는 이 돌들을 에발
산에 세우고 그 위에 석회를 바를 것이며 또 거기서 네 하나님 여호와를
위하여 단 곧 돌단을 쌓되 그것에 철기를 대지 말찌니라 너는 다듬지 않
은 돌로 네 하나님 여호와의 단을 쌓고 그 위에 네 하나님 여호와께 번제

를 드릴 것이며 또 화목제를 드리고 거기서 먹으며 네 하나님 여호와 앞에서 즐거워하라 너는 이 율법의 모든 말씀을 그 돌들 위에 명백히 기록할찌니라 … 모세가 당일에 백성에게 명하여 가로되 너희가 요단을 건넌 후에 시므온과 레위와 유다와 잇사갈과 요셉과 베냐민은 백성을 축복하기 위하여 그리심산에 서고 르우벤과 갓과 아셀과 스불론과 단과 납달리는 저주하기 위하여 에발산에 서고 레위 사람은 큰 소리로 이스라엘 모든 사람에게 말하여 이르기를 장색의 손으로 조각하였거나 부어 만든 우상은 여호와께 가증하니 그것을 만들어 은밀히 세우는 자는 저주를 받을 것이라 할 것이요 모든 백성은 응답하여 아멘 할찌니라"(신 27:4-15)

여호수아는 모세의 율법에 따라 철 연장을 사용하여 다듬지 않은 돌을 그대로 사용해 제단을 만들었다. 이스라엘 자손들은 그 단 위에 번제와 화목제를 드렸다. 이는 하나님이 저들의 삶의 중심이자 자기편에서 싸워주신 여호와 하나님께 감사와 찬송을 돌리는 의미를 지니고 있었다. 여호수아는 전쟁 승리에 관한 모든 공로가 오직 주님께 속해 있다는 사실을 잘 알고 있었던 것이다.

그리고 여호수아는 거기서 이스라엘의 회중이 보는 앞에서 모세가 전한 율법의 내용을 그 돌 위에 기록했다. 그는 그 전에 모세가 전한 율법의 내용 가운데 이스라엘 자손이 후대에 이르기까지 기억해야 할 내용들을 돌 위에 새겨 팠다. 그리하여 나중 이스라엘 민족의 후대 자손들이 그 사실을 기억하게 하고자 했던 것이다.

모세가 신명기를 통해 율법으로 적시한 내용들 가운데는 부모에 대한 순종, 이웃에 대한 신의, 앞을 보지 못하는 소경을 위한 보호, 나그네와 고아와 과부를 위한 공정한 재판, 성적인 순결, 살인 금지, 뇌물을 받는 행위를 금하는 것 등이 포함되어 있었다(신27:16-25). 그 율법에 온전히 순종하는 자들은 하나님의 축복을 받게 되지만 그에 불순종하는 자들은 무서운 저주를 받게 된다는 것이었다(신27:26).

그와 더불어 이스라엘 가운데 세워진 장로들과 지도자들과 재판장들을 비롯한 온 백성이 그 앞에 섰다. 그들 가운데는 혈통적으로 아브라함의 후손인 히브리인들뿐 아니라 이방인 출신으로 언약 안으로 들어온 백성들도 그에 함께 참여했다. 그들에게 중요했던 것은 하나님의 언약이었으며 인간의 혈통 자체가 아니었던 것이다.

모든 준비가 완료되었을 때 여호와 하나님의 언약궤를 멘 레위 지파 제사장들이 맨 앞에 섰다. 이는 당시 이스라엘이 전쟁을 하거나 이동할 때는 항상 하나님의 언약궤가 앞서갔다는 사실을 말해주고 있다. 따라서 그들이 아이 성 전투에서 승리를 거둔 후 그리심 산과 에발 산 앞에서 언약궤를 멘 제사장들의 좌우편에 백성들이 나열해 섰다.

> "네 하나님 여호와께서 네가 가서 얻을 땅으로 너를 인도하여 들이실 때
> 에 너는 그리심산에서 축복을 선포하고 에발산에서 저주를 선포하라"
> (신11:29)

언약의 백성들 가운데 절반은 그리심 산 앞에 서고 절반은 에발 산 앞에 섰다. 시므온과 레위와 유다와 잇사갈과 요셉과 베냐민은 축복을 위하여 그리심 산 앞에 섰으며 르우벤과 갓과 아셀과 스불론과 단과 납달리는 저주를 위하여 에발 산 앞에 섰다. 이는 물론 그리심 산 앞에 선 지파는 축복을 받고 에발 산 앞에 선 지파는 저주를 받는다는 의미가 아니다. 하나님께서는 그에 연관된 전 과정을 통해 자기가 친히 모든 축복과 저주의 근원이 되신다는 사실을 선포하고 있다.

즉 여호수아가 그리심 산과 에발 산 앞에서 그렇게 했던 것은 오래전 하나님께서 모세에게 이스라엘 자손에 대한 축복과 이방인들에 대한 저주를 선포하도록 한 명령에 따른 것이었다. 그후 여호수아는 백성들 앞에서 율법 책에 기록된 대로 축복과 저주하는 율법의 모든 말씀을 낭

독했다. 즉 그가 남녀노소를 구분하지 않은 온 이스라엘 회중과 그들 가운데 함께 거하는 이방인들 앞에서 위에 언급된 모든 율법을 낭독하여 선포했던 것이다.

제11장

기브온과 잘못 맺어진 우호 조약
(수9:1-27)

1. 가나안 땅 이방 족속들의 반응 (수9:1,2)

아이 성 전투에서 대승(大勝)을 거둔 이스라엘 자손들은 모세가 전한 율법에 따라 그리심 산과 에발 산에서 제단을 쌓고 하나님 앞에 제물을 바치며 감사의 제사를 지냈다. 그 가운데는 이방인들에 대한 이스라엘 군대의 승리가 여호와 하나님께 달려 있었다는 사실에 대한 고백적 성격이 담겨 있다. 이제 그들에게는 약속의 땅 가나안 전역을 진격하여 점령하는 일만 남아 있었다.

그와 달리 오랜 세월 동안 가나안 땅을 지배하고 살아가던 여러 이방 종족들에게는 그로 인해 불안한 상황이 전개될 수밖에 없었다. 막강한 세력을 보유한 여리고 성과 아이 성을 손쉽게 함락한 이스라엘 군대의 소문은 저들로 하여금 주눅들게 하기에 충분했다. 따라서 요단강 서편 가까운 지역의 산지 및 평지와 지중해 남부 연안에서 북쪽 레바논에 이르는 땅에 흩어져 거하는 헷과 아모리와 가나안과 브리스와 히위와 여부스 사람의 모든 왕들이 이스라엘 군대로 말미암아 비상이 걸리게 되었다.

하지만 상대가 아무리 막강한 세력을 가지고 있다고 할지라도 아무런 대책 없이 가만히 앉아서 당할 수만은 없었다. 따라서 다수의 왕들은 어떻게든 여호수아와 이스라엘 군대에 맞서 싸우기 위해 준비를 갖추었다. 한편 그렇게 할 경우 완전히 패망할 것에 대한 두려움을 가지는 종족들도 있었다. 즉 가나안 땅에 거하는 이방 종족들 가운데는 이스라엘과의 전쟁을 불사하겠다는 자들이 있었는가 하면 지레 겁을 집어먹고 전쟁을 포기하고자 하는 자들도 있었던 것이다.

2. 기브온 사람들과 맺은 조약 (수9:3-15)

가나안 땅의 여러 이방 종족들이 이스라엘 군대와 맞서 싸우려고 준비하는 동안 기브온 성[21]에 거하는 히위 족속 거민들은 이스라엘 민족에 대한 두려움으로 인해 불안에 떨고 있었다. 기브온 성은 여리고 성과 아이 성으로부터 매우 가까운 지역에 위치해 있었다. 막강한 세력을 지니고 있던 그 성읍들이 점령당해 완전히 파괴되었다는 소문을 들은 기브온 성 사람들은 두려움에 떨지 않을 수 없었다. 지리적 위치상 그 다음은 자기들 차례일 것이 분명했기 때문이다.

그러므로 기브온 성의 지도 계층의 사람들은 그 문제를 두고 피 흘리지 않고 생명을 보존하기 위해 원만한 해결책을 찾고자 머리를 맞대고 궁리했다. 전쟁을 통해 이스라엘 군대를 쳐부수고 승리를 거둘 수 없다

---

21) 기브온 성읍은 예루살렘 성 북쪽 지역에 자리잡고 있었으며 아이 성과는 매우 가까운 거리에 위치해 있었다.

는 사실에 대해서는 누구나 충분히 인지하고 있는 상태였다. 그들이 취할 수 있는 유일한 방법은 이스라엘에게 미리 항복하여 저들과 화친함으로써 파괴를 동반한 전쟁을 피하는 것이었다.

따라서 기브온 성읍의 지도자들은 이제 그 구체적인 방안을 강구하기 위해 심도 깊은 연구와 논의를 하게 되었다. 그들이 내린 최종적인 결론은 이스라엘 군대에 특사를 보내 그들과 화친하는 것이었다. 그것은 일반적인 방법으로 쟁취할 수 있는 일이 아니라 상당한 전략이 필요했다.

그러므로 그들은 꾀를 내어 기브온 사람들 가운데 몇 명을 택하여 마치 먼 나라에서 보내는 사신(使臣)인 양 변장시켜 이스라엘의 최고 지휘관을 만나 전쟁이 없는 평화를 위한 상호불가침 조약을 맺고자 했다. 물론 그들은 전력상 열세에 놓여있었으므로 이스라엘 지도자들이 의심하지 않도록 설득시켜야 했다. 그리고 그들이 모든 것에 대하여 만족스러운 마음을 가지게 해야만 했다.

그리하여 기브온 성읍의 지도자들은 특별한 사신들을 택하여 이스라엘 군대의 본부가 설치된 길갈로 보내고자 했다. 그들은 그곳에 있는 이스라엘 민족의 최고 지도자인 여호수아에게 나아가 가까운 곳이 아니라 먼 지역에서 이스라엘 민족의 소문을 듣고 찾아가는 것처럼 변장시켰다. 따라서 사신의 모양을 꾸미면서 해어진 전대와 낡고 찢어져 기운 가죽 포도주 부대를 나귀의 등에 실었다. 그리고 심하게 닳은 신발을 신기고 낡은 옷차림을 하게 했다. 또한 말라서 곰팡이가 핀 떡을 가지고 가도록 했다.

기브온 성의 히위 족속 사신들은 사전에 모든 모의(謀議)를 하고 계획한 바대로 당시 이스라엘 민족의 총본부가 있던 길갈로 갔다. 그들은 그리 멀지 않은 곳에서 갔으나 외형상으로는 피곤한 몰골을 띠어 매우 먼 곳으로부터 오랜 여행을 한 사람들처럼 보였다. 그들의 유일한 목적은 저들에게 항복하고 일종의 평화 조약을 맺음으로써 이스라엘 군대의 공격을 피하고자 했던 것이다.

그들은 길갈에 도착하자마자 곧장 최고 사령관인 여호수아 앞으로 나아갔다. 그리고 먼 지방에서부터 걸어왔다고 스스로 속이며 자기를 소개했다. 그들이 길갈에 온 목적은 이스라엘과 화친하고자 하는 의도가 있기 때문이라는 사실을 밝혔다. 비록 멀리 떨어진 지역에 살고 있으나 이스라엘의 강력한 군사력에 대한 소문을 익히 들어 잘 알고 있다고 했다. 그러니 상호간에 파괴와 전쟁이 없는 평화 조약을 맺고자 한다는 것이었다.

그들의 간곡한 요청에도 불구하고 처음에는 이스라엘 민족의 지도자들이 그 당부를 흔쾌히 받아들이지 않으려 했다. 사신으로 온 그 사람들이 가나안 땅 어디엔가 거하는 것 같아 보이는데 어떻게 저들과 상호 불가침 조약을 체결할 수 있겠느냐고 했다. 그 말을 듣게 된 기브온의 사신들은 스스로 자기를 여호수아의 '종'(servants)이라는 표현을 하면서 애걸했다. 그들이 원하는 것은 상호 대등한 위치에서 조약을 맺고자 하는 것이 아니라 이스라엘의 지배를 받아들여 협조하며 복종하겠다는 것이었다.

그러자 여호수아는 저들을 향해 그렇다면 어디서 온 누구인지 좀 더 소상히 말해보라는 요구를 했다. 그 요구를 들은 기브온 사신들은 저들이 본국에 있으면서 여호수아와 이스라엘 자손이 믿는 여호와의 이름을 듣고 그의 놀라운 능력을 알게 되어 기꺼이 먼 지방으로부터 왔다고 했다. 즉 여호와 하나님이 애굽과 시내 광야에서 행한 모든 이적과 기사를 이미 들어 잘 알고 있다는 것이었다. 그리고 그가 요단강 동편 아모리 사람의 두 왕 곧 헤스본 왕 시혼과 아스다롯에 있는 바산 왕 옥에게 행하신 모든 일을 듣고 있었음을 언급했다.

그러므로 자기가 속한 나라의 지도자들과 모든 거민들이 그에 대한 사실을 알고 저들에게 특별한 임무를 맡겨 길갈에 있는 여호수아에게 사신으로 보내게 되었노라고 했다. 그들은 먹을 음식을 준비하여 먼 길을 걸어와서 이스라엘 민족과 자기 나라 사이에 화친을 위한 약조를 맺는 중요한 임무를 맡게 되었다는 것이다.

그리고 그들이 가지고 온 떡을 내보이며 출발할 때는 원래 따뜻했으나 오랜 시간이 걸려 이제 말라 곰팡이가 필 지경이 되었다고 했다. 또한 포도주를 담은 가죽 부대도 원래 새것이었지만 이제는 낡아서 찢어질 정도가 되어버렸다고 했다. 뿐만 아니라 입은 옷과 신고 있는 신발도 긴 여행으로 인해 해어지고 낡아지게 되었노라고 말했다.

그 사신들로부터 모든 말을 듣게 된 이스라엘의 지도자들은 어떻게 처신해야 할지에 대한 여호와 하나님의 뜻을 외면한 상태에서 정황에 따른 주관적인 판단을 하기에 이르렀다. 그런 중요한 일이 있을 때는 당연히 제사장들을 통해 하나님의 뜻을 물어 확인해야 했으나 그렇게 하지 않았다. 그에 대해서는 하나님으로부터 특별한 사명을 부여받은 여호수아 역시 마찬가지였다.

여호수아를 비롯한 이스라엘 지도자들은 앞으로 전개될 숱한 전쟁을 염두에 두고 그들을 자기편으로 만들어두는 것도 괜찮으리라는 판단을 했을 것으로 보인다. 그들이 자기편이 되면 장차 가나안 땅에서 벌어질 숱한 전투를 위해 상당한 도움이 될 것이라 여겼을 것이다. 따라서 여호수아는 그들과 화친하여 상호불가침 조약을 맺고 회중의 족장들로 하여금 그에 관한 사실을 두고 맹세하도록 했다. 그리하여 이스라엘 민족과 기브온 사람들 사이 곧 언약의 백성과 이방인들 사이에 상호불가침 평화 조약이 체결되었다.

우리는 여기서 몇 가지 중요한 사실을 생각해 보아야 한다. 그것은 우선 이스라엘 민족이 주변의 가까운 지역의 이방인들과는 화친할 수 없지만 멀리 떨어진 이방인들과는 화친해도 괜찮아 보인다는 점이다. 그리고 이방인들인 상대의 애절함과 외부적 여건을 보고 불필요한 연민을 가져서는 안 된다. 나아가 그 이방인들이 내뱉는 그럴듯한 감언이설(甘言利說)에 속지 말아야 한다. 여호와 하나님의 이름을 들먹이며 이

스라엘의 권위를 인정하며 칭찬하는 듯한 저들의 태도에 넘어가서는
안 된다.

또한 우리가 반드시 기억해야 할 바는 이방인들에 의해 기만당하여
맺은 조약도 유효하다는 사실이다. 더군다나 하나님의 이름을 앞세워
맹세한 것은 상황 여부와 상관없이 그 효력이 나타난다. 따라서 여호수
아와 이스라엘 민족의 지도자들이 기브온 사람들과 맺은 문제가 많은
잘못된 조약은 장차 이스라엘 백성이 가나안 땅에서 겪어야 할 힘든 여
정을 예고하고 있다. 그들이 남겨둔 이방인 전통의 다양한 물건과 습성
은 지속적으로 저들의 올무가 될 것이기 때문이었다.

3. 족쇄가 되어버린 잘못된 조약 (수9:16-21)

여호수아와 이스라엘 지도자들은 이처럼 기브온 사람들에 의해 기만
당하여 조약을 체결하게 되었다. 평화를 위한 상호불가침 조약을 맺은
직후에는 이스라엘 백성들이 그 실상을 전혀 감지하지 못했다. 사흘이
나 지난 후에야 그 사신들이 바로 옆 주변에 있는 기브온 성읍 사람들
이란 사실을 알게 되었다. 상황에 따라 주관적인 판단을 한 여호수아는
지극히 경솔했으며 여호와 하나님 앞에서 이미 맺어진 조약을 다시금
파기할 수도 없었다.

이스라엘 자손은 조약을 맺은 지 사흘이 지난 후 여리고 성과 아이
성을 함락했듯이 또다시 기브온을 비롯한 주변의 여러 성읍들을 공격
하고자 앞으로 나아갔다. 하지만 이스라엘 족장들이 저들과 약조하고
여호와 하나님 앞에서 맹세한 사실을 알게 되자 그들을 침공하지 못했
다. 그로 말미암아 일반 이스라엘 백성들은 불가침을 조건으로 이방 사
신들과 상호 약조한 일로 인해 족장들을 원망하게 되었다.

하지만 여호수아를 비롯한 이스라엘 민족의 지도자들은 그 상황에서
달리 대응할 방법이 없었다. 이방 종족들과 맺은 조약이 여전히 유효했

기 때문이다. 따라서 여호수아는 기브온 사람들과 맺은 우호 조약에 대하여 여호와 하나님 앞에서 맹세했으므로 이제 그들의 성읍을 침공하여 파괴하거나 사람들을 죽일 수 없다고 했다. 만일 그 맹세한 약조를 어기게 되면 여호와 하나님의 진노가 이스라엘 민족에게 임하게 될까 두렵다는 것이었다. 그들은 이미 '아간'의 범죄로 말미암아 발생한 하나님의 무서운 진노를 경험한 바였다.

이스라엘 민족의 지도자들은 여호와 하나님의 무서운 진노를 피하기 위해서는 이미 약조한 모든 내용을 분명히 지켜야 한다는 사실을 백성들에게 선언했다. 즉 이방인들과 맺은 불가침 조약이 유효하기 때문에 그들의 성읍을 침공할 수 없으며 저들의 생명을 보장해 주어야 한다는 것이었다. 그 내용 자체의 정당성보다 하나님 앞에 맹세한 사실이 더 중요한 의미를 가졌던 것이다.

결국 그로 말미암아 이스라엘 군대는 기브온 성읍을 침공하지 않았으며 그들의 목숨을 건드리지 못했다. 그 대신 기브온 사람들은 저들이 보낸 사신들이 길갈에서 여호수아와 약조한 대로 이스라엘 백성의 종이 되어 나무를 패며 물긷는 자가 되었다. 그것은 멀리 보아 이스라엘 자손들에게 미혹하는 올무가 될 수밖에 없었다. 기브온 성의 히위 족속의 습성과 환경이 연약한 이스라엘 백성들을 미혹하게 되었으며 그 이방인들의 삶이 저들에게 상당한 영향을 끼쳤기 때문이다.[22]

이에 대해서는 오늘날 우리 역시 여간 주의를 기울여 생각하지 않으면 안 된다. 하나님을 알지 못하는 자들이 세상을 탐하는 욕망적 가치

---

22) 시편 기자는 그에 연관된 노래를 부르고 있다: "저희가 여호와의 명을 좇지 아니하여 이족들을 멸하지 아니하고 열방과 섞여서 그 행위를 배우며 그 우상들을 섬기므로 그것이 저희에게 올무가 되었도다"(시106:34-36). 언약의 자손들은 항상 이 노래와 더불어 하나님의 교훈을 마음속 깊이 새겨두고 있어야만 한다.

관에 대해서는 철저히 배격하는 신앙 자세를 유지해야만 한다. 교인들 가운데 신앙이 없거나 어리석은 자들은 세상에 속한 사람들과 화친하고 관용하며 관대한 태도를 가지고자 한다.

하지만 그것은 순수하게 하나님의 말씀을 따르려는 자들에게 큰 유혹의 문을 여는 역할을 하게 될 우려가 따른다. 외형상 부드럽고 관용한 듯이 보이지만 저들의 잘못된 풍조가 그 문을 통해 언약 공동체 내부로 들어오기 때문이다. 따라서 21세기에 살아가는 지상 교회에 속한 성도들은 이 말씀을 통해 명확한 교훈을 취할 수 있어야만 한다.

4. 잘못된 언약이 가져온 무거운 짐 (수9:22-27)

여호수아가 기브온 성읍의 지도자들을 한자리로 불러모았다. 그들을 향해 가까운 곳에 거주하고 있으면서 왜 매우 먼 지역에 살고 있다며 자기를 속였느냐고 따져 물었던 것이다. 그것은 명백한 거짓말로서 이스라엘 백성을 기만하기 위한 의도적인 악행이 아닐 수 없었기 때문이다.

그러므로 여호수아는 그로 말미암아 기브온 사람들이 하나님으로부터 저주를 받게 되리라고 선언했다. 그들은 영원히 이스라엘 백성의 종이 되어 '여호와 하나님의 집'을 위하여 나무를 패며 물긷는 자가 되리라는 것이었다.[23] 그것이 저들에게는 저주인 것이 분명했지만 성읍이 완전히 파괴되고 영원히 멸망당하는 것보다는 훨씬 나은 일이었다.

또한 기브온 거민들의 입장에서는 저주를 받게 되리라는 여호수아의

---

23) 그들의 후손 가운데 많은 사람들은 나중 하나님의 성전에서 잡무와 더불어 봉사하는 하인으로서 '느디님 사람'(Nethinim, the temple servants)으로 불리며 육체적 노동을 하는 특별한 직무를 감당하게 된다(대상9:2; 스8:20, 참조).

말에도 불구하고 그 저주가 도리어 복이 될 수도 있었다. 여호와 하나님을 섬기는 언약의 백성들과 함께 거하는 일은 누구에게나 허락되는 일이 아니었기 때문이다. 나중 히위 족속에 속한 자들 가운데 얼마나 많은 사람들이 하나님의 언약을 깨닫게 되었는지 알 수 없지만 상당한 수가 언약의 회중 가운데 들어가게 된 사실은 틀림없다.

따라서 여호수아의 말을 들은 기브온 사람들은 그로 말미암아 낙심에 빠지기는커녕 오히려 평온한 상태에서 자신의 심경을 그대로 밝혔다. 그들은 이스라엘 민족의 하나님 여호와께서 자신의 종 모세에게 말씀하신 대로 가나안 땅 모든 지역을 그 백성에게 주실 줄 알고 있다는 사실을 언급했다. 여호와 하나님이 장차 가나안 땅의 모든 종족들을 멸하고자 하신다는 말도 들었다는 것이었다.

그 말을 들어 모든 정황을 알고 있는 기브온 백성으로서는 이스라엘 군대에 의해 저들의 목숨을 잃게 될까 두려워하지 않을 수 없었노라고 했다. 그래서 지난번 보낸 사신들을 통해 거짓말을 하면서까지 그와 같은 행동을 하게 되었다는 사실을 토로했다. 저들의 모든 행위가 옳은 행동이 아니란 사실을 잘 알고 있었으나 불가피한 일이었다는 것이다.

그러므로 기브온 사람들은 저들에 관한 모든 처분을 여호수아에게 전적으로 맡긴다고 말했다. 저들의 목숨에 대하여는 죽이든지 살리든지 그의 의향과 그가 옳다고 판단하는 대로 행해도 좋다는 것이었다. 여기에는 어떤 처분이 내려진다고 할지라도 전혀 원망하지 않고 그대로 받아들이겠다는 의미가 내포되어 있다. 그들은 이스라엘 자손이 여호와 하나님 앞에서 조약을 체결하고 그 앞에서 맹세한 일을 아무렇게나 변개하지 못할 것이란 사실을 이미 잘 알고 있었을지도 모른다.

모든 말을 들은 후 여호수아는 이스라엘 자손을 향해 기브온 사람들의 생명을 해치지 말라는 명령을 내렸다. 그와 더불어 저들로 하여금

'하나님께서 택하신 곳'에서 이스라엘 회중을 위하여 노동하도록 명했다. 그후부터 그 이방인들은 이스라엘 백성을 위해 나무를 패며 물을 긷는 일을 감당하게 되었던 것이다.

제12장

아모리 다섯 종족 점령과
태양이 멈춘 특별한 이적

(수10:1-27)

1. 여호수아와 이스라엘의 위력에 대한 공포 (수10:1-2)

기브온 사람들이 여호수아가 통솔하는 이스라엘 민족과 화친을 위한 상호불가침 조약을 맺었다는 사실은 가나안 땅에 살아가던 나머지 여러 종족들로 하여금 큰 부담을 안겨주게 되었다. 강력한 세력을 지니고 있던 여리고 성과 아이 성이 일순간에 함락된 것만으로도 이미 엄청난 충격을 받고 있는 상태였다. 그런 중에 기브온 거민들이 이스라엘과 우호 관계를 결성한 사실은 당황스러운 일이 아닐 수 없었다.

그러므로 예루살렘 왕 아도니세덱은 그 소문을 듣고 난 후 큰 고민에 빠지게 되었다. 당시 기브온 성읍은 아이 성보다 훨씬 큰 성읍으로서 주변의 여러 성읍들 가운데 주도적 지위에 있었으며 외부의 다른 군대에 의해 쉽게 파괴되지 않을 정도로 강한 세력을 갖추고 있었다. 주변의 여러 성읍들보다 훨씬 강력한 군사력을 갖추고 있었던 것이다.

그런 막강한 힘을 가진 기브온 사람들의 성읍이 이스라엘 군대와 우호조약을 맺음으로써 사실상 그들에게 항복하게 되었으니 나머지 가나안 땅에 거주하는 이방 족속들로서는 특단의 대응책을 강구하지 않을 수 없었다. 당시 각 성읍을 통치하는 여러 왕들은 이스라엘 민족으로 말미암아 대동소이(大同小異)한 고민과 근심에 빠져 있었다. 그 가운데서 지리적으로 기브온 성읍과 가까운 지역에 자리잡고 있던 예루살렘 성은 더욱 민감하게 반응할 수밖에 없는 형편이었다.

2. 아모리 다섯 종족의 연합군 결성과 기브온 성읍 (수10:3-5)

기브온 거민들이 이스라엘 백성에게 항복함으로써 화친하는 조약을 맺었다는 소문을 전해 들은 예루살렘 왕 아도니세덱은 자기가 속한 아모리 족속의 주변 왕들을 한자리에 모이도록 주선했다. 그때 헤브론, 야르뭇, 라기스, 에글론 성읍의 왕들을 불러 그에 대한 대책을 논의했다. 가나안 땅 전역의 여러 종족들 가운데서 아모리 족속이 거주하는 성읍들은 당시 이스라엘 군대와 비교적 가까운 지역에 자리잡고 있었다.

예루살렘 왕은 자기의 뜻에 동조하는 여러 왕들을 향해 자기가 전면에 나서서 대적자들을 공격하겠다는 의사를 표명했다. 또한 그와 같은 작전이 시작되면 적극적으로 지원해 달라는 당부를 했다. 그리고 나서는 가나안 땅을 배신한 기브온 거민을 그 공격대상으로 삼는다는 사실을 언급했다.

따라서 모든 왕들을 향해 이제 일어나 '기브온을 치자'는 선포를 했다. 당시 기브온 사람들이 여호수아가 이끄는 이스라엘 백성과 우호조약을 맺은 것은 그들뿐 아니라 전체 가나안 땅에 미치는 영향이 엄청나게 컸다. 즉 그로 말미암아 가나안 땅 전체 거민들을 배신하는 형국이 되어 버렸다. 그리하여 가나안 땅에 거주하는 아모리 족속의 다섯 성읍 왕들이 연합군을 결성하기에 이르렀던 것이다.

우리가 여기서 눈여겨보아야 할 점은 아모리 족속의 연합군이 여호수아와 이스라엘 백성을 일차적인 공격대상으로 삼지 않았다는 사실이다. 그대신 기브온 성읍을 공격하고자 그들을 향해 나아가 진을 쳤다. 기브온 거민들과 싸워 저들을 응징하고자 했던 것이다. 아모리 족속은 다섯 왕들이 결성한 연합군이라면 기브온 거민들 정도는 가볍게 억누를 수 있을 것으로 판단했을 것이 분명하다. 그리하여 아모리 족속의 연합군과 기브온에 거하는 히위 족속 사이에 전운이 감돌게 되었다.

3. 여호수아에게 지원을 요청하는 기브온 사람들 (수10:6-10)

아모리 족속 다섯 왕들의 연합군이 갑자기 공격을 가하게 될 경우 기브온 거민들은 당연히 열세에 빠질 수밖에 없었다. 여러 성읍들의 연합군이 아니라 한 성읍과 맞서 싸우는 전쟁이라 할지라도 쉽지 않은 터에 다섯 왕들의 연합군이 몰려왔을 때 패배할 것은 불을 보듯 뻔한 일이었다. 위기에 처한 그 상황은 누구보다 기브온의 왕과 지도계층 인사들이 정확하게 파악하고 있었다.

그러므로 기브온 거민들은 이스라엘 군대가 주둔하고 있는 길갈로 급히 사신을 보냈다. 지난번에는 화친하는 조약을 맺기 위해 위장한 모습이었으나 이제는 우호 관계에 있는 왕국의 군대에 정식으로 도움을 요청했다. 즉 그들은 여호수아 앞으로 나아가 사정을 설명하고 군사적인 지원을 청했던 것이다. 산지에 거하는 아모리 족속의 다섯 왕들이 연합군을 결성해 기브온 성읍을 공격하고자 한다는 것이었다.

그러니 속히 이스라엘 군대를 기브온 성읍으로 올려보내 극한 위기에 처한 거민들을 구해달라고 했다. 이스라엘 군대는 기브온과 상호 화친하는 조약을 맺은 사이였기 때문에 당연히 도와줄 수밖에 없었다. 따라서 여호수아는 많은 병사들을 이끌고 길갈로부터 기브온 성으로 올라갔다.

그때 하나님께서 여호수아에게 아모리 족속의 군대를 겁내지 말라고 하셨다. 그들을 두려워할 필요가 없는 까닭은 하나님께서 이미 저들을 여호수아와 이스라엘 병사들의 손에 붙이셨기 때문이라고 했다. 따라서 그들 연합군 가운데 여호수아를 당해낼 자가 아무도 없다는 것이었다.

이 말은 여호수아와 이스라엘 자손에게 매우 중요한 의미를 지닌다. 기브온 거민과 맺은 조약으로 인해 그들을 지원하지 않을 수 없었으나 마음속에는 부담이 매우 컸을 것이 분명하다. 우선은 아모리 족속의 다섯 왕들의 연합군의 세력은 지금껏 싸웠던 여리고 성과 아이 성과는 그 성격이 전혀 달랐다. 아무래도 아모리 왕들의 연합군의 군사력이 훨씬 더 강력했을 것이 분명하기 때문이다.

그보다 더욱 심각한 문제는 여호수아를 비롯한 이스라엘 자손이 이방 족속인 기브온 거민들과 맺은 언약으로 인해 하나님께서 크게 진노하셨다는 사실이다. 그런 상황에서 기브온 거민과의 약조로 인해 아모리 왕들을 상대로 한 전투에 임해야 했으니 그 부담이 매우 클 수밖에 없었다. 그런 중에 하나님께서 여호수아에게 승리를 약속하신 것은 이스라엘 백성에게 엄청난 위로가 되었을 것이 분명하다.

하나님의 그 약속과 더불어 여호수아는 밤중에 일어나 길갈에서 병사들을 이끌고 밤새도록 기브온 성으로 올라갔다. 당시 그곳에는 이미 아모리 다섯 왕의 연합군이 기브온과 대치하고 있는 상황이었다. 성 밖의 아모리족 동맹군들은 기고만장(氣高萬丈)했을 것이며 성 안에서 방어 태세를 취하고 있던 기브온 군대는 크게 위축된 상태였을 것이 분명하다. 그런 판국에 여호수아와 이스라엘 군대가 아모리 족속의 연합군에 맞서 싸우게 되었을 때 하나님께서 그 대적자들을 무찔러 주셨다.

그리하여 여호수아와 이스라엘 병사들은 그곳에서 아모리 족속 병사들을 크게 격파할 수 있었다. 승리를 장담하고 있던 아모리 족속의 군대가 갑작스러운 이스라엘의 공격으로 말미암아 기브온 성읍으로부터 후퇴하여 도망치는 상황에 몰렸다. 그때 이스라엘 군대는 벧호른으로 올라가는 비탈과 그 주변까지 추격하여 그들을 물리치게 되었다. 이스라엘 자손이 승리를 거두게 되었으나 그 전투에서 승리하게 된 것은 이스라엘 군대의 전투력과 작전이 아니라 전적으로 하나님으로 말미암은 것이었다.

4. 하나님의 직접적인 기적을 통한 싸움 (수10:11-15)

여호와 하나님께서는 당시 모든 전투 상황을 지켜보고 계셨다. 그는 직접 아모리 족속의 연합군을 격파함으로써 이스라엘 백성에게 승리를 안겨주시고자 했다. 그 전쟁에서의 승리도 그러했지만, 보다 중요한 사실은 하나님께서 행하시는 그에 대한 실제적 정황을 여호수아와 함께하는 모든 병사들이 직접 경험하는 것이었다.

즉 하나님께서는 자기가 이스라엘 군대보다 앞서 대적들에 맞서 싸우신다는 사실을 저들에게 보여주시고자 했다. 따라서 직접적인 전투가 아니라 하나님의 기적이 베풀어지게 되었다. 하나님께서는 그것을 위해 아모리 족속의 연합군이 '벧호른' 비탈길에서 도망칠 때 그들이 도망가는 길을 따라 큰 우박을 내리셨다. 그로 말미암아 아모리 병사들 가운데 이스라엘 군대의 칼에 의해 죽은 자들보다 우박에 맞아 죽게 된 자들이 더 많았다.

여기서 우리가 주의 깊게 생각해 보아야 할 바는, 그 우박이 아모리 족속의 군대 위에 무섭게 퍼부은 데 반해 이스라엘 병사들이 움직이는 영역에는 전혀 내리지 않았다는 사실이다. 그것은 하나님께서 행하시는 특별한 기적이었다. 그 기적을 통해 하나님께서는 앞으로 가나안 정복을 위해 수많은 전쟁을 치러야 할 이스라엘 자손들에게 자신의 존재와 계획을 확실히 보여주셨다. 즉 가나안 정복을 위한 최종적인 승리자는 여호와 하나님이란 사실을 언약의 자손들을 향해 실체적으로 선포하셨던 것이다.

그뿐 아니라 그날 여호와 하나님께서는 이스라엘 백성을 위해 매우 특별한 기적을 베푸시게 되었다. 그것은 하늘에 뜬 태양의 운행을 일시적으로 정지시키는 놀라운 사건이었다. 여호수아는 전쟁에서의 모든 승리가 여호와 하나님으로 말미암은 것이란 사실을 이스라엘 자손들 앞에서 직접 보여주기를 간절히 원했을 것이 틀림없다. 굳이 그런 특별한 기적을 동원하지 않아도 전투에서 승리할 수 있음에도 불구하고 그런 일이 발생했기 때문이다.

여호수아가 여호와 하나님께 태양이 서는 것에 연관된 간구를 하자 하나님께서 즉시 그의 뜻을 받아들여 응답해 주시고자 했다. 그리하여 여호수아는 이스라엘 백성들이 보는 눈앞에서 하늘의 태양을 향해 명령을 내렸다. '태양아 너는 기브온 위에 머무르라 달아 너도 아얄론 골짜기에 그리할찌어다'(수10:12). 그러자 태양이 즉시 운행을 멈추고 섰으며 달도 그 자리에 서게 되었다.[24] 그때 이스라엘 자손이 그 대적자들을 완전히 물리칠 때까지 그와 같은 상태가 지속되었다.

여호수아서에는 그에 관한 내용이 하나님의 계시인 성경이 아닌 '야살의 책'에도 기록되어 있다는 사실이 언급되어 있다.[25] 태양이 거의

---

24) 이사야서에는 하나님께서 태양의 운행을 일시적으로 간섭하신 사건이 나타난다. 히스기야 왕이 병들어 죽게 되어 언약의 왕국을 위해 간절히 기도하자 하나님께서 그의 생명을 십오 년 연장시켜 주시고 앗수르로부터 예루살렘 성을 지켜주셨다. 그에 대한 약속의 증거로 해시계를 뒤로 십 도 물러가게 하셨다. "나 여호와가 말한 것을 네게 이룰 증거로 이 징조를 네게 주리라 보라 아하스의 일영표에 나아갔던 해그림자를 뒤로 십 도를 물러가게 하리라 하셨다 하라 하시더니 이에 일영표에 나아갔던 해의 그림자가 십 도를 물러가니라"(사38:7,8). 성경에 기록된 이 내용은 이스라엘 민족 가운데 일어났던 역사적인 사건이다.

25) 우리는 여기서 매우 중요한 사실을 알게 된다. '야살의 책'은 하나님으로부터 계시된 성경 말씀이 아니다. 그 책은 야살(Jasher)이라는 사람이 쓴 것으로 일반적인 내용을 담고 있다. 거기에 태양과 달의 운행이 중단된 사실이 기록되어 있다는 것이다. 그것은 당시 모든 사람들이 그 특별한 상황을 직접 목격하고 경험했다는 사실을 말해주고 있다. 여호수아는 야살의 책을 언급함으로써 그 기이한 일이 역사적 사건이었음을 증거하고 있다.

하루 종일토록 중천(中天)에 떠 있으면서 움직이지 않았다는 것이다. 그리고 그와 같은 일은 그 전에 있지 않았던 매우 기이한 경우라는 사실을 언급했다. 그것은 하나님께서 이스라엘 민족을 위해 싸우고 계신다는 사실을 구체적으로 증거하고 있다. 결국 하나님께서 베푸시는 기적과 더불어 대승(大勝)을 거둔 여호수아는 길갈의 본진으로 돌아왔다.

우리는 여기서 매우 중요한 몇 가지 사안을 살펴보아야 한다. 그것은 우선 태양이 지지 않고 종일토록 멈추어 서 있는 낮이 지속되는 것이 반드시 이스라엘 민족에게 유리한 조건이라 말할 수 없다는 사실이다. 일반적인 관점에 본다면 그와 같은 상황이 아모리 족속에게 도리어 유리할 수도 있는 문제였기 때문이다.

그리고 하나님께서 그 특별한 기적을 허락하여 승리하게 하신 것이 당시 공격을 받던 기브온 족속을 위해서가 아니었다는 사실이다. 그것은 전적으로 하나님께서 택하신 이스라엘 백성을 위한 것이었다. 즉 그 모든 일 가운데는 오직 여호와 하나님께서 이스라엘 자손을 위해 친히 싸우고 계신다는 사실을 보여주시고자 하는 중요한 목적이 있었던 것이다.

나아가 실제로 발생한 그 역사적 사실을 대다수 현대인들은 믿지 않는다. 절대적 과학주의를 내세우는 자들은 그것이 구체적으로 발생한 사건이 아닌 신화(神話)인 양 간주하고 있다. 거기다가 하나님과 성경을 믿는다고 주장하는 자들 가운데도 그것을 실제로 받아들이지 않는 자들이 많이 있다. 하지만 우주 만물을 말씀으로 창조하신 여호와 하나님께서 피조 세계의 일부를 특별한 방법으로 관여하시는 것은 그다지 놀라운 일이 아니다.

또한 당시 발생했던 그와 같은 놀라운 기적은 팔레스틴의 일부 지역인 기브온과 아얄론 골짜기에만 있었던 사건이 아니었다. 그 현상은 전 지구상에 동일하게 일어나게 되었다. 지구 위 어느 지역에 존재하든지 제각각 시간대(時間帶)는 다를지라도 태양과 달이 멈추어 선 그 사건은 거의 하루 동안 지속되었을 것이 분명하다. 즉 팔레스틴 지역이 낮이었으므로 당시 지구 반대편 지역에는 거의 종일토록 달이 비치는 밤이 지속되었던 것이다.

앞에서 언급한 것처럼 야살의 책에 그에 관한 사실이 기록되어 있는 것처럼 다른 여러 지역에서도 동일한 경험을 한 사람들이 많이 있었을 것이며 그에 관한 기록들이 남아 있을 수 있다. 거의 삼천오백 년이 지난 오래전의 사건이기 때문에 설령 누군가가 기록했을지라도 그 내용이 사라졌을 수도 있다. 나아가 그와 같은 기적을 경험하면서 아무런 기록을 남기지 않는 경우도 많았을 것이다. 하지만 분명한 사실은 하나님께서 행하신 그 기적이 분명한 역사적 사건이라는 점이다.

5. 아모리 다섯 왕의 막게다 굴 피신과 이스라엘 군대의 추격 (수 10:16-21)

아모리 족속의 연합군은 하나님의 기적적인 방편과 이스라엘 군대의 공격으로 인해 혼비백산(魂飛魄散)할 수밖에 없었다. 원래 그들은 자기를 배신한 것으로 판단한 기브온 성읍을 공격하고자 했으나 이스라엘 군대의 개입으로 말미암아 전략상 계획에 큰 차질이 발생하게 되었다. 이는 그들이 승리를 장담하지 못할 형편에 놓이게 되었음을 말해 주고 있다.

그런데 이스라엘 군대의 전투력보다 더욱 큰 문제는 그들이 믿는 여호와 하나님의 직접적인 개입이었다. 이스라엘 병사들의 영역에는 우박이 내리지 않고 그들을 피해 도망치는 아모리 족속의 병사들 위에 제한적으로 큰 우박이 퍼부어지는 것만으로도 예삿일이 아니었다. 거기다가 하늘을 운행하는 태양이 멈춘 것은 상상조차 할 수 없는 일이었다. 거의 종일토록 태양이 지지 않아 밤이 오지 않는 사건 자체로 그들은 엄청난 충격과 더불어 큰 공포에 휩싸였을 것이 틀림없다.

그리하여 연합군을 결성했던 아모리 족속의 다섯 왕들은 급히 도망하여 막게다 굴(the cave at Makkedah) 속으로 숨어 들어갔다. 그들은 각기 성읍을 통치하는 왕들이었으나 심각한 궁지에 몰리자 우선 자기의 목숨을 부지하기에 급급했을 것이 틀림없다. 이는 그동안 백성들 위에 군림하여 권력을 휘두른 것도 결국은 이기적인 욕망에 지나지 않았다는 사실을 잘 보여주고 있다.

또한 그들은 패색이 짙은 전황(戰況) 가운데 동굴 속에서 전쟁의 분위기를 반전시키기 위한 최후의 전술적 논의를 했을 것이다. 하지만 그들의 모든 작전 계획은 수포로 돌아갈 수밖에 없었다. 그 왕들이 숨어있던 동굴이 결코 안전한 장소가 되지 못했기 때문이다.

따라서 아모리 족속의 왕들이 도망하여 피한 장소가 막게다 굴이라는 사실을 알게 된 이스라엘 자손 가운데 어떤 사람이 그 정보를 여호수아에게 전했다. 그에 관한 정보를 입수한 여호수아는 즉시 그들이 숨어있는 곳을 찾아가 굴 어귀에 큰 돌을 굴려 막았다. 그곳은 저절로 천연적인 감옥이 되어버린 것이다. 그리고는 감옥이 된 그 굴을 병사들을 시켜 철저히 지키도록 지시했다.

아모리 족속의 여러 성읍과 그 안에 거하는 거민들에 대한 최고 지휘권을 소유한 왕들의 손발을 완전히 묶어버린 여호수아는 이스라엘 병사들에게 명령을 내렸다. 도망가는 아모리 족속의 군대를 지체하지 말고 추격하도록 했던 것이다. 그 병사들의 후미(後尾)를 쳐서 그들이 자기 성읍 안으로 들어가지 못하게 하라는 것이었다. 여호수아는 하나님께서 그 이방 군대를 이스라엘에게 붙이신 사실을 백성들에게 전하며 힘을 북돋우고자 했다.

그리하여 이스라엘 병사들은 그 이방인들을 추격하여 큰 승리를 거두었으며 거의 전멸시켰다. 그들 가운데 소수의 병사들만 도망쳐서 겨우 저들의 성읍으로 돌아갈 수 있었을 따름이다. 대승을 거둔 이스라엘 병사들은 임시 주둔지가 마련되어 있는 막게다의 본부로 돌아와 여호수아에게 모든 보고를 하게 되었다. 그후부터 감히 이스라엘 자손에 맞서 대적하여 싸우고자 하는 자들이 일어나지 못했던 것이다.

6. 아모리 다섯 왕에 대한 여호수아의 엄중한 심판 (수10:22-27)

아모리 족속 다섯 성읍의 연합군을 격파한 이스라엘 군대가 막게다에 주둔하고 있는 임시 본부로 돌아왔을 때 여호수아는 다섯 왕들이 갇혀있는 곳으로 갔다. 그는 병사들에게 굴 어귀를 열도록 하고 그들을 끌어내라는 명령을 내렸다. 그리하여 예루살렘과 헤브론과 야르뭇과 라기스와 에글론을 통치하던 다섯 왕이 굴 밖으로 끌려나왔다. 얼마 전까지만 해도 최고의 지위에 앉아 무소불위(無所不爲)의 권력을 자랑하던 왕들의 비참한 모습이 드러나게 된 것이다.

여호수아는 이스라엘 병사들이 회집한 가운데 자기의 휘하에 있던 지휘관들을 가까이 나아오도록 했다. 그리고는 그들의 발로 왕들의 목을 밟으라는 명령을 내렸다. 지휘관들은 여호수아의 명령에 복종했으며 이방의 왕들을 저들의 군화(軍靴)로 짓밟았다.

그런 상태에서 여호수아는 이스라엘 군대의 지휘관들을 향해 포괄적인 선언을 했다. 앞으로 어떤 경우에 직면한다고 할지라도 두려워하지 말고 놀라지 말며 마음을 강하게 하고 담대히 하라고 했다. 이스라엘 자손이 맞서 싸우게 될 모든 대적들에게 여호와께서 그와 같이 행하리라는 것이었다.

여호수아가 그렇게 말한 것은 가나안 땅에는 아직 이스라엘 자손들이 맞서 싸워 점령해야 할 성읍들이 많이 남아 있었기 때문이다. 이는 앞으로 지금까지 경험한 병사들보다 더욱 강력한 이방 군대가 나타날지 모르는 상태에서 오직 여호와 하나님만 의지하라는 의미를 담고 있다. 놀라운 기적과 함께 이스라엘 병사들에게 승리를 안겨주신 하나님께서 앞으로도 그렇게 하시리라는 것이었다.

그 선언을 마친 후 여호수아는 아모리 족속의 그 다섯 왕들을 그 자리에서 쳐 죽였다. 그리고는 그들의 시체를 다섯 나무 위에 매어 달고 해가 질 무렵까지 그대로 두도록 했다. 이스라엘 자손들은 그 광경을 지켜보면서 장차 저들이 가져야 할 마음가짐과 취해야 할 행동에 대하여 생각해 볼 수 있었을 것이 분명하다.

해가 질 무렵이 되어 여호수아는 그 시체들을 나무에서 끌어내려 그들이 숨어 피했던 굴 속으로 도로 던져넣게 했다. 그리고 다시금 큰 돌로 굴 어귀를 막도록 명했다. 그리하여 막게다 굴은 아모리 왕들의 공동묘지가 되어버렸다. 이로써 감히 여호와 하나님의 군대에 대항하다가 처참하게 죽은 자들은 비록 왕의 지위에 있었을지라도 저들의 인생이 아무것도 아니라는 사실이 증거로 남게 되었다. 여호수아가 하나님의 말씀을 계시받아 기록하던 때에도 그곳은 그대로 방치된 상태로 있었다.

우리는 여기서 막게다 굴의 짧은 변화 과정을 통해 중요한 교훈을 얻게 된다. 그 굴은 처음에는 아모리 다섯 왕들의 피신처가 된 동시에 전술적 논의와 전략을 구상하는 중요한 비밀장소 역할을 했다. 그 장소가 발각된 후에는 여호수아에 의해 왕들을 가둔 천연 감옥이 되어버렸다. 그러다가 결국은 처형된 그 왕들의 시체를 던져 넣은 공동묘지로 변했다. 이를 통해 언약의 백성에게 저항하는 사악한 자들의 말로(末路)와 하나님의 심판에 연관된 과정의 한 단면을 보게 된다.

제13장

본격적인 정복 운동 : 가나안 남부 지역 점령

(수10:28-43)

1. 본격적인 정복 운동

여호수아가 이스라엘 병사들을 이끌고 기브온 성읍을 향해 올라간 것은 자발적 판단에 따른 공격이라기보다 기브온 거민들과 맺은 우호 조약에 관련된 지원책으로 말미암은 것이었다. 하나님께서는 여호수아와 이스라엘 병사들에게 그 전쟁에서 승리를 약속하셨으며 그것이 이루어지도록 인도하셨다. 그 과정에서 하늘에서 내린 무서운 우박으로 인해 아모리 족속의 연합군은 치명적인 타격을 입었다.

또한 아무도 상상할 수 없었던 하늘의 태양과 달이 운행을 멈춤으로써 기브온과 아얄론 계곡 전투에서 이스라엘 자손이 크게 승리하게 되었다. 아모리 족속의 연합군을 격파하고 하나님의 놀라운 기적을 체험한 이스라엘 자손은 큰 힘을 얻었다. 하나님께서 저들을 적극적으로 돕고 계신다는 사실이 더욱 명확하게 드러났기 때문이다.

아모리 족속 군대를 향한 우박 심판과 더불어 거의 종일토록 기브온

과 아얄론 골짜기에서 태양과 달이 멈추어 섬으로써 대승(大勝)을 거두
게 된 이스라엘 자손은 더 이상 두려움의 대상이 없는 큰 용기를 얻게
되었다. 그들은 가나안 정복이 하나님에 의해 이루어진다는 사실을 더
욱 분명히 깨닫게 되었던 것이다. 따라서 그들은 하나님께서 특별한 지
도자로 세우신 여호수아의 모든 명령에 철저히 복종하게 되었다.

여호수아는 아모리 병사들 위에 내린 우박 기적과 하늘의 태양 및 달
이 일시적으로 멈추는 기적을 목격하고 체험하면서 그것을 하나님께서
가나안 땅을 계속하여 점령해 나가라는 일종의 메시지이자 신호탄으로
받아들였던 것으로 보인다. 그리하여 아모리 족속의 다섯 성읍의 왕들
을 처단한 후에 본부가 있는 길갈로 되돌아가지 않았다. 그 대신 가나
안 땅 다른 지역을 정복하기 위한 적극적인 공세를 펼치게 되었다.

그러므로 이스라엘 군대는 이제 승리의 여세를 몰아 가나안 남부 지
역을 정복하기 위한 원정(遠征)에 나섰다. 아얄론 계곡의 남쪽에 위치한
막게다 지역을 완전히 정복한 이스라엘 자손은 계속하여 가나안 땅 남
쪽을 향해 나아갔다. 즉 하나님의 놀라운 기적을 힘입어 기세를 드높인
상태에서 남부에 있는 여러 지역을 정복하고자 했던 것이다.

2. 막게다(Makkedah) 지역 정복 (수10:28)

막게다 지역의 한 동굴에서 있었던 아모리 족속의 다섯 왕들과 연관
된 사건과 그에 관한 중요한 실제적 의미가 그대로 드러났다. 지리적으
로 볼 때 막게다는 아얄론 계곡으로부터 서남쪽 지역에 자리잡고 있었
다. 그곳에는 여러 동굴들이 있었는데 앞에서 본 것처럼 그 가운데 한
동굴은 아모리 연합군을 위한 중요한 군사 작전의 중심지가 된 동시에
천연 감옥과 공동묘지가 된 뜻깊은 교훈을 주는 장소가 되었다(수10:16-
27).

여호수아는 아모리 족속의 다섯 성읍의 왕들을 처형하여 시체들을

그 굴 속에 던져넣은 후 이제 본격적으로 남진(南進)하여 약속의 땅을 쟁취하고자 했다. 그는 먼저 막게다 주변의 전 지역을 장악했다. 이스라엘 병사들이, 그 지역을 관할하고 있던 크고 작은 모든 성읍을 파괴하고 그 지도자들을 전멸시켰던 것이다.

그리하여 그 주변의 모든 성읍들은 이스라엘 군대에 의해 완전히 함락되었다. 이는 앞서 이스라엘 자손이 여리고 성과 아이 성에서 행했던 것과 동일한 심판을 저들에게 내렸음을 말해주고 있다. 여호수아를 비롯한 그를 따르던 모든 병사들은 이를 통해 여호와 하나님의 일하심을 분명히 목격할 수 있었다.

3. 립나(Libnah) 정복 (수10:29,30)

막게다 지역을 정복한 여호수아는 여세(餘勢)를 몰아 립나를 정복하고자 남쪽으로 내려갔다. 립나는 막게다의 바로 아래 위치해 있었으며 베들레헴으로부터 서쪽 방향 블레셋쪽에 자리잡고 있었다. 여호수아는 립나의 병사들과 맞서 싸우는 전투에서 칼날로 저들을 쳐서 완전한 승리를 거두게 되었다. 하나님께서 그 성읍과 왕을 비롯한 모든 거민들을 이스라엘의 세력 아래 붙이셨던 것이다.

그리하여 립나 성읍을 완전히 파괴하고 그곳에 거하는 책임있는 자리에 있던 모든 지도자들을 죽였다. 립나를 정복한 것으로 인해 여호수아는 팔레스틴 남부 가나안 지역 원정을 위한 큰 기틀을 마련하게 되었다. 그곳은 전략적으로 매우 중요한 위치에 자리잡고 있었기 때문이다.

립나 지역은 나중 땅을 분배할 때 유다 지파의 성읍이 된다(수15:42). 또한 그 성읍은 제사장 아론 지파 자손들에게 주어졌다. 이렇듯이 여호수아는 지형상으로 매우 중요한 전략적 위치에 있던 립나를 정복하여 여리고 성을 비롯한 앞서 정복한 여러 성읍들처럼 초토화(焦土化) 시켜

버렸던 것이다.

4. 라기스(Lachish) 정복과 게셀(Gezer) 왕의 지원 (수10:31-33)

립나를 함락하게 된 여호수아와 이스라엘 군대는 곧장 라기스로 내려갔다. 라기스는 립나 성읍의 아래쪽에 자리잡고 있었으며 헤브론에서 서쪽 방향 블레셋쪽에 위치해 있었다. 지형적인 조건으로 인해 그곳은 팔레스틴의 남방 방어선이라 할 만큼 매우 중요한 전략적 요충지 역할을 했다.

여호수아가 지휘하는 이스라엘 군대는 립나에서 내려가 라기스 성읍을 공격하여 서로 대치하여 싸우게 되었다. 결국 그 동안 승승장구(乘勝長驅) 해오던 이스라엘 병사들이 기세를 높여 우세한 지위를 점한 채 전략을 펼쳐나갔다. 이는 여호와 하나님께서 라기스를 이스라엘의 손에 붙이셨음을 말해주고 있다.

그때 라기스 성읍과 가까운 지역에 있던 게셀 왕이 라기스 사람들을 돕기 위해 병사들을 이끌고 나아왔다. 그들은 여호수아의 군대와 맞서 싸우고자 만반의 준비를 갖추었다. 하지만 하나님께서 직접 관여하시는 전투였기 때문에 전쟁의 결과는 이미 결정 나 있는 상태와 마찬가지였다. 그리하여 이스라엘 병사들은 당시 라기스의 영향력 아래 있는 모든 백성들과 게셀 왕과 그 병사들을 남김없이 다 죽이게 되었다.

라기스는 나중 땅을 분배할 때 유다 지파에게 분배된다(수15:39). 또한 다윗 왕국이 세워지고 나서 솔로몬이 죽은 후에는 르호보암 왕이 그곳에 강력한 요새를 건립함으로써 군사 요충지가 된다(대하11:9). 또한 히스기야 왕 14년에는 앗수르 왕 산헤립이 올라와서 라기스를 점령하고 '조공을 받기 위한 조약'을 맺는 장소가 되기도 한다(왕하18:13,14). 그보다 나중 바벨론 제국의 느부갓네살이 라기스를 공격하기도 한다(렘34:7). 이처럼 라기스는 전략적으로 매우 중요한 성읍이었던 것이다.

5. 에글론(Eglon) 정복 (수10:34,35)

전략적으로 매우 중요한 성읍이었던 라기스를 정복한 여호수아와 그의 병사들은 서남쪽 지역에 위치한 에글론을 향해 나아갔다. 에글론은 블레셋의 중요한 5대 성읍 가운데 하나로서 지중해 연안으로부터는 불과 14km 정도밖에 떨어져 있지 않았다. 여호수아는 에글론을 정복하여 그곳의 권세자들을 꺾고 거민들을 진멸하게 되었다.

에글론 성읍은 앞서 라기스가 당했던 것처럼 철저하게 파괴당했다. 그곳이 함락되었다는 것은 서쪽 지역의 블레셋 족속에게 큰 충격을 주었다는 말과도 같다. 당시 블레셋은 크레테 섬에서 이주해 온 해양 민족으로서 막강한 세력을 지니고 있었다. 그럼에도 불구하고 여호수아가 이끄는 이스라엘 군대는 저들에게 두려움의 대상이 되지 않을 수 없었다.

나중 땅을 분배할 때 에글론은 유다 지파에게 주어지게 되었다(수 15:45). 그 지역을 정복한 여호수아와 이스라엘 병사들은 더 이상 지중해 연안 지역 쪽으로 진격하지 않고 방향을 돌려 동쪽으로 향해 나아갔다. 이번에는 헤브론을 공격하여 정복하고자 했던 것이다.

6. 헤브론(Hebron) 정복 (수10:36,37)

라기스와 에글론 등 남서부 지역의 여러 성읍들을 함락한 여호수아는 이제 동쪽으로 헤브론을 향해 나아갔다. 그 성읍은 예루살렘으로부터 30km 정도 떨어져 있었으며 베들레헴 아래 자리잡고 있었다. 헤브론은 해발 1000m 정도가 되는 고산 지대로서 가나안 땅 여러 성읍들 가운데 특별히 의미를 지니고 있는 매우 중요한 곳이었다.

거기에는 믿음의 조상들이 묻힌 무덤이 있었다. 즉 아브라함과 사라, 이삭과 리브가, 야곱과 레아가 그곳에 묻혀 있었다. 따라서 이스라엘 자손은 400년이 넘는 긴 세월 동안 애굽에서 살아가며 나그네 생활을 할 때도 항상 조상들의 무덤이 있는 헤브론을 바라보며 살았다.

그들은 이방인들의 왕국인 애굽 땅에서 살아갔으나 북쪽의 가나안 땅과 조상들의 무덤이 있는 헤브론을 바라보며 하나님의 약속을 기억하고 있었다. 애굽에서 힘들게 살아가던 이스라엘 자손은 장차 본향(本鄕)인 가나안 땅으로 들어가게 된다는 사실을 잘 알고 있었던 것이다. 이는 그들의 소망은 이방의 애굽이 아니라 약속의 땅 가나안에 있었음을 말해주고 있다.

그와 더불어 헤브론은 이스라엘 백성을 위한 매우 중요한 전략적 의미를 지니고 있는 곳이었다. 이는 그 성읍이 앞으로 가나안 땅 가운데서 최종적인 전투를 벌이기 위한 교두보 역할을 하게 된다는 사실을 말해주고 있다. 즉 헤브론은 이스라엘 자손이 예루살렘 성읍을 공격하기 위한 전략상 매우 중요한 구속사적 중심에 놓이게 될 전진기지가 될 것이었기 때문이다.

이처럼 지리적 위치상 헤브론은 예루살렘 바로 아래 있어서 언약적 의미와 더불어 실제적인 중요한 전략지 역할을 하게 된다. 여호수아가 바로 그 헤브론으로 진격해 올라가서 전투를 벌여 그 성읍을 취하게 되었다. 이스라엘 병사들은 그 성읍 안으로 들어가 그곳을 통치하던 왕을 비롯한 모든 지도자들과 거민들을 칼로 쳐 죽였다. 그리하여 헤브론은 이스라엘 자손들의 지배 아래 들어오게 되었다.

장차 매우 중요한 역할을 해야 하는 도피성이 될 헤브론 곧 기럇 아르바는 약속에 따라 여분네의 아들 갈렙의 소유로 주어졌다(수15:13; 14:13-15; 삿1:20). 또한 사울 왕이 죽은 후 왕위에 오르게 된 다윗은 예루살렘을 정복하기 전 헤브론을 임시 수도로 정했다. 그는 거기서 유다를 다스리는 왕으로 기름부음을 받게 되었다(삼하2:1-4). 거기에는 하나님께서 다윗 왕으로 하여금 예루살렘을 공격하여 쟁취하게 하려는 숭고한 뜻이 담겨 있었다.

나중 다윗 왕에게 반기를 들고 모반을 꾀하고자 하는 속셈을 가진 압살롬은 예루살렘에서 헤브론으로 내려갔다. 그는 그곳에서 반역의 깃발을 들고 이제 자기가 이스라엘 왕이라고 선포하는 악행을 저지르기도 했다(삼하15:7-10). 그곳에서 반역의 무리들을 모아 세력을 확장하고 이스라엘을 장악하고자 했던 것이다. 이는 헤브론이 전략적으로 매우 중요한 곳이란 사실을 잘 말해주고 있다.

7. 드빌(Debil) 정복 (수10:38,39)

드빌은 헤브론으로부터 남서쪽 방향에 위치한 성읍이다. 당시 그곳은 가나안 남부 지역의 문화와 교육의 중심지였던 것으로 알려져 있다. 드빌에는 크고 작은 부속 도성들이 많이 있어서 전체 성읍들을 드빌 왕이 관장했다. 그리하여 그 주변 성읍들의 문화와 교육에 큰 영향을 끼쳤으며 드빌 성읍의 영향력 아래 있었던 것이다.[26]

여호수아는 온 이스라엘 병사와 더불어 영향력 있는 성읍인 드빌에 맞서 전투를 벌이게 되었다. 결국 그들은 드빌 성읍을 점령하고 그곳을 통치하던 왕과 그 주변의 여러 도성들을 쳐서 승리를 거두었다. 여호수아는 당시 이스라엘 민족에게 저항하던 그곳의 모든 거민들을 남김없이 처단했다. 그 전에 헤브론과 립나 등 강력한 성읍에 행했던 것과 동일한 심판을 드빌 거민에게 행했던 것이다.

당시 여호수아와 함께 크게 활약했던 인물은 갈렙이었다. 그가 지휘하는 병사들이 드빌을 정복할 때 일등공신은 옷니엘이었다. 사사시대가 시작될 무렵 초기의 사사였던 옷니엘이 그 성읍을 쟁취하게 되었던

26) 원용국, 여호수아 주석, p.251; M.C.Tenney, Zondervan Pictorial Encyclopedia tne the Bible, Zondervan, vol.2,pp,77,78. 참조.

것이다(수15:13-19; 삿1:11-13, 참조). 그는 갈렙의 뜻에 따라 그 지역을 앞장서 정복함으로써 후일 갈렙의 딸 악사를 아내로 맞아 그의 사위가 된다.

8. 남부 지역을 정복한 후 길갈(Gilgal)로 돌아감 (수10:40-43)

여호수아가 지휘하는 이스라엘 군대가 가나안 땅 남부의 산지와 평지와 경사지의 전 성읍들을 정복했다. 그리고 모든 왕들과 지도자들을 비롯하여 이스라엘 민족에 저항하는 자들을 철저히 진멸하게 되었다. 여호와 하나님께서 저들을 향해 엄격하게 대응하도록 요구하셨으므로 그에 온전히 순종했던 것이다.

그리고 여호수아는 가데스 바네아에서 가사와 기브온에 이르기까지 온 고센 땅을 공격했다. 본문에 언급된 고센은 나일강 삼각지에 있는 애굽의 고센이 아니라 팔레스틴의 고센이다. 이스라엘 자손이 그곳에서도 승리를 거두었던 것은 저들 자신의 전투력에 기인한 것이 아니었다. 여호와 하나님께서 먼저 그들 앞에서 싸우셨으므로 그 온 땅을 짧은 기간에 취하고 그곳의 왕들을 처형하여 심판할 수 있었다.

남방 지역을 정복하는 모든 원정(遠征)을 마친 후 여호수아와 이스라엘 군대는 본부가 있는 길갈로 돌아갔다. 그들은 하나님의 언약궤가 있고 요단강 바닥에서 가져온 열두 돌들이 세워져 있는 그곳에서 여호와 하나님께 감사의 제사를 드렸을 것이 틀림없다. 전장(戰場)에서 돌아온 그들은 길갈에서 적절한 휴식을 취함과 동시에 전력을 가다듬어 가나안 북쪽 지역을 향한 원정에 나서게 된다.

│ 이스라엘과 인근 지역의 지형 이해 │

가나안 땅은 전체적으로 보아 평지와 산악지대로 형성되어 있다. 또

한 건조한 사막과 깊은 골짜기로 되어 있다. 뿐만 아니라 산이 높고 골
이 깊기 때문에 산비탈이 많이 있었다. 우리는 성경을 잘 이해하기 위
해 그 지형을 대략적으로나마 살펴볼 필요가 있다.

• 〈**평지**〉 : 서편의 지중해 가까운 지역은 해발 100m 미만 정도의 낮은
지역으로써 해안 평야를 이루고 있다. 두로, 시돈, 가사 등 지중해 연안
도시들 주변과 남쪽 해안에서 북쪽으로 올라가면서 낮은 평지가 길게
펼쳐져 있다.

　그리고 그로부터 동쪽 내륙으로 좀 더 들어가면 해발 200m에서
500m 정도의 넓은 평야가 펼쳐진다. 그 지역은 샤론 평야와 이스르엘
평야 등 비옥한 땅을 가지고 있다. 그곳에는 다양한 식물들이 자라나고
있으며 과실수와 꽃들이 자라기에 적절한 토양을 가지고 있다.

　물론 해안 가까운 곳 가운데는 들판이 아니라 산으로 된 지역들이 없
지 않다. 대표적으로 갈멜산은 바다 가까운 곳이지만 평지는 아니다.
하지만 전체 지형으로 볼 때 지중해 연안과 그로부터 어느 정도 내륙지
역까지는 평야를 이루고 있는 것이다.

• 〈**경사 지대**〉 : 서부 지역의 평지를 거쳐 동부로 나아가면 산악으로
올라가는 경사 지대가 전개된다. 물론 각 지역마다 다양한 지형의 모습
을 보이고 있다. 여호수아가 첫 번째 남부 가나안을 정복했던 성읍들
가운데 하나인 에글론은 경사 지대에 위치한 대표적인 성읍이며 그와
같은 지형들이 곳곳에 산재(散在)해 있다.

• 〈**산지**〉 : 지중해 연안으로부터 해안과 평야 지대를 지나 경사 지대
를 넘어서면 가나안 땅 중부의 산악지대가 펼쳐진다. 성경에는 주로
'산지'(山地)로 묘사되는 지역으로서 해발 500에서 1,000m 정도가 된
다. 북쪽으로부터 사마리아를 거쳐 남쪽 헤브론 지대를 넘어서 길게 이

어진다.

　이 지역은 물이 귀해 농작물을 재배하기 힘든 천수답(天水畓)과 같은 밭들이 많이 있다. 그리하여 사람들은 하늘에서 내리는 비에 모든 것을 의존할 수밖에 없으므로 항상 때에 맞는 이른 비와 늦은 비를 기다리게 된다. 벧엘, 기브온, 예루살렘, 베들레헴, 헤브론 등지 주변에 있는 땅이 이에 속하는 지역이다.

• 〈**네게브, 남쪽 지역**〉: 가나안 땅 남부 지역은 반(半) 사막 지대로 형성되어 있다. 시내 반도의 사막으로부터 가나안 남부 지역을 연결하는 지역은 매우 건조한 땅으로서 가나안 유목민들이 주로 동물을 키우며 거주하는 곳이었다. 그들은 한곳에 정착하기보다는 계절에 따라 각종 짐승들과 함께 여러 지역을 옮겨 다니며 살아가는 것이 일반적이었다.

• 〈**요단 골짜기**〉: 헬몬산에서 내리는 물은 훌라(Hulah) 호수를 만들고 남쪽으로 흘러가 갈릴리 호수에 채워지게 된다. 갈릴리 호수에서 사해까지는 넓고 깊은 계곡이 자리잡고 있다. 해발 −200m 정도가 되는 갈릴리 호수에서부터 요단강물이 흘러가는 해발 −420m 정도 되는 사해까지의 계곡 양편에는 해발 1,000m가 넘는 산들이 버티고 서 있다.

　계곡의 평지 중앙을 흐르는 요단강은 갈릴리 호수에서 사해까지의 직선거리가 100km 정도 되지만 강줄기는 300km가 넘는 사행천(蛇行川)을 이루고 있다. 요단 계곡은 특수한 기후와 다양한 형태의 지층과 지질을 소유하고 있어서 다양한 종류의 식물들과 더불어 많은 짐승들이 서식하고 있다.

• 〈**트랜스 요르단과 전체 주변 지역의 특성**〉: 요단강 동편 지역은 대개 해발 수천 미터가 되는 높은 산악지대이다. 현재 요르단 지역과 산악 광야지대가 그에 포함된다. 그 지역에는 모압, 암몬, 에돔 족속이 차

지했었다. 그리고 가나안 땅은 크게 보아 북부의 시리아 사막과 남부의 사막지대, 그리고 남동쪽의 먼 지역에는 아라비아 사막이 있어서 사막에 둘러 싸인 지역으로 이해할 수 있다.

제14장
이스라엘 군대의 가나안 땅 북부지역 점령
(수11:1-23)

1. 하솔왕 '야빈'이 결성한 가나안 북부 지역의 연합군 (수11:1-5)

여호수아가 이끄는 이스라엘 군대는 가나안 남부 지역을 정벌한 후 이제는 북방 지역으로 나아가고자 했다. 남쪽의 여러 성읍들을 파괴하고 왕들을 비롯한 지도자들을 모두 처형한 이스라엘 병사들은 자신감에 넘쳐 있었다. 하나님께서 무서운 우박을 내려 적대세력을 완전히 꺾으시고 하늘의 태양과 달을 멈추게 하심으로써 이스라엘 백성에게 승리를 안겨주신 사건은 저들에게 최종승리에 대한 절대적인 믿음의 근거가 되었다.

그들이 가나안 남부 지역을 함락한 후 무자비하게 백성들을 처형한 사실은 북쪽 지역을 향해 소문으로 퍼져나갔을 것이 틀림없다. 그런 상황에서 여호수아가 이끄는 군대가 북방으로 올라오게 된다는 정보를 입수한 그곳의 왕과 백성들에게는 예삿일이 아니었다. 이스라엘 군대는 막강한 군사력을 소유한 자들로 알려져 있었으므로 그에 대한 강력한 대책을 강구하지 않을 수 없었다.

그리하여 당시 북방 지역에서 최강의 세력을 떨치고 있던 하솔 왕 야빈은 그에 관한 정보를 입수하고 난 후 주변의 여러 왕들에게 긴급한 전갈을 보냈다. 마돈, 시므론, 악삽 등의 성읍들을 통치하는 왕들과 북방 산지와 평지를 비롯한 여러 지역의 성읍을 통치하고 있는 왕들, 그리고 그 인근의 동서편에 위치한 가나안 사람들과 헷 사람, 브리스 사람들에게도 메시지를 보냈다. 또한 그 주변 산지에 거하는 여부스 사람과 헬몬산 아래 자리잡고 살아가던 히위 사람들에게도 통보했다.

하솔 왕 야빈은 그들을 향해 연합군을 결성하여 이스라엘 자손에게 대항하는 군사적 행동을 하자는 요구를 했다. 그것을 주도하는 인물은 하솔 왕이었으나 당시 가나안 지역의 모든 왕들과 성읍 백성들은 동일한 고민에 빠져 있었다. 그로 말미암아 모든 이방 족속들은 하솔 왕의 말을 듣고 자연스럽게 그에 동참하게 되었다.

하솔 왕 야빈이 그와 같은 긴급조치를 취했던 까닭은 그 상황의 절박성을 잘 보여주고 있다. 그리하여 야빈 왕이 연합군의 총 지휘관 역할을 하는 가운데 각 성읍의 왕들은 군대를 거느리고 전투에 임할 준비를 갖추었다. 그 병사들의 수는 엄청나게 많아서 마치 해변의 모래와 같다고 할 정도로 대군을 이루었다. 나아가 일반 병사들뿐 아니라 전투에 참여할 수 있는 말(馬)과 병거도 무수히 많았다.

이제 가나안 북부지역에 있던 모든 성읍은 구체적인 작전에 돌입하게 되었다. 병사들을 이끄는 각 성읍의 왕들은 이스라엘과 맞서 싸우기 위해 한 장소로 집결했다. 그곳은 갈릴리 호수 서북쪽 방향에 위치한 전략적 지대였을 것으로 보인다. 하솔 왕 야빈이 총 지휘하는 각 성읍의 모든 병사들은 바로 그 '메롬 물가'(the Waters of Merom)[27]에 집결

27) '메롬 물가'로 일컬어지는 그 장소가 구체적으로 어디인가에 대해서는 정확하게 알기 어렵다. 하지만 '메롬'이라는 넓은 지역에 위치한 그곳에는 상당한 양의 물이 존재했을 것이란 사실은 분명하다.

하여 전열을 정비하고 진을 치게 되었다.

2. '하나님의 적극적인 관여' (수11:6-9)

여호수아가 이끄는 이스라엘 군대는 길갈에서 출발하여 북쪽으로 올라가면서 여러 왕들이 합친 대규모의 연합군을 보며 어느 정도 두려운 마음을 가지지 않을 수 없었을 것으로 보인다. 앞에서 하나님으로 말미암은 다양한 기적들과 승리를 경험했음에도 불구하고 인간적인 감정은 여전히 남아있었을 것이기 때문이다. 더구나 가나안 땅 북쪽 지역에 대한 지형이나 조건에 대해서는 전혀 익숙하지 않은 형편이었다.

이스라엘 병사들이 그와 같은 형편에 처해있을 때 여호와 하나님께서 총 지휘관인 여호수아를 향해 말씀하셨다. 이제 곧 상대하게 될 가나안 땅의 이방 군대로 인해 두려워하지 말라는 것이었다. 병사들의 숫자가 아무리 많고 전투를 치러야 할 지형이 어떠할지라도 걱정할 필요가 없다고 하셨던 것이다.

하나님께서 여호수아에게 승리에 대한 메시지를 주신 이튿날 그 시간이 되면 하나님이 친히 가나안 북부지역의 연합군 병사들을 이스라엘 군대에 붙여 몰살시키실 것이라고 약속하셨다. 그렇게 되면 이스라엘 병사들이 그 이방인들 앞으로 나아가 말 뒷발의 힘줄을 끊고 그들의 병거를 불살라 버리라고 요구하셨다. 즉 하나님께서 앞서 그들을 치실 때 그와 함께하며 그 말씀에 순종하면 된다는 것이었다.

하나님의 말씀을 듣게 된 여호수아는 큰 위안과 더불어 승리를 보장받았으므로 안심하고 저들을 공격할 수 있었다. 승리가 확실히 보장된 상태에서 아무것도 염려할 필요가 없었기 때문이다. 그리하여 여호수아와 이스라엘 병사들은 '메롬 물가'로 나아가서 그곳에 집결하고 있는 가나안 지역의 병사들을 급습하게 되었다.

하나님께서 이스라엘 백성과 함께 계셨으므로 여호수아의 군대는 당연히 그 이방인들의 연합군을 크게 격파했다. 그들은 시돈과 미스르봇 마임까지 따라가 도망치는 병사들을 추격했으며 동편으로는 갈릴리 호수 북쪽 요단강 지역의 미스바 골짜기까지 추격해서 도망가는 자들을 공격해 쓰러뜨렸다. 또한 그들의 말 뒷발의 힘줄을 끊고 그들의 병거를 불살라버렸다(수11:9). 이리하여 이스라엘 병사들은 하나님의 도우심에 의해 대승을 거두게 되었다.

우리는 여기서 이스라엘 병사들의 처신에 연관된 매우 중요한 사실을 생각해 보아야 한다. 그것은 그들이 왜 이방 군대의 말 뒷발꿈치 힘줄을 끊고 저들의 병거를 불살라버려야 했는가 하는 점이다. 일반적인 관점에서 볼 때는 포획한 말의 뒷발꿈치 힘줄을 끊지 말고 그대로 두어 이스라엘의 군사력을 확충시킬 수 있었을 것이기 때문이다. 또한 그들의 병거를 불태우지 말고 이스라엘의 전술을 위해 활용한다면 더욱 유익할 수 있다.

그럼에도 불구하고 그들이 그와 같이 행했던 까닭은 하나님의 명령 때문이었다. 하나님께서는 여호수아를 향해 적군으로부터 말을 포획하게 되면 전쟁에 활용하려 하지 말라고 요구했다. 따라서 말의 뒷발꿈치 힘줄을 끊어버리라는 명령을 내리셨다. 또한 저들의 모든 병거를 불살라 파괴하도록 명령을 내리셨다(수11:6). 하나님께서 그렇게 명령하셨던 주된 이유는 먼저 말과 병거를 남겨두어 그것들을 통해 승리를 거두게 되면 하나님의 능력보다 그것들에 의존할 우려가 따른다.

그렇게 되면 앞으로 가나안 땅에서 숱하게 많은 다양한 전투가 남아 있는데, 이방인들이 남긴 병기들을 통해 전쟁에서 승리를 거두게 될 경우 그 승리가 마치 하나님의 도우심이 아니라 군사적 화력(火力)에 의한 것으로 여길지 모른다. 그런 착각을 하게 되면 무기의 증강에 더 많은 힘을 기울이게 될 것이 뻔하다. 따라서 하나님께서는 그와 같은 근원을 완전히 끊어버리도록 명하셨던 것이다.

이에 대해서는 오늘날 우리도 깊은 주의를 기울여 생각해 보아야 한다. 오늘날 우리는 타락한 세상 가운데 참된 교회를 세워나가기 위해서는 오직 하나님과 그의 말씀에 의존할 따름이다. 즉 세상의 것들을 동원하여 타락한 세상의 것들에 맞서 싸우려는 마음을 버려야 한다. 만일 그렇게 되면 교회가 일시적으로 승리하는 것이 마치 이 세상의 다양한 방편으로 인한 결과라 오해하게 될 우려가 따른다.

우리는 죄에 빠진 세상에 대한 모든 승리가 오직 여호와 하나님과 그의 능력으로 말미암는다는 사실을 기억해야 한다. 따라서 지상교회에 속한 성도들은 이 세상의 다양한 도구들을 동원하려는 태도를 포기하지 않으면 안 된다. 오히려 세속적인 것들이 교회 안으로 들어온다면 지혜롭게 그것들은 제거하려는 신앙 자세를 가지고 실행하는 것이 중요하다.

3. 북부 가나안 지역의 최강 성읍 하솔 점령 (수11:10-15)

당시 가나안 북부 지역에서 가장 강력한 세력을 가진 성읍은 하솔이었다. 하솔 왕 야빈은 당연히 최고의 지위에 있었다. 따라서 주변의 많은 성읍들과 그 가운데서 통치하던 왕들은 하솔 왕의 영향력 아래 놓여 있었다. 그리하여 야빈 왕이 연합군 결성을 제안했을 때 모두가 그에 동의하고 그에 참여할 수밖에 없었다.

그런데 여호수아와 이스라엘 군대가 '메롬 물가' 전투에서 대승을 거두어 하솔을 점령하고 야빈 왕을 쳐죽였다. 또한 당시 권세를 가지고 있던 모든 지도자들과 그 가운데 거하며 여호수아의 군대에 저항하던 자들을 모두 죽이게 되었다. 그리고는 연합군의 본부이자 강력한 성읍이었던 하솔을 불살라 폐허로 만들어버렸다. 당연히 그 가운데 거하던 자들은 삶을 위한 거처뿐 아니라 모든 것들을 잃어버리게 되었다.

그리고 여호수아는 나머지 여러 성읍들을 공격하여 함락하고 그 왕들을 처형했다. 나아가 각 성읍에서 권세를 누리던 이방인 지도자들을 가차 없이 쳐 죽였다. 이스라엘 병사들이 그렇게 했던 까닭은 자의적인 판단에 따라 그렇게 한 것이 아니었다. 그것은 하나님께서 여호수아에게 내린 명령에 대한 순종행위였다.

여기서 특이한 점은 여호수아가 하솔 성읍을 정복한 후 모든 것을 완전히 불태워 버린 데 반해 나머지 다른 성읍들은 불살라 파괴하지 않았다는 점이다(수11:13,14). 즉 산악 지대에 흩어져 있던 여러 성읍들과 성곽은 그대로 남겨두었다. 그 대신 성 안의 모든 물건과 가축은 이스라엘 자손들이 탈취하고 그에 저항하는 자들은 칼날로 진멸하게 되었다.

우리가 여기서 눈여겨보아야 할 점은 여호수아가 일부 성읍들은 파괴하거나 불태우지 않고 그냥 둔 채 그들의 물건을 전리품으로 탈취하도록 허용한 사실이다. 즉 어떤 성읍의 경우에는 완전히 불살라 태워버린 반면 또 다른 어떤 성읍은 그렇게 하지 않았던 것이다. 왜 각 성읍마다 적용 기준이 달랐으며 어떤 형편에 따라 그렇게 했을까?

성경은 여호수아가 순전한 자의적 판단에 따라 그렇게 한 것이 아니라 하나님의 명령에 따른 것이란 사실을 분명히 밝히고 있다(수11:15, 참조). 모세는 하나님으로부터 신명기를 계시받아 기록하면서 그에 연관된 언급을 했다. 여호와 하나님께서 언약의 자손들에게 가나안 땅에 있는 견고한 성읍과 좋은 물건들을 얻게 해주시라는 것이었다.

> "네 하나님 여호와께서 네 조상 아브라함과 이삭과 야곱을 향하여 네게 주리라 맹세하신 땅으로 너를 들어가게 하시고 네가 건축하지 아니한 크고 아름다운 성읍을 얻게 하시며 네가 채우지 아니한 아름다운 물건이 가득한 집을 얻게 하시며 네가 파지 아니한 우물을 차지하게 하시며 네가 심지 아니한 포도원과 감람나무를 차지하게 하사"(신6:10,11)

이처럼 하나님께서는 이스라엘 자손에게 이방인들이 건축한 아름다운 성읍과 좋은 물건들을 얻게 해주시리라는 말씀을 하셨다. 그럼에도 불구하고 많은 경우에 가나안 족속들이 건축한 성읍을 파괴하라는 명령을 내리셨다(신13:12-16; 수6:24; 8:19, 참조). 하나님께서 그와 같은 명령을 내리신 뜻은 분명했다.

불태워야만 할 이방 족속의 성읍들을 그대로 두게 되면 후일 이스라엘 자손에게 잘못된 영향을 끼칠 수 있다. 즉 이방인들의 풍조에 의해 생성된 것들을 그냥 방치하게 될 경우 이스라엘 자손들에게 심각한 악영향을 끼칠 우려가 따르게 된다. 그에 반해 파괴하지 않고 그대로 두는 성읍들은 백성들에게 그와 같은 악영향을 끼치지 않을 것으로 여겼기 때문이었을 것으로 보인다.

이스라엘 자손들이 성읍에서 전리품으로 탈취한 것들도 동일한 맥락에서 이해해야 할 것 같다. 어떤 물건은 이스라엘 백성들의 신앙에 크게 방해가 되는가 하면 그렇지 않은 물건들도 있었던 것이다. 즉 그들이 이방인들의 성읍을 파괴하고 물건들을 탈취한 것은 그에 대한 승리감이나 탐심에 근거한 것이 아니었다.

이에 대해서는 오늘날 우리 역시 깊은 주의를 기울여 생각해 보아야 한다. 세상의 것들 가운데 어떤 것은 하나님의 몸된 교회와 성도들에게 심각하게 악한 영향력을 끼칠 수 있을 것이므로 단호한 자세로 차단해야 한다. 그에 반해 어떤 것들은 그것을 가까이 둔다고 해서 신앙의 근원을 흔드는 것이 아니라 일반적인 유익이 될 만한 것들도 없지 않은 것이다.

예를 들어, 현대적 관점에서 볼 때 교회에 속한 언약의 자녀들이 세상에서 받게 되는 일반 학교 교육은 무조건 배제할 일은 아니라고 생각할 수 있다. 교회의 지도아래 분별력 있게 해석하여 받아들이면 된다. 하지만 세상의 욕망을 부추겨 장려하거나 세속적인 가치관을 주입시키는 경우, 그리고 하나님의 뜻에 저항하는 반성경적인 쾌락을 조성하는 성격을 지니고 있는 경우라면 철저하게 경계해야만 한다.

우리 시대가 직면한 최첨단 과학에 근거한 4차산업의 역기능이나 동성애를 비롯한 성적인 부패 사상, 그리고 과학주의자들이 내세우는 유신 진화론과 같은 주장은 하나님의 교회가 절대로 받아들여서는 안 된다. 만일 그런 것들이 교회 안으로 들어오거나 그 주변에 얼쩡거린다면 결코 좌시(坐視)하지 말아야 한다. 지상교회는 세상의 풍조 가운데 받아들여야 할 것과 그러지 말아야 할 것을 올바르게 분별하여 단호한 자세로 대응해야만 하는 것이다.

4. 남방에 이어 북방 지역에 대한 승리와 쟁취 (수11:16-20)

이제 여호수아는 가나안 땅 전역에서 벌어진 여러 전투에서 대승을 거두게 되었다. 남방의 고센 지역과 아라바를 비롯한 산지와 평지를 취하였으며 북쪽으로는 헬몬산 아래 레바논 골짜기의 바알갓까지 공격하여 승리한 후 그 지역의 모든 왕들을 쳐 죽였다. 그렇게 하기까지는 상당한 기간이 걸렸다.

그런데 가나안 땅의 전 성읍들 가운데 이스라엘과 화친하여 조약을 맺은 경우는 초기에 있었던 히위 족속의 기브온 사람들밖에 없었다. 따라서 여호수아는 기브온 성읍을 함락하여 파괴하거나 그곳 사람들의 생명을 빼앗지 않았다. 과거 이스라엘 사람들이 기브온과 화친 관계를 가지게 된 것은 자발적이라기보다 일종의 기만을 당한 결과였다. 그럼에도 불구하고 하나님 앞에서 행한 맹세와 더불어 맺어진 화친 조약은 유효했다.

그에 반해 나머지 여러 종족과 성읍의 왕들은 이스라엘을 대적하여 맞서 싸우고자 했다. 그것은 거룩하신 하나님께 저항하는 행위로서 저들의 마음이 강퍅하게 된 이유는 여호와 하나님의 섭리 가운데 일어난 일이었다. 그로 말미암아 그들은 저주를 받게 되어 하나님의 일반적인 은총을 입지 못하게 되었다. 하나님께서 오래전 모세에게 명하신 대로 그들을 진멸하신 것은 하나님의 고유한 뜻에 달려 있었던 것이다.

5. 가나안 정복 일차 완성 (수11:21-23)

여호수아와 이스라엘 군대는 이 모든 과정을 거쳐 약속의 땅 가나안 전 지역을 함락하여 영향력을 행사하게 되었다. 헤브론과 드빌을 비롯한 온 유다 산지를 정복하고 강력한 힘을 가진 아낙 사람들을 모든 산지에서 멸절시키고 그들의 성읍을 진멸했다. 따라서 이스라엘 백성이 점령한 지역에는 아낙 사람들이 더 이상 남아 있지 않게 되었으나 가사와 가드와 아스돗 지역에는 그 종족이 소수 생존해 있었다.

여호수아가 하나님의 말씀에 온전히 순종함으로써 하나님께서 약속하신 전 지역을 장악하게 되었다. 그것은 모세에게 주신 약속과 더불어 요구하신 그대로 이루어진 것이다. 그 땅은 장차 규례에 따라 이스라엘 각 지파 자손들에게 주어진다. 당시에는 아직 땅이 분배되지 않았으나 사실상 약속에 따라 그것이 작정되고 있었던 것이다.

우리가 여기서 주의 깊게 기억해야 할 바는 여호수아가 가나안 땅 전 지역을 점령했으나 그 땅에 존재하는 모든 성읍들 가운데서 완벽한 통치를 행사할 수 있었던 것은 아니었다는 사실이다. 특히 예루살렘에 대해서는 주의 깊게 살펴보아야 한다. 여호수아가 '예루살렘 왕'을 처형했으나(수10:1-5,26,27) 아직 '예루살렘 성읍'을 쟁취하지는 못했기 때문이다. 이는 예루살렘 왕을 죽이고 승리했지만 그 성읍은 여전히 이방인들의 손아귀에 놓여있었다는 사실을 말해주고 있다.

제15장

모세의 요단강 동편 점령과
여호수아의 서편 가나안 정복 및 땅의 분배 준비
(수12:1-24)

1. 모세가 점령한 요단강 동쪽 지역에 대한 회고 (수12:1-6)

여호수아는 가나안 땅 전체를 향한 세력을 펼친 후 지나간 날들을 회상했다. 그것은 물론 하나님의 계시에 따른 것으로서 이스라엘 자손이 깨달아 기억해야 할 필요가 있었기 때문이다. 아직 예루살렘 성읍을 비롯한 미정복 지역이 남아 있어서 가나안 땅을 완전히 장악한 것은 아니라 할지라도 승리는 확인되었다(수13:1, 참조).

이스라엘 자손들은 요단강을 건너 가나안 본토로 들어가기 전 동편에 있는 아르논 골짜기에서 헤르몬 산까지의 온 아라바 지역을 차지했다. 그때 언약의 백성들은 하나님의 인도하심에 따라 원수들을 대적하여 싸웠다. 그 결과 많은 이방 왕들을 쳐 죽이고 저들의 땅을 취하게 되었던 것이다.

당시 막강한 세력을 펼치던 헤스본 왕 시혼을 제압하고 그가 차지하고 있던 넓은 땅을 **빼앗았다**. 그 지역은 아르논 골짜기의 아로엘에서부터 그들의 성읍과 암몬 자손 사이의 경계였던 얍복강까지 포함되었다. 또한 요단강 동쪽 아래로 내려와 사해 바다에 이르는 비스가 산기슭까지 정복했다.

그리고 이스라엘 백성들은 바산 왕 옥이 다스리던 헤르몬 산과 바산 인근의 여러 지역을 정복하게 되었다. 그곳은 헤스본 왕 시혼이 통치하던 땅과 경계를 이루고 있는 곳이었다. 이스라엘 자손은 막강한 세력을 떨치던 이방의 왕들과 저들의 군대를 무너뜨리고 승리를 거두었던 것이다.

그리하여 하나님의 말씀에 순종한 모세와 그의 군대는 요단강 동편 지역의 성읍을 치고 저들의 땅을 소유하게 되었다. 모세는 그 땅을 르우벤과 갓과 므낫세 반 지파 사람들에게 나누어 주어 그 지역을 상속받도록 했다. 그리하여 이스라엘 열두 지파 가운데 위의 두 지파 반은 요단강 동쪽 지역을 미리 분배받게 되었다.

여호수아가 지금 지나간 과거를 회상하는 까닭은 백성들로 하여금 하나님의 놀라운 사역을 기억하도록 하기 위해서였다. 그와 더불어 하나님을 경외하는 자들은 여호와의 강력한 힘을 다시 한번 떠올릴 수 있었다. 나아가 여호수아는 모세를 세워 인도하신 하나님이 곧 자신의 하나님이라는 사실을 마음속 깊이 새기게 되었다.

여호수아는 이를 통해 앞으로도 하나님께서 자기 백성들을 보호해 주시리라는 사실에 대한 확고한 믿음을 가졌다. 또한 그들을 요단강 동편에 두심으로써 동방 지역의 다른 나라들의 침범을 방어하는 역할을 하게 되었다. 이는 하나님께서 가나안 정복을 위해 세밀하게 간섭하신다는 사실과 더불어 앞으로도 그와 같이 된다는 사실을 말해주고 있다.

2. 여호수아에게 정복당한 왕들 (수12:7,8)

이스라엘 백성이 요단강을 건너 차지하게 된 서쪽 지역은 약속의 땅 가나안이다. 그 땅이 '약속의 땅' 이란 말의 뜻 가운데는 그곳에서 하나님께서 보내실 메시아가 오시게 된다는 언약적 의미를 내포하고 있다. 하나님께서는 지구 가운데 그 땅을 특별히 구별하여 구속사를 이루어 가시는 장소로 삼으셨던 것이다.

여호수아와 이스라엘 군대가 가나안 땅 전역에서 승리를 거두었으나 완전한 정복을 이룬 것은 아니었다. 하지만 이스라엘의 모든 승리는 인간들의 작전이 아니라 하나님께서 직접 행하신 일이었다. 그에 대해서는 처음부터 이스라엘 백성들에게 드러나 선포된 바였다. 이스라엘 자손이 요단강의 마른 땅바닥 위를 걸어서 건넘으로써 하나님의 적극적인 인도하심을 보여주고 있다.

그리고 맨 처음 여리고 성을 점령하는 과정에서 하나님께서는 자기가 행하시는 모든 일들을 직접 드러내 보여주셨다. 여리고 성을 군사적 전쟁 무기를 사용하여 공격하는 대신 법궤와 제사장들을 비롯한 백성들이 규례에 따라 성 밖을 돌게 함으로써 승리를 거두게 된 것은 일반적인 상식으로는 상상할 수 없는 일이었다. 또한 아모리 족속 다섯 왕의 연합군과 맞서 싸울 때 기브온과 아얄론에서 태양과 달이 멈추어 서는 것을 통해 그 점을 분명히 드러내 보여주셨다. 따라서 이스라엘 자손의 가나안 땅 정복은 전적으로 하나님의 능력에 의한 것이란 사실이 선포되었던 것이다.

그러므로 이스라엘 자손들은 일차적으로 군사적인 전략이나 무기의 확충에 관심을 두지 말아야 했다. 그들에게 필요한 것은 오직 여호와 하나님의 말씀에 충실하여 그의 지시에 온전히 순종하는 삶의 자세였다. 그렇게 할 때 하나님께서 친히 언약의 백성들의 손에 이방 성읍들을 붙이셨던 것이다.

그 모든 과정에서 여호수아와 이스라엘 병사들은 요단강 서쪽의 레바논 골짜기의 바알갓에서부터 세일로 올라가는 곳인 할락산을 쳐서 멸망시켰다. 즉 최북방에 이르는 영역의 성읍들까지 공격하여 승리를 거두게 된 것이다. 그것은 물론 하나님의 전적인 인도하심에 따른 것이었다.

여호수아는 나중 그 모든 땅을 이스라엘 각 지파 곧 요단강 동편 땅을 분배받지 않은 아홉 지파와 반 지파 사람들에게 나누어 주어 상속을 이어가도록 했다. 산지와 평지와 아라바와 경사지와 광야와 네겝 곧 헷 족속과 아모리 족속과 가나안 족속과 브리스 족속과 히위 족속과 여부스 족속의 땅을 취하여 이스라엘 자손에게 나누어 분배해 주게 되는 것이다. 이렇게 하여 가나안 모든 땅이 점차 이스라엘 민족의 소유가 된다.

3. 서른 한 명의 왕들의 성읍을 정복함 (수12:9-24)

여호수아는 가나안 땅의 각 성읍을 지배하던 서른 한 명의 왕들에 대한 기록을 남기고 있다. 가나안 땅을 점령하고 있던 일곱 족속은 각기 소규모 종족 단위의 각 집단이 성읍을 건설하고 독자적인 영역을 형성하고 있었다. 그들은 가나안 땅 전역에서 다양한 역사적 배경을 가지고 존속했던 것으로 보인다.

우리는 그 여러 성읍들 가운데 특히 귀에 익숙하고 특별히 눈에 띄는 몇몇 성읍들을 보게 된다. 모든 성읍들이 이스라엘의 점령 대상이었으나 그 가운데 특별한 의미를 지닌 성읍들이 있다. 여리고 성과 아이 성은 가나안 땅 진입 후 초기에 정복한 성으로서 중요한 상징적인 의미를 지니고 있다. 특히 여리고 성을 함락할 때는 인간들의 이성이나 행동이 아닌 절대적인 하나님의 방법으로 모든 작전이 진행되었다.

그리고 예루살렘은 언약의 자손들에게 매우 특별한 의미를 지니고 있다. 그곳은 오래전 절대적 권력을 가진 왕이자 제사장이었던 멜기세덱이 통치하던 영역이었다. 뿐만 아니라 믿음의 조상 아브라함이 백세에 얻은 사랑하는 독자 이삭을 하나님 앞에 제물로 바친 모리아 산이 있는 지역이었다. 나아가 그곳은 장차 하나님의 법궤가 모셔지는 거룩한 성전이 세워질 땅이었다. 이는 예루살렘이 이스라엘 민족 가운데 가장 중요한 언약적 의미를 소유한 장소였음을 말해주고 있다.

당시 예루살렘 성읍은 주변의 여러 성읍들 가운데서 맹주 역할을 했다(수10:1-5, 참조). 따라서 여호수아와 강력한 이스라엘 군대에 관한 소문과 정보를 입수한 예루살렘 왕 아도니세덱은 여러 성읍들의 연합군을 결성하게 된다. 그들은 힘을 다해 저항했으나 결국 패배할 수밖에 없었다. 여호수아는 예루살렘 왕을 죽이고 그 성읍을 일시적으로 함락하게 되었다. 하지만 그 지역을 완전히 점령하지는 못한 상태에 놓여 있었다. 예루살렘에는 원주민이던 여부스 족속과 유다 자손이 함께 뒤섞여 살았던 것이다(수15:63).

그리고 헤브론은 이스라엘 자손에게 매우 특별한 의미를 지니고 있었다. 그곳에는 아브라함과 이삭과 야곱 및 그 부인들이 묻힌 막벨라 굴이 있었다. 가나안 땅을 약속받은 이스라엘 자손은 애굽에서 나그네로 살아간 오랜 세월 동안 믿음의 조상들이 묻힌 그곳을 바라보며 본토 귀환의 소망을 가졌다. 나중 다윗은 임시 수도가 된 헤브론에서 기름 부음을 받아 왕위에 올랐으며 맨 마지막 예루살렘을 공격하는 중요한 거점 도시가 되었다.

또한 가나안 북쪽 지역에서 가장 중요한 기능을 하던 성읍은 하솔이었다. 여호수아가 이끄는 군대에 의해 남방 지역이 모두 초토화되었다는 소식을 전해 들은 북쪽의 하솔 왕 야빈은 그에 대한 구체적인 전략과 대책을 세웠다. 당시 주변 여러 성읍들의 맹주 역할을 하던 하솔이 연합군을 결성하여 이스라엘에 저항하여 싸웠던 것이다.

하지만 하나님께서 이스라엘 군대와 함께하셨으므로 이방 군대가 그들을 당해낼 수 없었다. 즉 그들이 아무리 크고 강력한 군대를 결성하고 뛰어난 성능의 무기를 갖추고 있다고 할지라도 하나님 앞에서는 아무 것도 아니었다. 따라서 여호와 하나님께서 친히 여호수아로 하여금 그 모든 성읍들을 점령하게 하셨던 것이다.

4. 가나안 땅 정복과 분배를 위한 준비, 그리고 우리가 얻어야 할 교훈

여호수아가 이끈 이스라엘 병사들은 인간들의 지혜에 기초한 전략과 성능 좋은 병기를 동원하여 싸우려 하지 않았다. 만일 그렇게 했다면 적군에 의해 패배를 당했을 것이 분명하다. 그에 연관된 안타까운 증거는 나중 여호수아가 죽은 후 사사 시대에 들어가면 구체적인 양상으로 나타나게 된다.

그러므로 여호수아가 약속의 땅 가나안에서 승리와 더불어 전 지역을 정복한 것은 이스라엘 군대와 병사들의 여호와 하나님에 대한 순종 행위로 말미암은 것이었다. 하나님께서는 그 모든 사실을 증거하기 위해 다양한 형태의 기적들을 행하셨다. 여호수아가 만난 '여호와의 군대장관'이 앞서 싸우신다고 하신 약속이 실제적으로 이루어진 상황을 그 모든 과정을 통해 입증하셨던 것이다(수5:13-15).

우리가 여기서 반드시 기억하고 있어야 할 바는 당시 이스라엘 자손이 아직 가나안 땅 전역을 완전히 정복한 것은 아니었다는 사실이다. 물론 모든 영역에 절대적인 영향력을 행사하게 되었으나 아직 정복하지 못한 지역이 남아 있었다. 요단강 동편 땅을 르우벤 지파와 갓 지파와 므낫세 반 지파에게 분배했으나 요단강 서편의 약속의 땅은 아직 분배하지 않은 상태였던 것이다.

우리는 여기서 하나님께서 왜 일부 지역을 완전히 정복하지 못한 상태로 남겨두셨는지 관심을 기울여 생각해 볼 필요가 있다. 남북 전역의 가나안 땅을 강력한 힘으로 정복한 사실을 염두에 둔다면 예루살렘 성읍을 비롯한 일부 지역을 완전히 점령하는 것은 그다지 힘든 일이 아니었을 것으로 보이기 때문이다. 그럼에도 불구하고 이스라엘 군대는 예루살렘 지역 정복을 마무리하지 못했다.

우리가 우선 특별히 생각해 볼 수 있는 점은 예루살렘 성읍이 매우 견고했다는 사실이다. 그리고 하나님의 거룩한 성전이 세워지게 될 그 지역을 사탄과 그의 세력이 죽을 힘을 다해 방어하고 있었다는 점이다. 물론 하나님께서 적극적으로 개입했다면 쉽게 점령할 수 있었을 것이 틀림없다. 하지만 가나안 땅에서 그 마지막 성읍을 빼앗는데 걸리는 기간이 무려 삼백 년 가까이 걸린 데는 하나님의 특별한 의도가 있었을 것이다.

사실 그 전에 이스라엘 군대는 예루살렘을 쳐서 취하고 그 성을 불살랐었다(삿1:8). 하지만 예루살렘을 장악한 병사들이 세력을 회복했을 때 이스라엘은 그 성읍을 끝까지 지켜내지 못하고 다시금 저들의 손에 넘겨주게 되었다. 즉 마지막 성읍인 예루살렘을 두고는 치고받는 지리한 전쟁을 되풀이했던 것이다.

이를 통해 우리가 분명히 알게 되는 사실은 타락한 세상과 사탄의 적극적인 저항 행위이다. 세상은 예루살렘에 하나님의 성전이 건립되는 것을 막기 위해 안간힘을 썼다. 그곳이 이 세상과 싸우는 하늘나라(the kingdom of Heaven)의 중요한 교두보(橋頭堡) 역할을 할 것이었기 때문이다. 그 장소에 거룩한 성전이 세워지고 하나님의 법궤가 놓이게 된다는 것은 사탄과 그에 속한 자들의 패망이 그만큼 구체화 되고 있다는 사실을 말해주고 있는 것이다.

이스라엘 백성은 가장 중요한 예루살렘 성읍을 완벽하게 정복하지 못했으나 하나님께서는 여호수아를 통해 가나안 지역의 이방 세력을 전체적으로 제압하도록 하셨다. 하지만 이스라엘 자손의 불순종으로 말미암아 가나안 땅을 완전히 정복하는 기간이 늦추어지게 되었다. 그와 더불어 우리가 함께 생각해 볼 수 있는 사실은 하나님께서는 조급하지 않으셨다는 점이다. 중요한 것은 사탄과 그에 속한 세력이 강력하게 저항할지라도 하나님께서 자신의 작정과 경륜 가운데 구속사적인 모든 일을 진행해가셨다는 놀라운 사실이다.

이러한 상황이 눈앞에 전개되어 가는 상태에서 여호수아는 이스라엘 각 지파들에게 땅을 분배하게 된다. 그것은 언약의 자손들로 하여금 그 땅에서 호의호식(好衣好食)하며 잘 살아가도록 하는 것이 근본 목적이 아니었다. 각 지파는 저들에게 맡겨진 약속의 땅을 방어하여 지켜야 했으며 그들이 장차 궁극적으로 지켜내야 할 곳은 하나님의 성전이 세워질 예루살렘이었다. 그곳을 통해 이땅에 메시아가 오시게 될 것이었기 때문이다.

또한 우리가 여기서 기억해야 할 바는 땅이 분배되고 난 후 발생한 이스라엘 자손의 배도행위이다. 그것은 여호수아가 죽은 후, 이스라엘의 지도자임을 내세우는 자들 가운데 하나님의 말씀을 버리고 인간적인 판단을 앞세워 잘못된 주장을 펼치는 자들이 생겨나게 된다. 모세는 오래전에 이미 신명기에서 이스라엘 자손이 가나안 땅에 들어가면 개인의 주관적인 주장을 내세우지 말라는 당부를 한 바 있다.

> "우리가 오늘날 여기서는 각기 소견대로 하였거니와 너희가 거기서는 하지 말찌니라"(신12:8)

모세는 이스라엘 자손이 요단강을 건너 가나안 땅으로 들어가기 전, 앞으로 개인적인 판단에 따른 왜곡된 주장을 펼치지 말라는 명령을 내렸다. 오직 여호와 하나님의 율법과 규례에 따라 사고하고 행하라는 것이었다. 이는 하나님의 말씀을 맡은 지도자의 말을 들어 순종하라는 의미를 지니고 있다.

그런데 여호수아가 죽고 그동안 그가 지도하고 시행하던 모든 일이 끝나게 되자 사악한 자들이 개인적인 고집을 내세우기 시작했다. 그런 자들은 하나님의 율법에 순종하려는 마음을 버리고 개인의 소견을 앞세웠다. 그들은 잘못된 자기 주장이 마치 옳은 것인 양 선전하며 주변의 어리석은 자들을 미혹했다. 즉 사사 시대에는 배도자들에 의해 그와 같은 위태로운 일이 지속되었다.

> "그 때에 이스라엘에 왕이 없으므로 사람이 각각 그 소견에 옳은 대로 행하였더라"(삿17:6; 21:25)

이로 말미암아 이스라엘 자손은 약 삼백 년 동안 피 흘리는 힘겨운 싸움을 해야만 했다. 신실한 하나님의 백성들은 이스라엘 지경 바깥에서 위협하는 세력에 맞서 싸워야 했으며 내부의 거룩한 공동체 질서를 파괴하는 배도자들과 싸워야 했다. 그 가운데는 이스라엘 자손을 강하게 훈련하고자 하는 하나님의 뜻이 담겨 있었으나 당시 백성들에게는 고통스러운 일이 아닐 수 없었다.

이와 같은 위태로운 상황은 오늘날 우리 시대에도 그대로 되풀이되고 있다. 타락한 세상 가운데서 하나님의 말씀에 순종하여 주님의 교회를 온전히 세우는 일은 여간 힘든 일이 아니다. 그것을 위해서는 교회와 성도들이 성령 하나님의 도우심에 따라 계시된 말씀 위에 굳건히 서 있어야 한다.

그와 더불어 신앙이 성숙한 성도들은 세상의 잘못된 가치관과 위태로운 풍조에 맞서 싸워야 한다. 그리고 교회 내부에서 직분적 질서를 무시하고 '제 소견대로' 하기를 좋아하는 자들에 대하여 엄격한 대처를 해야만 한다. 즉 신약시대 교회에 속한 참된 성도들은 예수 그리스도의 선한 군사로서 피 흘리기까지 전투하는 자세를 유지해야 하는 것이다(히12:4; 딤전6:12; 유1:3; 계12:11, 참조).

제 3 부

언약에 근거한 땅의 분배
(수 13:1-21:45)

제16장

땅 분배 명령과 요단강 동편 지역에 대한 확인

(수13:1-33)

1. 땅 분배에 대한 명령 (수13:1-7)

여호수아는 보통 사람들처럼 나이가 많아 늙게 되었다. 그 길은 아무도 피할 수 없는 필연적인 과정이다. 하나님께서는 여호수아를 향해 이제 저가 나이 들어 늙었으므로 옛날 같지 않다는 사실을 언급하셨다. 그러면서 아직 가나안 땅에는 이스라엘이 취해야만 할 지역이 많이 남아 있다는 말씀을 하셨다.

이스라엘 자손은 가나안의 중부와 남부, 그리고 북부 지역을 크게 정복했다. 하지만 아직 완전히 정복하지 못한 땅이 많이 남아 있었다. 또한 이미 점령한 지역 가운데도 완벽하게 취하지 못한 남은 땅이 상당수 있었다. 뿐만 아니라 이스라엘 자손이 아예 공격해 들어가지 못한 지역도 있었다.

블레셋 사람들이 지배하는 지역과 그술 족속의 지역 곧 애굽 가까운 시홀 시내에서부터 가나안 사람들에게 속한 에그론 경계까지는 이스라엘 백성의 통치력이 미치지 않았다. 블레셋 족속의 강력한 다섯 통치자들의 영역인 가사 족속, 아스돗 족속, 아스글론 족속, 가드 족속, 에그론 족속이 지배하는 땅인 가나안의 서남부 지중해 쪽은 여전히 블레셋이 강력한 세력을 펼치고 있었던 것이다.

그리고 남방의 아위 사람의 땅과 가나안 족속이 통치하는 여러 지역과 시돈 사람들이 지배하고 있는 땅, 그리고 그발 족속의 땅 역시 미정복 지역으로 남아 있었다. 뿐만 아니라 북동부의 헤르몬산을 중심으로 한 레바논 지역도 이방인들인 원주민이 세력을 형성하고 있었다. 그 지역의 산지에 살고 있던 종족들에게는 이스라엘이 아직 영향력을 행사하지 못했다.

여호와 하나님께서는 이제 곧 그들을 이스라엘 자손들 앞에서 쫓아내시리라는 말씀을 하셨다. 약속의 땅에 자리잡은 저들의 영역을 이스라엘이 취하게 되는 것은 여호수아의 통솔력이 아니라 여호와 하나님의 절대적인 능력에 근거하고 있었다. 이는 여호수아가 나이 많아 늙어 예전처럼 전투에 임하기 어렵다고 할지라도 하나님께서 차질없이 그 일을 지속하신다는 것이었다.

이제 여호수아는 이스라엘 열두 지파 가운데 모세로부터 요단강 동부 지역을 분배받은 르우벤 지파, 갓지파, 므낫세 반 지파를 제외한 아홉 지파 반에게 서편 땅을 분배해야 했다. 그리하여 이스라엘 민족이 그 땅을 언약 가운데 분깃으로 상속받게 되었다. 여호수아에게 주어진 가장 중요한 직무 가운데 하나는 이스라엘 여러 지파에게 약속의 땅 가나안을 규례에 따라 분배하는 일이었다.

그 모든 과정을 통해, 장차 메시아를 보내시는 하나님의 뜻이 이루어져 가는 중요한 토대가 마련되었다. 구체적으로는 예루살렘에 하나님의 거룩한 성전이 세워지고 그곳에서 제사장들의 사역과 더불어 거룩한 하나님을 위해 제물을 바치는 일이 지속적으로 시행된다. 그것은 메시아의 강림과 그 메시아가 친히 하나님의 거룩한 제물이 될 것에 대한 예언적 의미를 드러내 보여주고 있다.

2. 요단강 동편 땅 분배에 관한 실상과 의미 (수13:8-14)

여호수아는 모세가 요단강 동편 지역을 정복한 사실에 관한 내용을 다시금 언급하고 있다. 이에 대한 구체적인 과정은 신명기에 소상하게 기록되어 있다. 그는 이제 그에 연관된 사실을 또다시 언급하며 요단강을 건너 가나안 땅에 기틀을 잡기 시작한 이스라엘 자손에게 그 중요성을 상기시키고 있다.

그는 우선 모세가 요단강 동편에 있는 땅을 정복하여 므낫세 반 지파와 함께 르우벤 지파와 갓 지파에게 분배해 주었으며 그들이 그 땅을 분깃으로 받은 사실에 대하여 말했다. 두 지파 반에 속한 백성들이 소유하게 된 땅은 요단강 동편의 아르논 골짜기 가운데 있는 성읍과 그 주변의 온 평지와 아모리 족속의 시혼 왕의 모든 성읍들이었다. 그리고 헤르몬산과 바산 왕 옥이 다스리던 지역이 포함되어 있었다.

그러나 그 지역들에는 완전히 쫓겨나지 않고 여전히 그들 가운데 거하는 이방 종족의 원주민들이 남아 있었다. 즉 모세가 파멸시킨 족속의 다수는 그 지역을 떠나갔을지라도 그 남은 자들은 여전히 이스라엘 가운데 거주하고 있었던 것이다. 하지만 레위 지파 자손들을 위해서는 그곳에서 달리 땅이 분배되지 않았다. 그들에게는 여호와 하나님께 바치는 희생 제물이 생명을 보존하는 근간이 되며 다음 세대까지 이어져 갈 중요한 상속의 본질이 되어야 했기 때문이다.

3. 요단강 동편을 분배받은 두 지파 반에게 허락된 땅

(1) 르우벤 지파 (수13:15-23)

모세는 르우벤 지파에게 저들의 가문에 따라 요단강 동편의 남쪽 지역에 위치한 땅을 분깃으로 분배해 주었다. 그들은 아르논과 아로엘 골짜기 가운데 있는 성읍 및 그 부근과 헤스본의 평지에 있는 성읍들을 점령하여 얻게 되었다. 또한 그 지역의 언덕과 산기슭에 있는 많은 성읍들을 분배받았다.

그리고 모세는 이스라엘 자손들과 함께 그 땅에 거주하던 시혼의 군주들 곧 미디안 귀족들을 가차 없이 살해했다. 그 가운데는 종교적인 형식상 언약으로 겉모양을 위장한 주술사였던 브올의 아들 발람도 포함되어 있었다. 발람에 관해서는 민수기 22-24장에 구체적으로 기록되어 있다.

발람은 당시 모압 평야에 진을 치고 있던 모압 왕 발락으로부터 특별한 간청을 받게 되었다. 승승장구하던 이스라엘 백성들에게 저주가 내리도록 빌어달라는 것이었다. 그는 자신의 천박한 욕망을 채우기 위해 그 요청을 들어주고자 했다. 겉보기에 여호와 하나님을 섬기는 듯한 위선적인 태도를 보였으나 실상은 거짓 술수에 지나지 않았다.

발람이 모압 왕 발락의 지시를 받은 병사들을 따라 모압 지역으로 갈 때 말 못하는 당나귀가 인간의 언어를 사용하여 그것을 강력하게 거부했다. 그는 남보기에 훌륭한 종교인 행세를 했으나 짐승보다 못한 인물에 지나지 않았던 것이다. 모압 왕 발락에게 넘어가 여호와 하나님 앞에서 범죄하여 이스라엘 백성을 저주하고자 했던 그의 이중성과 사악한 행동에 관해서는 성경 여러 곳에 기록되어 있다.

> "보라 이들이 발람의 꾀를 따라 이스라엘 자손을 브올의 사건에서 여호와 앞에 범죄하게 하여 여호와의 회중 가운데에 염병이 일어나게 하였느니라"(민31:16); "그는 불의의 삯을 사랑하다가 자기의 불법으로 말미암아 책망을 받되 말하지 못하는 나귀가 사람의 소리로 말하여 이 선지자의 미친 행동을 저지하였느니라"(벧후2:15-16); "삯을 위하여 발람의 어그러진 길로 몰려 갔으며 고라의 패역을 따라 멸망을 받았도다"(유1:11); "발람이 발락을 가르쳐 이스라엘 자손 앞에 걸림돌을 놓아 우상의 제물

을 먹게 하였고 또 행음하게 하였느니라"(계2:14)

이스라엘 자손이 요단강 동편 지역을 점령해 가는 과정에서 거짓 선지자 행세를 하던 주술사 발람은 르우벤 지파의 병사들에 의해 살해되었다. 이는 하나님의 무서운 심판의 결과로 이해할 수 있다. 그리하여 동편의 왕들은 불신앙으로 점철된 왜곡된 종교적인 방편을 동원하여 그 위기에서 벗어나고자 했으나 결국 하나님의 심판으로 인해 완전히 패망할 수밖에 없었던 것이다.

르우벤 지파에 속한 백성들은 우여곡절의 과정을 거쳐 그 지역을 분배받게 되었다. 그런데 왜 하필이면 여러 지파들 가운데 르우벤 자손이 동편 땅을 분배받았을까? 우리가 여기서 생각해 볼 수 있는 사실은 르우벤 지파가 요단강 서편 가나안 땅이 아니라 동편의 땅을 분배받은 것은 육체적으로 야곱의 장남이면서 악행을 저지른 이유 때문이 아니었을까 하는 점이다.

그리하여 이제 장자의 자리를 내어준 상태에 놓인 르우벤의 자손들은 약속의 땅 가나안으로부터 벗어난 동편 지역에서 외부의 이방 세력을 방어하는 완충 역할을 하도록 임무를 부여받게 되었다. 이제 그에게 속한 자들은 약속의 땅에서 장자권을 소유한 후손 노릇을 할 수 없었다. 이는 열두 지파의 질서 문제와 밀접하게 연관되는 것으로 이해할 수 있다.

(2) 갓 지파(수13:24-28)

모세는 또한 갓지파에 속한 자손들에게 그 가문을 따라 요단강 동편 중부지역을 분깃으로 상속해 주었다. 그들은 길르앗 모든 성읍들과 암몬 자손의 땅 일부를 차지했다. 또한 헤스본 왕 시혼이 다스리던 나라 가운데 남은 땅과 요단강 동쪽의 긴네렛 호수까지가 그에 속한 영역이 되었다.

갓 자손이 요단강 동쪽 지역을 분배받은 데는 아마도 나름대로 특별한 이유가 있었을 것이 분명하다. 아무런 까닭없이 내키는 대로 아무에게나 그 땅을 내어주지는 않았을 것이기 때문이다. 그렇다면 갓 지파는 과연 어떤 특별한 특색을 지니고 있었을까?

갓 지파에 대해서는 야곱이 죽기 전 여러 자식들에 관한 예언적 선언을 할 때 나타나는 내용을 통해 어느 정도 짐작해 볼 수 있다. 창세기에는 갓이 야곱의 첩인 실바의 아들(창30:10,11)로서 용맹한 지파의 조상이 되리라는 사실이 언급되어 있다. 이는 그 지파 자손들이 그와 연관된 직무를 가지게 되리라는 사실을 드러내 보여준다.

> "갓(Gad)은 군대의 박격을 받으나 도리어 그 뒤를 추격하리로다" (창 49:19)

우리는 여기서 갓 자손이 요단강 동편의 땅을 분배받은 것이 그에 연관되는 것으로 짐작할 수 있다. 즉 동편 땅에 살아가게 될 두 지파 반은 그보다 동쪽 먼 지방 지역을 차지하고 있는 이방인들의 세력이 가나안을 침략하고자 할 때 완충 지대에서 저들의 공격을 막아내는 방어군 역할을 하는 것이 매우 중요했다. 또한 이스라엘 자손들이 요단강 서편의 가나안 땅에서 이방인 세력에 의해 곤경을 당할 때 요단강 동편 땅을 일시적으로 피신할 수 있는 기반으로 삼고자 하는 뜻이 담겨있었던 것으로 생각해 볼 수 있다.

나중 이스라엘 민족 가운데서 그와 같은 일이 실제로 일어나게 된다. 사사 시대 말기 사울이 통치하던 시기에 이스라엘과 블레셋이 크게 격돌하는 사건이 발생하게 되었다. 그때 이스라엘 자손이 블레셋 군대에 의해 크게 밀리는 형국에 처하게 되자 요단강 동편으로 피신하게 되었다. 당시 그들은 갓 지파 사람들이 지배하는 지역으로 피신했던 것이다

(삼상13:7). 이와 같은 역사적 정황을 살펴볼 때 갓 지파가 요단강 동편 지역을 분깃으로 받게 된 것은 그에 연관된 것으로 이해할 수 있다.

(3) 므낫세 반지파(수13:29-31)

모세는 므낫세 지파의 전체가 아닌 그들 가운데 절반을 위해 요단강 동편 땅을 분배해 주었다. 왜 므낫세 지파였으며 그들 전체가 아니라 반에게만 동편 땅을 허락했을까? 당시 므낫세 지파가 다른 여러 지파들보다 인구수가 더 많다거나 외적으로 특별한 차이가 나는 것이 아니었다.

그럼에도 불구하고 모세는 므낫세 지파 가운데 반을 분리하여 저들에게 동편 땅을 분깃으로 주었다. 모세가 그렇게 한 것은 주관적인 감정 때문이 아니었을 것이며 아무런 생각 없이 임기응변(臨機應變)적으로 그렇게 한 것이 아니었을 것이 분명하다. 그것은 하나님의 섭리에 따른 모세의 판단과 그 가문에 연관하여 행한 일이었다. 이는 그와 같이 분배해야만 할 분명한 이유가 있었으리란 사실을 말해주고 있다.

므낫세는 야곱의 자식들 가운데 혈통적 장남(長男)인 르우벤 대신에 언약적 장남으로 인정받은 요셉의 아들이었다. 요셉에게는 므낫세와 에브라임 두 명의 아들이 있었다. 므낫세가 장남이었으나 야곱은 그들에게 축복하면서 차남인 에브라임에게 더 크게 번성하는 축복을 했다(창48:12-20).

또한 야곱의 장남이 된 요셉의 아들들은 다른 가족들에 비해 매우 뚜렷한 특성을 지니고 있었다. 그들은 혈통적으로 보아 순수 히브리인이 아니었다. 그들은 애굽 땅에서 온(On)의 제사장 보디베라의 딸 아스낫이 요셉에게 낳은 자녀들이었다. 이는 이방인의 혈통이 섞인 요셉의 자녀들이 앞으로 이스라엘의 장자권을 이어간다는 의미를 지니고 있다. 하지만 이스라엘 자손에게 그것은 아무런 문제가 되지 않았다.

모세는 이와 같은 배경을 가진 상태에서 므낫세 반 지파에게 요단강 동편의 북쪽 넓은 지역을 분깃으로 주게 되었다. 이는 아마도 만일 장자권을 가진 것으로 여기는 므낫세 지파 자손들 전체가 요단강을 건너 약속의 땅 가나안에 들어가면 발생하게 될 문제를 방지하기 위한 것이 아니었을까 짐작해 볼 수 있을 따름이다.

어쨌거나 모세는 므낫세 반 지파 자손들에게 바산 왕 옥이 통치하던 나라와 길르앗의 일부 지역을 분배해 주었다. 그 가운데 므낫세의 아들인 마길 자손의 절반이 그 가문에 따라 길르앗 지역과 바산의 여러 성읍들을 얻었다. 이렇게 하여 모세는 므낫세 반 지파에게 먼저 요단강 동편의 북부 지역을 분깃으로 분배하게 되었던 것이다.

4. 레위 지파 (수13:32,33)

우리가 여기서 반드시 기억해야 할 바는 레위 지파에 속한 사람들 가운데 일부가 르우벤 지파, 갓 지파, 므낫세 반 지파에 속한 백성들과 함께 요단강 동편에 남게 되었다는 사실이다. 모세는 동쪽 지역의 세 성읍을 특별히 도피성으로 지목하여 세웠다(신4:41-43). 그 성읍은 바산 지역의 골란과 길르앗 지역의 라못, 그리고 르우벤 지파의 영역인 베셀이었다. 레위 지파의 자손들이 그곳에 거하게 되었던 것이다.

나중 이스라엘 자손이 요단강을 건너 서편의 가나안 땅에 들어갔을 때 여호수아는 게데스, 세겜, 헤브론을 특별히 구별하여 도피성으로 세웠다(수20:1-10). 부지중에 사람을 죽이게 되었거나 억울한 형편에 처해 사람들로부터 살해의 위기에 처한 자들이 급히 그곳으로 피신할 수 있는 길이 마련되었다. 그곳에서 레위 지파 사람들이 하나님의 공의에 따라 그 실상을 확인함으로써 억울한 자들이 발생하지 않도록 했던 것이다.

도피성으로 지목된 그 특별한 성읍들은 다른 성읍들과 달리 한 지역을 별도로 분배받지 않는 레위 지파 사람들이 거주하는 성읍이 되었다. 도피성은 요단강 동편 지역에 모세가 세 성읍을 구별하여 세웠으며, 요단강 서편 가나안 땅에는 여호수아가 세 성읍을 구별하여 세웠다. 그리하여 르우벤 지파, 갓 지파, 므낫세 반 지파가 동편 지역을 분배받을 때 레위 지파 자손들 가운데 일부가 그곳에 남게 되었던 것이다.

레위 지파 사람들은 맡겨진 직무에 따라 도피성에 대한 관리자 역할을 했다. 다른 지파의 모든 백성들이 분배받은 땅을 지켜 보호하는 직무에 참여했다면 레위인들은 이스라엘 민족의 신앙에 연관된 삶의 본질적인 면을 주관했던 것이다. 도피성에 연관된 문제에 관해서는 모세가 오래전 하나님의 말씀을 좇아 명령한 바였다.

그리고 우리가 또한 기억해야 할 바는 여섯 개의 도피성 외에 레위인들이 거하는 마흔두 개의 성읍들이 특별히 허락되었다는 사실이다. 그리하여 총 마흔여덟 개의 성읍이 레위인들의 거주지가 되었다(수21:41). 이에 관하여는 이미 민수기에 기록되어 있다.

> "너희가 레위인에게 줄 성읍은 살인자들이 피하게 할 도피성으로 여섯 성읍이요 그 외에 사십이 성읍이라 너희가 레위인에게 모두 사십팔 성읍을 주고 그 초장도 함께 주되 너희가 이스라엘 자손의 소유에서 레위인에게 너희가 성읍을 줄 때에 많이 받은 자에게서는 많이 떼어서 주고 적게 받은 자에게서는 적게 떼어 줄 것이라 각기 받은 기업을 따라서 그 성읍들을 레위인에게 줄지니라" (민35:6-8)

이렇게 하여 레위인들은 땅을 분배받지 못했지만 여섯 개의 도피성을 포함하여 총 마흔여덟 개의 성읍을 얻을 수 있게 되었다. 그들에게 별도의 분깃으로 땅이 분배되지 않는 것은 저들에게는 여호와 하나님이 분깃이 되었기 때문이다. 이는 언약의 백성들을 하나님께로 이끄는 중요한 직무가 저들에게 맡겨졌음을 말해주고 있다.

성경이 말하고 있듯이 요단강 서편의 가나안 땅은 매우 중요한 구속 사적 의미를 지닌다. 그곳에 하나님의 거룩한 집인 예루살렘 성전이 세워지고 그 땅이 하나님께서 메시아를 보내는 언약을 위한 중요한 기반 역할을 하게 된다. 하지만 이스라엘 민족에게 있어서 요단강 동편에 살든 서편에 살든 그것 자체로는 민족적 차별이 생기지 않았다.

우리는 이 모든 과정에서 실현되는 하나님의 오묘한 섭리를 깨달을 수 있어야 한다. 인간들은 개인적인 판단에 따라 행동하며 살아가지만 하나님께서는 창세 전에 택하신 백성들을 구원하시고자 하는 세심한 작정과 경륜과 더불어 자신의 구속 사역을 이루어가신다. 그 가운데 하나님의 놀라운 사랑과 은혜가 드러나게 되는 것이다.

| 모세와 여호수아의 위상 및 교회에 허락된 소중한 교훈 |

우리는 여기서 요단강을 건너기 전까지의 모세의 역할과 요단강을 건넌 후의 여호수아의 직무에 관한 생각을 해 보아야 한다. 모세는 하나님께서 택하신 특별한 사람으로서 호렙산의 떨기나무 불꽃 가운데 나타나신 여호와 하나님 곧 그리스도를 떠나지 않았다. 그리고 하나님으로부터 중요한 직무를 부여받은 여호수아는 여리고 성읍 부근에서 손에 칼을 들고 나타나신 여호와 하나님 곧 군대장관이신 그리스도를 떠나지 않았다.

그들은 공히 여호와 하나님의 뜻을 이루기 위해 항상 그의 음성에 귀를 기울인 채 규례와 율법에 순종하고자 했다. 홍해 바다를 기적적인 방법으로 건너게 하신 하나님과 요단강을 기적적인 방법으로 건너게 하신 하나님을 모세와 여호수아는 진심으로 경외하고 있었기 때문이다. 그러므로 이스라엘 자손은 당연히 그 모든 명령에 복종해야만 했다.

이스라엘 백성이 저들의 명령에 불복종하거나 저항하게 되면 파멸로 나아갈 수밖에 없게 된다. 따라서 그와 같은 일이 발생하지 않도록 모든 면에서 매우 엄격해야만 했다. 신실한 언약의 백성들이 그와 같은 심정으로 여호와 하나님 앞으로 나아갔으나 사악한 자들은 그 명령을 거부함으로써 스스로 심판을 자초하는 일들이 숱하게 많이 발생하게 되었다.

이에 대해서는 오늘날 우리 역시 매우 깊은 주의를 기울여 그 의미를 생각하고 받아들여야 한다. 우리가 고백하듯이 지상의 참된 교회는 인간들의 것이 아니라 하나님께 속한 하나님의 신앙 공동체이다. 그 교회 가운데는 하나님의 절대적인 위엄이 존재해야 하며 성도들은 계시된 말씀에 따라 그의 뜻에 온전히 따라야만 한다. 신약시대 교회에서 그 모든 일은 교회적 직무를 가진 직분자들을 통해 드러나게 된다.

그러므로 참 교회라면 성경이 가르치는 바 직분 사역이 원활하게 이루어져야 한다. 목사, 장로, 집사는 각기 맡겨진 직무에 충실해야 하며 특히 가르치는 교사로 세워진 목사의 직무는 절대로 중요하다. 만일 목사가 잘못된 가르침을 베푼다면 교회는 금방 타락하여 세속화될 수밖에 없다. 따라서 목사가 부지중에라도 이단 사상을 가르치거나 잘못된 주장을 하지 못하도록 장로들은 정신을 바짝 차려 말씀에 참여해야 한다.

그러므로 참된 교회에 속한 성도들이라면 교회의 직분자들 특히 매 주일 하나님의 말씀을 증거하여 선포하는 목사와 원만한 관계를 유지해야만 한다. 이는 목사를 높은 자리에 두고 잘 섬기라거나 무조건 그에게 잘해야 한다는 의미가 아니다. 교인들에게 세속적인 이단 사상을 주입하거나 부정한 악행을 저지르지 않는 한 목사와 원만한 관계를 유지하는 것은 매우 중요하다.

그렇게 해야만 교회에 속한 성도로서 공 예배에 온전히 참여할 수 있게 된다. 또한 그와 같이할 때 성도의 가정이 신앙 안에서 원만하게 세워져 가게 된다. 만일 그렇지 못한 상태에 빠지게 되면 올바른 예배에 참여하기 어렵게 되며 불행하게도 그 가정은 크게 흔들릴 수밖에 없다. 하나님으로부터 중요한 직분을 부여받은 모세와 여호수아를 기억하는 가운데 그 정신과 교훈을 이어받아야 한다. 신실한 성도로서 매 주일 하나님의 말씀을 공적으로 증거하여 선포하는 목사와 연관된 구체적인 관계와 의미를 깨닫는 것은 매우 중요하다.

제17장

땅의 분배 원칙과 유다 지파에 분배된 지역

(수14:1-15; 15:1-63)

1. 여호수아와 제사장의 땅을 분배하는 직무 (수14:1-5)

약속의 땅 가나안을 분배받아 그 가운데서 하나님의 언약을 지켜 보존하는 일은 여러 지파로 구성된 이스라엘 백성 전체에게 맡겨진 사명이었다. 그들은 그 땅 중심에 존재하는 예루살렘을 특별히 언약의 도성으로 세워 지켜내야만 했다. 거기에는 믿음의 조상 아브라함이 사랑하는 독자 이삭을 제물로 바친 모리아산이 있었다.

바로 그 자리에 거룩한 성전을 건립하여 지성소 안에는 하나님께서 허락하신 언약궤를 비롯한 성물(聖物)을 두어야만 했다. 돌로 된 성전이 세워지기 전에도 약속의 땅 가나안을 점령한 이스라엘 자손들은 항상 언약궤를 중심에 두고 살아가야 했다. 장소를 이동하여 옮겨 다녀야만 했던 '하나님의 발등상'(대상28:2)인 그 언약궤가 가나안 땅을 완전히 점령해야 할 근거가 되었다. 하나님의 언약궤는 장차 예루살렘에 세워질 거룩한 성전의 지성소 안에 보관되어야 했던 것이다.

아론의 자손 제사장들은 그 언약궤 앞에서 규례에 따라 거룩한 제물을 바치며 하나님의 섭리를 바라보는 가운데 영원한 소망을 가져야 했다. 그로 말미암아 창세 전에 택하신 하나님의 백성을 구원하시기 위해 이땅에 메시아가 오실 것이었기 때문이다. 그가 오시게 되면 이스라엘 백성이 약속의 땅 가나안을 정복했듯이 세상의 모든 세력을 정복하여 하나님의 거룩한 뜻과 더불어 참된 복락을 회복하게 된다.

그에 관한 예언적 성격을 지닌 눈의 아들 여호수아와 제사장 엘르아살과 이스라엘 각 지파의 족장들이 약속의 땅 가나안을 분배하는 일에 참여하게 된다. 우리가 여기서 볼 수 있는 것은 그 일이 여호수아의 개별적인 단독행위가 아니라 제사장과 지파 족장들이 포함된 공적인 지도자들의 언약적 사역이라는 사실이다. 즉 그 일은 역사적 형편에 따라 발생한 사건이 아니라 하나님께서 모세에게 이미 명령한 바를 따른 것이었다.

그리하여 여호수아는 하나님의 언약 가운데 각 지파에 따라 제비를 뽑아 아홉 지파와 므낫세 반 지파에 속한 백성들에게 분깃으로 분배하게 되었다. 르우벤 지파와 갓 지파와 므낫세 반지파 사람들에게는 이미 요단강 동편 땅을 분배한 상태였기 때문이다. 우리가 여기서 주목할 수 있는 내용 중 하나는 요단강 서편 가나안 땅을 분배하면서 비로소 '제비를 뽑게 되었다'는 사실이다(수14:2). 이 말 가운데는 요단강 동편을 분배할 때는 제비뽑은 것이 아니라 모세가 하나님의 뜻과 규례에 따라 그 일을 시행했음을 말해주고 있다.

우리가 또한 주의 깊게 이해해야 할 바는 이스라엘 각 지파가 제비 뽑는 것이 소위 복불복(福不福) 형식이 아니었다는 사실이다. 그것은 하나님의 섭리와 경륜 가운데 진행되는 일이었다. 인간의 몸을 입고 이 세상에 오시는 메시아의 직접 조상이 되는 유다 지파는 반드시 예루살렘이 포함된 그 지역을 분배받아야만 했던 것이다.

그리고 하나님께서 레위 지파 자손들에게는 땅을 분배해 주지 않으셨다. 하지만 그들이 거처할 수 있도록 여러 지역의 성읍들이 허락되었다. 즉 레위 지파에 속한 사람들은 땅과 지역을 분깃으로 분배받지는 못했으나 별도의 성읍을 얻어 사유 재산을 소유할 수 있었으며 가축을 키울 수 있는 목초지를 얻었던 것이다(수14:4). 이는 레위 지파 사람들이 일반적인 아무런 노동을 하지 않은 것이 아니란 사실을 말해주고 있다.

이렇게 하여 이스라엘의 여러 지파 자손들은 가나안 땅 전역을 여호수아를 비롯한 제사장과 지도자들이 제시한 하나님의 규례에 따라 각 지파대로 제비를 뽑아 분배받게 되었다. 그 전에 이미 모세가 요단강 동편을 두 지파 반에게 분배했으므로 그로 말미암아 모든 분배가 완성된 것이다. 하지만 그들에게 지역에 따른 땅은 분배되었으나 아직 정복하지 못한 지역이 남아 있었다. 그러므로 이스라엘 자손은 장차 그 모든 땅을 완전히 점령할 때까지 피 흘려 싸워야만 했다.

물론 앞으로도 이스라엘 자손은 저들의 군사적 규모나 막강한 전투력을 전면에 내세울 것이 아니라 여호와 하나님의 능력에 온전히 의존해야 한다. 앞서 여리고 성 부근에서 여호수아에게 나타났던 '여호와의 군대장관'이 이스라엘 백성들 앞에서 싸울 것이었기 때문이다(수5:13-15, 참조). 만일 모든 전쟁을 그에게 맡기지 않고 인간들의 능력에 의존한다면 패배할 수밖에 없다. 그와 같은 안타까운 현상은 나중 사사 시대에 되풀이하여 발생하게 되었다.

우리가 여기서 반드시 기억해야 할 바는 이스라엘 자손에게 약속의 땅이 분배된 것은 저들이 부유하게 살도록 하기 위해서가 아니었다는 사실이다. 오히려 그 땅들을 지배하면서 장차 세워지게 될 예루살렘 성읍과 하나님의 거룩한 성전을 온전히 지켜 보존하는 것이 저들에게 주어진 중요한 직무였다. 그 가운데 하나님께서 보내시는 메시아 곧 '여호와의 군대장관'으로 나타나신 '하나님의 아들'이 인간의 몸을 입고 이 땅에 오시게 될 것이었기 때문이다. 따라서 언약의 자손들은 항상 그에 관한 소망을 간직한 채 살아가야만 했다.

2. 갈렙의 간청과 가데스 바네아 곧 헤브론 (수14:6-15)

가나안 정복과 그 땅의 분배에 관한 일들이 진행되어갈 때 유다 지파의 대표들이 길갈에 있는 여호수아 앞으로 나아갔다. 그 가운데 여호수아 다음으로 중요한 지도자 위치에 있던 갈렙이 그를 향해 말했다. 약 사십 년 전 그들이 가데스 바네아에 있을 때 여호와 하나님께서 모세에게, 자기와 여호수아에 대하여 하신 말씀을 언급했다. 그 말씀은 결코 잊을 수 없는 반드시 기억해야만 할 내용이라는 것이었다.

가데스 바네아에서 있었던 사건 당시 갈렙은 나이가 사십 세였다고 했다. 그때 여호와의 종 모세가 열두 명의 정탐꾼을 보내 가나안 땅을 미리 탐지하라는 명령을 내렸던 사실을 상기시켰다. 그 자리에는 여호수아와 갈렙도 함께 있었다. 그리고 모세의 명령에 따라 가나안 땅을 정탐하고 돌아온 후 갈렙 자신은 신실한 마음으로 그 모든 사실을 모세에게 보고한 사실을 언급했다. 그는 하나님에 대한 믿음으로 말미암아 마땅히 보고해야 할 내용을 그대로 알렸다고 했다.

하지만 자기와 함께 가나안 땅으로 올라갔던 다른 정탐꾼들은 하나님을 온전히 믿고 의지하는 마음을 소유하고 있지 않았다는 사실을 말했다. 그들은 눈 앞에 펼쳐진 가나안 사람들의 강력해 보이는 현상을 보고 두려움에 빠져 부정적인 보고를 했던 것이다. 그들이 보고한 모든 내용을 전해 들은 일반 백성들은 그로 말미암아 겁을 먹어 간담이 서늘하게 녹아내렸던 형편을 언급했다.

그와 같은 상황에서 갈렙 자신은 오직 여호와 하나님께 충성하여 그의 능력을 알고 전적으로 그에게 의지하였노라고 했다. 그리하여 모세가 하나님 앞에서 맹세하며 자기에게 중요한 약속을 한 사실을 말했다. 그것은 갈렙 자신이 하나님께 충성했으므로 장차 이스라엘 백성이 가나안 땅에 들어가면 자기 발로 밟는 땅이 영원토록 자기와 자기 자손의 분깃이 되리라고 약속했다는 것이었다.[28] 그에 대한 사실은 그 자리에 함께 있었던 여호수아도 잘 알고 있는 사실이라고 했다.

그와 더불어 여호와 하나님께서 그 말씀을 하신 후부터 이스라엘 백성이 시내 광야에서 방황한 때를 포함한 지난 사십오 년 동안을 여호와의 뜻에 따라 생존해온 사실을 언급했다. 그러다 보니 이제 자기의 나이가 팔십오 세가 되었노라고 했다. 하지만 자기는 오래 전 모세가 자기를 정탐꾼으로 세워 가나안 땅으로 올려보내던 날과 같이 그 당시에도 여전히 강건하여 자기의 힘이 예나 지금이나 다르지 않아서 일반적인 출입은 물론 다양한 전투에 참여할 수 있다는 사실을 언급했다.

그러므로 갈렙은 여호수아를 향해 이제 헤브론과 그 주변 산지를 자기에게 달라고 요구했다. 여호수아도 그 옛날 여러 사람들과 함께 들었던 것처럼 그 지역에는 강력한 힘을 가진 아낙 사람들이 거주하고 있으며 그들의 성읍도 크고 견고하다고 말했다. 그들은 강인한 사람들이기 때문에 물리치는 것이 결코 쉽지 않겠지만 여호와 하나님께서 자기와 함께 계시면 그의 뜻에 따라 저들을 쫓아내리라는 것이었다.

우리가 여기서 생각해 보아야 할 점은 갈렙이 왜 굳이 정복하기 힘든 그 땅을 소유하고자 원했던가 하는 사실이다. 그곳은 높은 산악지대여서 비옥한 땅이 아니며 다른 지역에 비해 더 쓸모있는 지역이라 말하기도 어려웠다. 따라서 갈렙이 그 땅을 얻기 원했던 것은 개인적인 욕망 때문이 아니라 더 중요한 이유가 있었을 것이 틀림없다.

열악한 환경 조건에도 불구하고 갈렙이 굳이 그 땅을 원했던 것은 헤

---

28) 정탐꾼들이 가나안 땅을 탐지하고 돌아온 후 다수는 인간적인 판단에 기초하여 그곳을 정복하기 어렵다는 부정적인 견해들을 내어놓았지만 갈렙은 그렇지 않았다. 그에 연관된 내용이 모세가 기록한 민수기에 기록되어 있다. "오직 내 종 갈렙은 그 마음이 그들과 달라서 나를 온전히 좇았은즉 그의 갔던 땅으로 내가 그를 인도하여 들이리니 그 자손이 그 땅을 차지하리라"(민14:24). 갈렙은 여호수아에게 그에 관한 사실을 다시금 언급하고 있다.

브론이 예루살렘을 최종적으로 공격하는 매우 중요한 전략적 장소라는 사실과 연관된 것으로 보인다. 설령 갈렙이 그에 대한 완벽한 깨달음을 가지고 있지 않았다고 할지라도 예루살렘에 관한 전체적인 이해를 하고 있었을 것이 분명하다. 즉 그곳이 아브라함이 이삭을 바친 모리아 산이 있는 예루살렘을 획득하기 위한 전략적 요충지라는 사실은 알고 있었던 것이다.

그러므로 여호수아는 갈렙을 위하여 축복하고 헤브론 지역을 그에게 분깃으로 분배해 주었다. 그후부터 그 땅은 갈렙의 자손들이 상속을 이어받게 되었다. 성경은 그 땅이 갈렙의 소유가 되어 상속이 이루어져 간 것은 그가 이스라엘의 하나님 여호와를 온전히 따랐기 때문이라는 사실을 명확히 기록하고 있다(수14:14).

여호와 하나님을 진정으로 경외하며 의지하던 갈렙이 차지한 헤브론의 원래 이름은 '기럇 아르바' 였다. 이는 아낙 자손들 가운데서도 가장 큰 세력을 지닌 '아라바' 의 이름을 따서 지어진 지역 명칭이었다. 이는 믿음의 사람 갈렙이 당시 가장 강력한 자들의 성읍인 헤브론을 정복하여 장차 예루살렘을 공격하는 전초 기지를 확립하게 된 사실을 말해주고 있다.

3. 유다 지파가 분배받은 지역과 경계 (수15:1-12)

이스라엘 열두 지파 가운데 유다 자손이 가장 먼저 땅을 분배받은 것은 매우 중요한 언약적 의미를 지니고 있다. 그 지파 가운데서 이스라엘 왕국을 통치하는 왕이 나오게 될 것이며 그들이 분배받게 될 땅의 중심에 하나님의 도성 예루살렘과 거룩한 성전이 세워지게 된다. 그곳에서 언약의 백성들은 인간의 몸을 입고 영원한 왕으로 오실 심판주인 메시아를 기다리는 가운데 맡겨진 역할을 감당하게 된다.

그러므로 본문에는 유다 지파에 속한 자손들이 그 가문에 따라 분배받은 지역의 경계에 관한 내용이 기록되어 있다. 일반적인 경우에는 각 지파들이 원하는 바에 따라 땅이 분배되지 않았다. 만일 제각기 원하는 대로 땅을 분배하게 된다면, 모두가 비옥하고 살기 좋은 곳을 선택하고자 했을 것이 분명하다. 따라서 각 지파는 임의적 선택이 아니라 규례에 따라 제비뽑아 분배받게 되었던 것이다.

유다 지파 자손들이 분배받은 땅의 경계는 남쪽으로 에돔 경계와 신 광야에 이르는 지역이었다. 남쪽의 경계는 염해 곧 사해의 끝 부근이었으며(수15:2) 동쪽으로는 역시 사해와 요단강 부근이 그 경계가 되었다 (수15:5). 또한 북쪽 지역의 경계는 여리고 남방에 위치한 벧호글라와 벧아라바를 지나 르우벤 지파의 자손인 보한의 이름을 딴 '보한의 돌' (the Stone of Bohan)이라고 불리는 곳 위를 지나가는 지역이었다(수15:5,6).

그리고 '아골 골짜기'에서부터 '힌놈의 골짜기'로 올라가 예루살렘에 다다랐다(수15:7,8). 그리하여 유다 지파가 분배받은 북편 지역 경계의 남쪽에는 예루살렘 성읍이 자리잡고 있었다. 또한 서쪽으로는 대해 곧 지중해와 그 해안이 경계가 되었다(수15:12).

즉 유다 지파가 분배받은 지역은 남쪽 광야지대로부터 동쪽으로는 요단강 아래와 사해 바다가 경계를 이루고 있었다. 그리고 중앙과 그 북쪽 지역에는 높고 험악한 산악지대가 펼쳐져 있었으며 서쪽으로는 지중해로 내려가는 비탈을 지나 평야가 자리잡고 있었다. 그 가운데 가장 중요한 점은 산악지대의 언약적 중심부에는 여부스 사람들이 거주하는 예루살렘이 존재하고 있었다는 사실이다.

4. 헤브론, 드빌과 갈렙의 역할 (수15:13-19)

도피성이 되는 헤브론 곧 기럇 아르바는 유다 지파에 속한 여분네의 아들 갈렙에게 분깃으로 주어졌다. 그것은 매우 특별한 경우에 해당되는 일이었다. 여호와 하나님께서 친히 여호수아에게 명령하여 그 땅을 유다 지파 자손들 가운데 갈렙에게 주라고 말씀하셨기 때문이다.

헤브론과 그 인근 지역은 아낙의 아버지 '아르바'와 그들 자손의 집안이 대대로 세력을 떨치며 지배해오고 있었다. 아낙은 용장이었으며 그의 세 아들들 역시 막강한 힘을 가진 용맹스러운 군인들이었다. 하지만 저들을 공격해 오는 하나님의 군대 앞에서는 제대로 힘을 쓸 수 없었다.

갈렙은 헤브론을 점령하여 강력한 세력을 지니고 있던 아낙의 자식들을 밖으로 쫓아냈다. 그리고 내친 김에 앞으로 나아가 드빌 곧 기럇 세벨을 공격하고자 했다. 그 성읍은 막강한 세력을 갖추고 있어서 공략하기 쉽지 않은 상대였다. 따라서 갈렙은 기럇 세벨을 쳐서 점령하는 자에게 자기 딸 악사를 아내로 주겠다는 특별한 공언을 했다. 이는 그곳을 점령하는 일이 얼마나 힘들고 어려웠던가 하는 점을 말해주고 있다.

이렇게 하여 유다 지파 자손들 가운데 특히 갈렙의 가문에 속한 사람들은 그곳을 점령하기 위해 총력전을 펼쳤다. 그 결과 갈렙의 동생 그나스의 아들 곧 그의 조카 옷니엘이 그곳을 함락하게 되었다. 그리하여 갈렙은 미리 공언한 대로 자기 딸 악사를 그의 아내로 주었다. 악사는 자기의 판단이 아니라 아버지의 뜻에 따라 옷니엘과 혼인하게 되었던 것이다.

이와 같은 경우는 오늘날 우리의 사고로는 도저히 이해할 수 없는 일이다. 아무리 자기 딸이라고 할지라도 딸의 의사를 물어보지 않은 채 일방적으로 자기 딸을 특정인의 아내로 준다는 것은 상상하기 어려운 일이다. 하지만 이와 같은 일은 최근대의 우리 전통사회에서도 흔히 존재했던 관습이었다. 불과 70여 년 전 한국 땅에서도 그와 같은 일은 쉽게 볼 수 있는 일이었다. 아버지가 딸에게 누구누구 집에 시집을 가라고 말하면 별 저항없이 그 요구에 따랐던 것이다.

하지만 현대적인 시각으로 볼 때 그것은 결코 바람직한 일이라 말하기 어렵다. 우리가 여기서 주의 깊게 생각해 보아야 할 또 하나의 문제는 긍정 혹은 부정적인 측면을 떠나 당시 가정의 굳건한 체계이다. 즉 가정에 속한 모든 가족 구성원은 개인이 아니라 집단적 가정 공동체에 속한 일원이었다. 그래서 원리적으로 볼 때 개인의 판단보다 가정과 가장(家長)의 판단이 우선시 되었던 것이다.

성경에서는 혼인이 개별 당사자들의 문제가 아니라 전체 가족의 일이었으며 가장(家長)의 역할이 매우 중요했다. 이삭의 아내를 선택할 때도 그 아버지 아브라함의 역할이 매우 컸다. 따라서 부부 관계의 유지는 남녀간의 애정을 넘어 부모에 대한 순종행위라는 사실을 깨닫는 것이 중요하다.[29]

우리 시대의 현 사회에서는 그와 같은 관습이 완전히 사라졌다. 개인의 인권이나 권리 문제를 감안한다면 지금처럼 개인이 존중되는 것이 자연스러운 것이라 할 수 있다. 하지만 다른 한편으로 생각해 보면 가정에서의 지나친 개인주의적 성향이 원래의 가정을 해체하는 지경에 이르게 되어버렸다. 따라서 우리는 옳고 그름의 문제를 떠나 그에 연관된 기본적인 의미를 신중하게 생각해 볼 필요가 있다.

어쨌거나 갈렙은 미리 공언한 대로 기럇 세벨을 공략하여 점령하게 된 옷니엘에게 자기의 딸 악사를 그 아내로 주었다. 악사는 아버지의 뜻에 따라 옷니엘과 혼인하여 출가(出嫁)할 때 남편이 된 옷니엘에게 자기 아버지 갈렙에게 밭을 구하자는 의견을 제시했다. 남편의 동의를 얻은 악사는 친정(親庭)을 떠나 시댁(媤宅)으로 가는 길에 타고 있던 나귀에서 내렸다.

그 광경을 가까이서 지켜보던 갈렙은 시댁으로 가는 딸에게 특별한

---

29) 우리 시대에도 결혼식을 거행할 때 당사자가 아니라 그 부모가 혼주(婚主)가 된다. 이는 남녀간의 혼인이 신랑 신부의 개별적인 일이 아니라 양가(兩家) 집안의 일이란 사실을 말해주고 있다.

용무가 있느냐고 물었다. 그러자 악사는 아버지 갈렙에게 자기에게 복을 달라는 간청을 했다. 그러면서 이제 자기를 남쪽 네겝 땅으로 보내시니 샘물도 함께 달라고 했다. 그 요구를 들은 갈렙은 흔쾌히 딸 악사에게 윗 샘과 아랫 샘을 주었다.

옷니엘은 여호수아가 죽은 다음 사사 시대 초기의 중요한 사사가 될 인물이었다. 우리가 여기서 주의 깊게 생각해 보아야 할 것은, 악사가 아버지 집에서 남편에게 시집을 가면서 이제 친정으로부터 떠나게 되면 시댁 식구가 된다는 사실을 선언하고 있다는 점이다. 그는 그동안 살아왔던 친정 아버지의 집에서 독립하여 시댁에 속한 식구가 되어 자기에게 맡겨진 일들을 감당해야만 했다.

이렇게 하여 악사와 옷니엘은 부부가 되어 갈렙으로부터 윗 샘과 아랫 샘을 상속받아 소유물로 삼게 되었다. 이는 두 개의 샘만을 얻게 되었다는 의미라기보다 두 개의 샘 사이의 땅을 상속받은 것으로 이해하는 것이 자연스럽다. 따라서 혼인하여 새로운 영역을 소유하게 된 옷니엘과 악사는 이렇게 하여 약속의 땅 가나안에서 책임 있는 일에 참여하게 되었다. 헤브론과 그 주변의 땅은 나중 예루살렘을 정복하기 위한 전진기지로서 매우 중요한 역할을 감당했던 것이다.

5. 유다 지파가 상속받은 분깃 (수 15:20-63)

유다 지파가 각 가문에 따라 분배받은 땅은 주로 가나안 남부에 속한 넓은 지역이었다. 그들은 남쪽 끝 에돔 경계에 가까운 성읍들을 분배받았다(수 15:21 이하, 참조). 또한 평지의 여러 성읍들과 마을들을 분배받게 되었다(수 15:33 이하, 참조). 거기에는 애굽 시내와 서쪽의 대해 곧 지중해에 이르는 지역이 포함되어 있었다(수 15:47, 참조).

또한 중앙 지역의 산지 주변을 분깃으로 얻게 되었다(수 15:48 이하). 또한 광야와 사해 인근의 여러 지역을 분배받았다(수 15:61,62, 참조). 그렇지만 그들은 아직 예루살렘에 살고 있던 여부스 족속을 쫓아내지 못한 상태에 놓여 있었다. 그곳에는 원주민이었던 여부스 족속과 유다 자손이 함께 어우러져 살아가고 있었던 것이다(수15:63).

이는 약속의 땅 가나안에서 가장 중요한 구속사적인 의미를 지닌 예루살렘을 완전히 점령하지 못했다는 사실을 말해주고 있다. 이는 가나안 땅에 들어온 이스라엘 민족이 하나님에 대한 신앙이 아직 크게 안정되지 못했다는 점에 연관되어 있다. 하나님께서는 많은 세월을 기다려 때가 무르익어가기를 바라고 계셨던 것이다.

나중 이스라엘 자손이 예루살렘을 정복할 수 있도록, 하나님께서는 미리 헤브론을 갈렙에게 주어 강력한 성읍으로 세우셨다(수15:54, 참조). 그보다 삼백 년 정도가 지난 후 유다 지파에 속한 다윗은 헤브론에서 기름부음을 받아 이스라엘 왕국의 왕위에 오르게 되었다. 그러다가 다윗 왕 즉위 칠 년에 예루살렘을 공격해 점령함으로써 구속사의 중요한 획을 긋게 되었던 것이다(삼하2:11; 왕상2:11; 대상3:4, 참조).

본문 가운데는 엄청나게 많은 지명들이 나오지만 우리가 그 모든 지역의 위치를 구체적으로 다 알 수 없다. 하지만 우리가 파악할 수 있는 사실은 당시 가나안 땅에 흩어져 살고 있던 이방 족속들이 평지와 높은 산악지대, 그리고 강가와 호숫가와 바닷가를 비롯한 전 지역에 흩어져 살았다는 점이다. 이는 그 땅을 분배받은 유다 지파 자손들 역시 다양한 형태의 그 지역들에 흩어져 살아간 사실을 말해주고 있다.

또한 각 성읍들과 촌락이 매우 상세하게 기록된 것을 통해 우리는 그 역사적 실제를 확인하게 된다. 그 모든 마을들을 개인이 세세히 기억한다는 것은 쉽지 않은 일이다. 그럼에도 불구하고 모든 지명들이 구체적으로 언급된 것은 각 성읍들의 행정 당국이 파악한 것에 연관되며 당시 거민들의 생활환경을 드러내 보여주는 중요한 역할을 하고 있다.

제18장

요셉 자손 :
에브라임과 므낫세 반 지파에게 분배된 땅

(수16:1-10; 17:1-18)

1. 요셉 자손을 위한 땅 분배 (수16:1-4)

여호수아는 유다 지파에 이어 요셉 자손들을 위하여 땅을 분배했다. 요셉 지파가 여러 지파들 가운데 유다 자손에 이어 두 번째로 분깃을 상속받게 된 것은 그가 르우벤을 대신하여 장자의 명분을 소유하고 있었기 때문인 것으로 보인다. 물론 땅을 분배받는 이스라엘 모든 지파들이 각기 분배받는 순서와 연관하여 그와 같은 의미를 가진 것으로 볼 필요가 있어 보이지 않는다.

본문 가운데는 여호수아가 요셉에게 속한 두 아들 곧 므낫세와 에브라임을 구별하여 따로 땅을 분배해 주게 된 사실이 드러나고 있다. 물론 므낫세 지파가 가나안 땅에서 분배받는 것은 반 지파에 해당되는 일이었다. 나머지 반 지파는 이미 모세에 의해 요단강 동쪽 지역을 분배받았기 때문이다.

또한 요셉 자손은 요단강 서편으로부터 시작하여 가나안 땅에서 서로 접경하고 있었다. 요셉의 두 아들의 자손들은 서로 인접한 땅을 분배받아 이웃하여 살게 되었다. 그들은 제비를 뽑아 여리고 부근에서 요단강을 따라 북쪽으로 올라가는 지역과 벧엘 산지로 올라가는 길을 얻게 되었던 것이다.

그리고 서쪽 끝은 지중해 바다까지 이르는 넓은 중앙부를 차지했다. 즉 동쪽으로는 요단강으로부터 시작하여 서쪽으로는 지중해까지 연결되는 산지와 평지를 소유하게 되었다. 이렇게 하여 요셉의 자손 므낫세 반 지파와 에브라임 지파에 속한 백성들이 그 지역을 분깃으로 분배받았던 것이다.

2. 에브라임 지파가 받은 분깃 (수16:5-10)

요셉 자손이 전체적으로 먼저 땅을 분배받은 후 에브라임 지파와 므낫세 반 지파가 다시금 구체적으로 땅을 분할하여 분배받게 되었다. 그런데 성경에는 므낫세가 형이었으나 동생인 에브라임이 분배받은 지역이 먼저 소개되고 있다. 이는 오래전 그들이 애굽에 머무르고 있을 때 요셉의 아버지이자 그들의 할아버지였던 야곱이 요셉의 두 아들 가운데 동생인 에브라임에게 더 큰 축복을 빌었던 사실에 연관되어 있다.

에브라임 자손이 그 가문에 따라 가나안 땅에서 분배받은 지역의 동쪽 경계는 요단강 부근의 아다롯 앗달에서 시작되었다. 그곳에서 서쪽으로 나아가며 믹므다와 다아낫 실로를 거쳐 다시 아래편으로 내려가 여리고 주변에서 요단강으로 나아갔다. 그리고 서쪽 끝은 지중해 바다까지 이르렀다. 에브라임 지파는 요단강에서 지중해에 이르는 가나안 땅 중부 지역을 차지하게 되었던 것이다.

한편 므낫세 반 지파에게 분배된 땅은 에브라임이 차지한 지역의 북

편에 위치하고 있었다. 므낫세 지파가 얻은 땅 가운데는 에브라임 자
손을 위하여 특별히 구분된 성읍과 마을도 포함되어 있었다(수16:9, 참
조). 이는 요셉의 두 아들의 자손들이 각기 분배받은 땅은 단순히 일반
적인 권력형 지배와 통치를 위한 것이 아니란 사실을 말해주고 있다.
즉 그들에게 분배된 땅은 다른 모든 지파와 마찬가지로 하나님의 언약
을 중심에 둔 메시아를 향한 소망에 더욱 밀접하게 연관되어 있었던
것이다.

그런데 에브라임 지파에 속한 사람들은 저들이 분깃으로 분배받은
지역인 게셀에 살아가던 가나안 종족을 쫓아내지 않았다. 즉 그 이방인
들을 쫓아낼 수 있었음에도 불구하고 주관적인 욕심으로 인해 그렇게
하지 않았던 것이다.[30] 따라서 오랫동안 그 이방 종족이 에브라임 지파
가운데 섞여 살아가며 그들을 위해 노역하는 종이 되었다. 하지만 그것
은 하나님께서 허용하지 않은 금지된 일이었다.

에브라임 지파는 그와 같은 상황에서 나중 강력한 세력을 구축하게
된다. 그러나 모세가 전한 율법을 무시한 채 여호와 하나님을 배반하는
일에 앞장섰다. 그와 같은 사악한 태도는 주변의 다른 지파 자손들에게
도 심대한 영향을 끼칠 수밖에 없었다. 시편 기자는 그에 연관된 사실
을 언급하고 있다.

> "에브라임 자손은 병기를 갖추며 활을 가졌으나 전쟁의 날에 물러갔도다
> 저희가 하나님의 언약을 지키지 아니하고 그 율법 준행하기를 거절하며
> 여호와의 행하신 것과 저희에게 보이신 기사를 잊었도다"(시78:9-11)

시편 기자는 에브라임 자손들이 하나님을 경외하지 않고 이기적인

---

30) 관련 본문의 모든 성경 번역에서 그와 같은 내용을 볼 수 있다. "But they did
not drive out the Canaanites who lived in Gezer, so the Canaanites live in the midst
of Ephraim to this day, and they became forced laborers"(Joshua16:10, NASB).

욕망에 빠진 사실을 언급하고 있다. 그들은 원수들과 전쟁을 해야 할 일이 발생하게 될 때가 되면 등을 돌리고 도망치기에 바빴다. 그 자손들이 하나님께서 지나간 역사 가운데 언약의 자손들을 위해 행하신 모든 기사를 잊어버렸다는 것이다.

여호수아가 가나안에서 이스라엘 각 지파에게 땅을 분배한 후 에브라임 자손은 이방인들을 종으로 부리면서 강력한 세력을 키워나갔다. 하지만 그들이 이방인들을 완전히 쫓아내지 않고 저들 가운데 둔 것은 이기적인 판단에 근거한 것이었다. 나중 그 자손들이 이스라엘 왕국 가운데서 여호와 하나님을 배반하는 일에 대하여 주도적 역할을 하게 된 것도 그와 연관되는 것으로 이해할 수 있다.

3. 므낫세 반 지파가 가나안 땅에서 분배받은 분깃

(1) 므낫세의 자손들(수17:1-6)

요셉의 첫째 아들인 므낫세는 자기가 받아야 할 주된 축복을 동생인 에브라임에게 빼앗기게 되었다고 할 수 있다. 당사자에게는 그와 같은 상황이 매우 억울한 일이라 여겨질 수도 있었다. 하지만 그 모든 것은 하나님의 섭리와 경륜 가운데 이루어진 일이었다. 언약의 조상인 야곱은 하나님의 뜻에 따라 동생인 에브라임을 형 므낫세보다 더 중요한 인물로 인정하게 되었던 것이다.

요셉은 당시 애굽의 바로 왕 다음의 최고위 공직을 맡은 히브리인 출신 인물이었다. 보잘것없는 종족으로 여겨졌던 그가 애굽의 종교적 귀족 계층 가문의 여성을 아내로 맞이했다. 애굽의 입장에서 본다면 아무리 정치적으로 성공한 인물이라 할지라도 비천한 시골 가나안 지역에서 들어온 자가 세계적인 강국의 여인을 아내로 맞이한다는 것은 특별한 일이 아닐 수 없었다.

당시의 애굽의 신분제 사회에서 그와 같은 일이 발생한다는 것은 결코 평범한 일이 아니었다. 하지만 요셉은 총리대신으로서 애굽의 최고 위직에 있었기 때문에 가능했을 것으로 보인다. 물론 거기에는 사람들의 눈에 보이지 않는 하나님의 놀라운 섭리와 경륜이 작용하고 있었을 것이 틀림없다.

그리하여 비천한 종족인 히브리인 출신 요셉과 대단한 권위와 명예를 소유한 애굽의 종교 귀족 집안의 여인 사이에 자녀가 출생하게 되었다. 그것은 애굽 사람들뿐 아니라 나중 야곱의 집안에서도 크게 신경이 쓰일 만한 일이었다. 즉 히브리인 아버지와 이방인인 애굽 출신 어머니 사이의 부유한 가정에서 태어난 므낫세와 에브라임은 야곱의 다른 집안 자식들 곧 사촌들과 모든 면에서 차이가 났을 것이기 때문이다.

그들이 사용하는 일상적인 언어만 해도 야곱의 다른 손주들과 차이가 났을 것이다. 가나안 땅에서 내려온 자손들은 이방 지역의 애굽 언어와 문화에 익숙하지 않았을 것이 분명하다. 그에 반해 므낫세와 에브라임은 애굽인과 히브리인 양쪽의 언어와 문화 적응이 익숙했을 것이다. 그리고 요셉의 자손들은 애굽에서 매우 귀한 자식으로 인정받았을 것이지만 다른 형제들에게서 출생한 나머지 자손들은 그와 달랐을 것이 틀림없다.

그런 특별한 형편 가운데서 야곱은 간음을 범함으로써 중한 범죄행위를 저지른 르우벤이 가졌던 혈통적 장자권을 박탈했다. 그리고 장자의 권한을 요셉에게 넘겨주었다. 장자의 명분을 차남이 아니라 막내에 더 가까운 요셉에게 상속해 준 사실은 주의 깊게 생각해 보아야 할 문제이다. 그것은 단순히 요셉이 애굽에서 정치적으로 성공했기 때문이 아니라 그 이상의 의미가 존재했을 것이 분명하다.

그와 같은 상황이 일어나게 된 것은 야곱이 원래부터 요셉을 각별히 아끼고 사랑했던 사실과 연관되어 있다. 또한 요셉이 이방 여인과 혼인하여 자녀들을 낳았으나 그를 장남으로 세움으로써 유대인 혈통주의가 절대적이지 않다는 사실을 선포하는 의미를 지니고 있다. 요셉이 이스라엘의 장남이 되면 혼혈(混血)이라 할 수 있는 요셉의 자식들에게 장자권이 상속되어갈 수밖에 없게 된다.

하지만 우리가 기억해야 할 바는 비록 므낫세가 장자로서 받아야 할 축복을 받지 못했다고 할지라도 여전히 장자의 명분을 상속받았다는 사실이다. 그런데 므낫세 반 지파 곧 그의 장자 마길의 자손은 이미 요단강 동편 지역의 길르앗과 바산 지역을 분배받은 상태였다. 이는 이스라엘의 장자권을 상속받은 자손들이 가나안 본토가 아니라 요단강 동편에 머물게 했던 것이다. 따라서 서편 가나안 땅에서는 므낫세 나머지 반 지파가 집안에 따라 분깃을 분배받게 되었다.

그 백성들 가운데는 세겜의 자손들과 헤벨의 자손들이 포함되어 있었다. 또한 므낫세 반 지파에 속한 자들 가운데 헤벨의 자손인 슬로브핫에게는 아들이 없고 딸들만 여럿 있었다. 그 여성들이 제사장 엘르아살과 여호수아와 지도자들 앞으로 나아가 당당히 말했다. 자기들에게도 땅을 분깃으로 분배해 달라는 것이었다. 이는 당시 여성들에 대해서는 그렇게 하지 않을 가능성이 존재했기 때문이었던 것으로 보인다.

하지만 아들이 없는 상태에서 딸만 있는 집안이라고 해서 땅을 분배받지 못한다는 것은 정당하지 않은 일이었다. 따라서 그 여성들은 그 점을 강조하며 여호와 하나님께서 모세에게 명령하여 모든 형제들에게 분깃을 나누어 주라고 요구한 사실을 상기시켰다. 이제 그 명령을 받아들이지 않고 거부할 목적으로 다른 논의를 한다는 것은 결코 있을 수 없다는 사실을 강조하고 있다.

우리가 여기서 주의 깊게 생각해 보아야 할 점은 슬로브핫의 딸들이 땅을 분배받은 것이 단순히 소유에 연관된 권한 때문이 아니었다는 사실이다. 즉 여성들도 남성들과 마찬가지로 분배에 대한 동일한 권리를 가지고 있다는 점에 제한되지 않는다. 그것은 도리어 이스라엘 자손인 여성들도 남성들과 마찬가지로 땅을 분배받아 그곳을 점령하고 있던 이방인들을 쫓아내는 전투에 참여했다는 사실을 말해주고 있다. 하나님께 대항하는 자들과 맞서 싸우는 일은 남녀를 불문하고 모두가 참여해야 할 일이었던 것이다.

그러므로 여호수아와 제사장을 비롯한 여러 지도자들은 여호와 하나님의 명령에 따라 딸만 있는 그 집안에 땅을 분배해 주게 되었다. 따라서 므낫세 자손은 요단강 동쪽 지역을 분배받은 반 지파 외에 나머지 반 지파가 서쪽 지역을 분깃으로 분배받았다. 그들이 분배받은 지역 가운데는 므낫세 반 지파의 여자 자손들이 남자 자손들과 함께 분배받은 땅이 상당 부분 포함되어 있었다.

(2) 므낫세 자손들이 분배받은 땅(수17:7-13)

이스라엘 백성 가운데 여러 지파가 분배받은 땅과 땅 사이에는 각기 분명한 경계가 존재했다. 하지만 요셉 자손의 경우에는 일반적으로 생각하듯이 그것은 완전히 단절되거나 끊어진 경계가 아니라 다른 지파의 영역에 연결되어 존재하는 분깃도 있었다. 므낫세 반 지파의 경계는 아셀에서부터 도피성이 되는 세겜 앞을 지나갔으며 답부아 땅까지 이르렀다.

그런데 답부아 땅은 원래 므낫세 지파에 속했으나 그 경계 부근에 위치한 땅은 에브라임 지파에게 속하게 되었다. 므낫세의 경계는 가나 시내로 내려가 남쪽으로 향했으며 므낫세의 성읍 가운데 존재하는 일부 성읍들은 에브라임에게 속하게 되었던 것이다(수17:9). 므낫세의 경계는 그 시내 북쪽이었으며 그 끝은 바다까지 이르렀다.

또한 그 북쪽은 아셀 지파와 경계를 이루고 있었으며 동쪽은 잇사갈과 경계하고 있었다. 그리고 잇사갈과 아셀 지파의 지경 가운데 므낫세 지파가 소유한 분깃이 존재했다. 그곳은 벧스안, 엔돌, 므깃도 등에 살아간 주민들이 차지하고 있던 땅이었다. 즉 므낫세 반 지파에 속한 자손들이 그 이방인의 세력을 물리치고 그 땅을 회복해야만 했던 것이다.

하지만 므낫세 반 지파 사람들은 그 성읍들에서 살아가는 거민들을 완전히 쫓아내지 못했다. 그 이방인들을 쫓아내고자 했으나 힘이 부족해 그렇게 할 수 없었기 때문이다.[31] 그러자 가나안 족속들은 더욱 강하게 저항하며 작심을 하고 물러나지 않았다. 그리하여 그 이방인들은 오랫동안 머물러 그 지역에서 살아가게 되었다.

나중에 이스라엘 자손이 힘을 얻어 강성하게 된 후에야 비로소 그들을 수중(手中)에 두고 그 세력을 제압할 수 있었다. 그렇게 되어 므낫세 지파에 속한 사람들이 가나안 족속에게 강제 노역을 시키며 부리게 되었다. 하지만 그 이방인들을 바깥으로 멀리 쫓아내지 않은 것이 나중에 저들을 타락하게 만드는 중요한 요인이 되었다.

4. 요셉 자손들의 땅과 개척해야 할 지역 (수17:14-18)

에브라임과 므낫세 반 지파가 분배받은 땅 가운데는 다른 여러 지파 자손들이 소유하게 된 땅과 마찬가지로 수많은 지명(地名)들이 나온다. 우리는 그 지역을 하나하나 파악하여 구체적인 장소가 어디인지 완벽하게 알아내기 어려운 경우가 많다. 지금은 돌이 뒹구는 유적으로 남아 있거나 설령 아무런 흔적이 없다고 할지라도 그 부근에 성경에 언급된

---

31) 이 본문은 앞의 16:10절과 크게 대비된다. 에브라임 자손은 가나안 사람들을 쫓아낼 수 있었음에도 불구하고 그렇게 하지 않았다. 그에 반해 17:12에 기록된 므낫세 자손들은 가나안 족속을 쫓아내고자 했으나 힘이 부족해 그렇게 하지 못했다. "But the sons of Manasseh could not take possession of these cities, because the Canaanites persisted in living in that land. It came about when the sons of Israel became strong, they put the Canaanites to forced labor, but they did not drive them out completely"(Joshua17:12,13, NASB, 참조).

마을들이 있었을 것이 분명하다.

요셉 자손들은 또한 여호수아를 향해 여호와 하나님께서 자기에게 복을 내려주셨으므로 큰 민족을 이루게 되었다는 사실을 언급했다. 그런데 그 자손들이 상속받아 살아가게 될 땅이 너무 좁아 한 번의 제비를 뽑아 하나의 분깃만으로는 부족하다고 했다. 그들의 생각에는 주변 지형과 토양에 연관된 형편을 비롯하여 여러 여건들에 비추어 볼 때 살아가기에 부족하다고 여겼던 것이다.

여호수아 역시 저들의 말을 들어본 후 그들의 항변에 충분한 이유가 있다는 생각을 했다. 그 지파에 속한 백성의 수가 많아 에브라임 산지가 너무 좁다는 점을 받아들이게 되었다. 따라서 여호수아는 요셉 자손을 향해 이제 브리스 족속과 르바임 족속이 지배하는 삼림으로 올라가서 취한 후 스스로 그 땅을 개척하라고 했다.

그의 말을 들은 요셉의 자손들은 설령 그 산지들을 취한다고 할지라도 여전히 넉넉하지 않다는 사실을 언급했다. 그리고 골짜기 지역에 살아가는 모든 가나안 족속들과 벧스안 여러 마을에 거주하는 자들과 이스르엘 골짜기에 살고 있는 자들은 강력한 무기인 철로 된 병거를 가지고 있지 않느냐고 말했다(수17:16). 전쟁을 치르기 위해 완전 무장을 하고 있는 자들을 물리치고 그 땅을 점령하는 것은 결코 쉽지 않은 일이라는 것이었다.

그들의 견해를 들은 여호수아는 요셉 족속 곧 에브라임과 므낫세 반지파에 속한 자들을 향해 말했다. 요셉의 자손들은 이미 큰 민족을 이루고 있을 뿐 아니라 강한 권능을 가지고 있다고 했다. 따라서 이제 한 분깃만 소유할 것이 아니라 여호수아가 언급하는 여러 산지들도 저들에게 허락되었다는 사실을 말했다. 그러니 삼림이라 할지라도 그 지역을 정복하여 개척하라는 것이었다.

가나안 사람들이 비록 철 병거로 무장한 강한 족속이라 할지라도 저들을 겁낼 필요가 전혀 없다고 했다. 하나님의 인도를 받고 있는 요셉 자손들이 그 이방인들을 능히 쫓아낼 수 있다는 것이었다. 이는 요셉 자손들의 용맹함이나 군사적인 조건 때문이 아니라 여호와 하나님께서 저들의 편에서 그 이방인들을 물리쳐 주시리라는 사실을 말해 주고 있다.

제19장

이스라엘 열두 지파를 위한 가나안 땅 분배 완성

(수18:28; 19:1-51)

1. 일곱 지파에게 지도를 그려 오도록 요구한 여호수아 (수18:1-6)

여호수아가 유다 지파와 요셉 지파에게 먼저 땅을 분배한 후 이스라엘 민족의 중심 지휘부는 길갈(Gilgal)에서 실로(Shiloh)로 옮겨간 것으로 보인다. 이스라엘 자손이 요단강을 건너 가나안 땅에 진입한 후 오랫동안 길갈은 약속의 땅 정복을 위한 군사적 본부 역할을 했다. 당시는 우리가 일반적으로 이해하는 중앙집권적 지휘체계를 갖추고 있었다.

이제 그 전체 지역을 어느 정도 평정한 후 이스라엘 여러 지파에게 땅을 분배하는 과정에서 새로운 성읍인 실로가 이스라엘 백성을 위한 중심 지도부 역할을 하게 되었다. 이는 우리 시대의 방식으로 말한다면, 하나님의 언약궤를 중심으로 하는 본부가 있으면서 동시에 지방분권적 형태로 나아가고 있음을 말해주고 있다. 이스라엘 각 지파들은 분배받게 된 땅에서 각기 부여받은 사명을 감당해야 했던 것이다.

그러므로 여호수아가 길갈에서 유다 지파와 요셉의 자손 곧 에브라임과 므낫세 반 지파에게 먼저 땅을 분배한 후 이스라엘 민족의 본부는 실로로 옮겨갔다. 그곳에서 아직 분깃을 얻지 못한 나머지 일곱 지파에게 땅을 분배하게 되었다. 그들은 베냐민, 시므온, 스불론, 잇사갈, 앗셀, 납달리, 단 일곱 지파였다. 그들에게 땅이 분배되면 분권적 성격을 지닌 행정 질서의 기초가 놓이게 된다.

그러므로 여호수아는 백성들을 향해 조상들에게 언약을 말씀하신 하나님께서 이제 저들에게 허락하신 땅을 속히 점령하도록 요구하신다는 사실을 언급했다. 그리고 그 일을 위해 앞에서 시행하지 않았던 다른 특별한 방법을 사용하게 되었다. 그것은 땅을 분배받게 될 일곱 지파의 대표들을 뽑아 미리 소유하게 될 땅을 면밀하게 탐지하는 것이었다.

백성들이 그 임무를 감당하기 위해 여호수아는 각 지파에서 세 명씩의 요원(要員)들을 선정하도록 명령했다. 그리하면 일곱 지파에서 뽑은 총 스물 한 명의 인원이 된다. 여호수아는 특수임무를 맡은 그 사람들을 가나안 땅 여러 지역으로 가도록 명령을 내렸다. 그들이 감당해야 할 책무는 여러 곳을 두루 다니며 각기 분깃에 따라 분배받게 될 땅과 지역에 관한 지도를 그려 여호수아에게 제출하는 일이었다.

그에 대해서는 그들이 자의적 판단에 따라 임의로 직무를 수행할 수 있었던 것이 아니다. 그 대신 규례에 의해 주어진 세부적인 지침을 따라야만 했다. 그들은 남북을 경계로 하는 유다 지파와 요셉 자손인 에브라임 지파와 므낫세 반 지파에게 분배된 땅을 제외한 지역을 나머지 일곱 지파를 위해 일곱 부분으로 나누어야 했다.

그러므로 여호수아는 일곱 지파로부터 각각 선정된 세 명씩 모두 스물한 명의 대표들을 각지로 보냈다. 그리고 땅에 대한 전반적인 탐지가 끝나면 일곱 부분으로 나누어진 지도를 완성하여 그것을 자기에게 가지고 오라는 명령을 내렸다. 그러면 그 지도를 기초로 하여 실로에서 이스라엘 백성의 나머지 일곱 지파를 위해 여호와 하나님 앞에서 제비를 뽑아 분배하리라는 것이었다.

2. 레위 지파에 허락된 특별한 분깃에 대한 설명 (수18:7)

여호수아는 본문 가운데서 요단강 서쪽 가나안 땅을 이미 분배받은 유다 지파와 에브라임 지파 므낫세 반 지파를 제외한 나머지 일곱 지파에게 지역을 살펴보고 지도를 그려오도록 명령을 내린 후에 레위 지파에 관한 언급을 했다. 레위 지파 자손들에게는 분깃으로 분배해 줄 땅이 없다는 것이었다. 그들에게는 특정 지역이 아니라 여호와 하나님을 위한 제사장 직분이 곧 그 분깃이 될 것이기 때문이었다.

우리는 이 말씀이 아론 자손 제사장들뿐 아니라 그들을 포함한 전체 레위인들에 대한 언급이라는 사실을 주의 깊게 생각해 보아야 한다. 즉 거룩한 성소에서 하나님께 제물을 바치는 제사장 직분은 모든 레위인들이 아니라 오직 아론 자손들에게 허락된 직분이다. 물론 레위인들 가운데 상당수는 언약궤가 있는 회막에서 직무를 수행하며 나중 예루살렘 성전이 세워지면 그곳에서 봉사하게 되지만 그것은 제사장 직무와는 차이가 난다.

그런데 절대다수의 레위인들은 회막이나 성소에서 봉사하는 일을 담당한 것이 아니라 저들에게 허락된 특별한 성읍에서 거주하며 생활하게 된다. 그들에게는 모두 여섯 개의 도피성이 허락되었으며 마흔두개의 별도의 성읍들이 제공되었다. 레위인들은 언약의 땅 전 지역에 흩어져 살면서 각 지파에 속한 이스라엘 백성에게 율법을 가르치며 하나님을 온전히 섬기도록 지도하게 된다.

성경은 그와 같은 레위 지파 사람들을 두고 제사장 직분을 분깃으로 받게 된다는 사실을 언급하고 있다(수18:7). 그들은 어느 곳에 거주하든지 모든 신앙과 삶이 항상 예루살렘 성전을 향하고 있어야만 했다. 즉 그들이 이스라엘 백성들에게 율법을 가르치고 신앙적인 지도를 하는 것은 성소에서 발생하는 거룩한 제사와 연관되어 있었다.

그러므로 레위인들은 흩어져 살아가는 이스라엘 자손을 위하여 기본적으로 성소를 향한 안식일을 올바르게 지키도록 인도해야 했다. 그리고 유월절과 칠칠절, 초막절과 같은 절기를 규례에 따라 지킬 수 있도록 지도하는 일을 감당했다. 이와 같이 레위인들에게 맡겨진 제사장에 연관된 직무가 저들에게 주어진 분깃이 되었던 것이다.

그러므로 레위인들에게는 약속의 땅 가나안에서 땅이 분깃으로 분배되지 않았다. 또한 르우벤 지파와 갓 지파와 므낫세 반 지파는 이미 모세에 의해 요단강 동쪽에서 땅을 분배받았으므로 저들에게는 가나안 지역에서 땅이 분배되지 않았다. 그러나 동쪽 지역을 분배받아 살아가는 백성들 역시 레위인들을 통해 모세 율법에 관한 교육과 안식일과 절기 등에 대한 지도를 받아야만 했다.

3. 공적으로 제작된 지도(地圖)를 배경으로 제비 뽑아 분배된 땅
(수18:8-10)

여호수아의 명령에 따라 각 지파로부터 세 명씩 선정된 총 스물한 명이 저들이 차지하게 될 땅으로 나아갔다. 물론 그들은 자기들이 차지하고자 하는 땅을 그린 것이 아니라 전체적으로 살폈다. 어느 지역이 자기 지파의 땅이 될지는 여호수아가 각 지파를 위해 제비를 뽑아 보아야 알 수 있는 일이었기 때문이다.

그들은 여호수아의 명령에 따라 여러 지역을 두루 다니며 정확한 파악을 했다. 여러 지파에 속한 그 사람들은 편파적이지 않은 객관성 있는 정확한 지도를 그렸을 것이 분명하다. 즉 그들은 유다와 요셉 자손들이 분배받은 땅 이외의 지역을 살피면서 각 성읍과 촌락의 규모와 대략적인 인구수 등을 확인했을 것이다. 그와 더불어 여호수아가 땅을 분배하기 위한 제비를 뽑아야 했다.

스물한 명의 각 지파 대표들이 땅을 두루 다니며 일곱 부분으로 나뉜 지도를 책에 그려 실로에 있는 여호수아에게 돌아왔다. 그들은 그런 식으로 일곱으로 나누는 것이 공정하다는 판단을 했을 것이다. 그것은 단순한 땅의 넓이가 아니라 지형, 토질, 기후, 환경 등과 더불어 사람이 살아갈 수 있는 여건을 고려한 결과였을 것이 분명하다.

각 지파 대표자들이 일곱 등분으로 나누어 그린 지도 가운데 나타난 여러 지역의 넓이는 외관상 보기에 서로간 상당한 차이가 났다. 하지만 넓은 땅에는 산악지대나 사막들이 포함되어 있어서 사람들이 살기에 적합하지 않은 땅들이 많이 있었다. 그에 반해 좁은 땅에는 사람들이 살아갈 만한 좋은 곳들이 많았다. 따라서 분배받은 땅의 넓이와 상관없이 서로간 균등했을 것이 분명하다.

여호수아는 그들이 그려 온 지도를 보고 모든 백성들이 보는 가운데 여호와 하나님 앞에서 제비를 뽑았다. 여호수아를 비롯한 어느 누구도 그에 대한 개인적인 영향력을 행사하지 않았다. 즉 특정인의 주장이나 견해가 그에 반영되지 않았던 것이다. 거기에는 인간들이 알 수 없는 하나님의 놀라운 경륜이 들어 있었기 때문이다.

4. 나머지 일곱 지파에게 분배한 땅 (수18:11-19:48)

성경 본문에는 유다 지파와 에브라임과 므낫세 반 지파를 제외한 나머지 일곱 지파가 요단강 서편 가나안 땅을 분배받은 사실이 기록되어 있다. 여호수아는 실로에 머물면서 유다 지파와 에브라임과 므낫세 반 지파에게 규례대로 분깃을 나누어 땅을 분배하여 주었다. 그리고 나서 그는 아직 땅을 분배받지 못한 베냐민, 시므온, 스불론, 잇사갈, 앗셀, 납달리, 단 자손 등을 위해 제비를 뽑아 분깃을 나누어 주었다.

우리가 여기서 염두에 두어야 할 바는 유다와 요셉 자손들 이후에 분배받은 지파들의 순서는 별다른 의미가 없어 보인다는 사실이다. 즉 메시아를 보내는 언약적 통로인 유다 지파와 장자권을 소유한 요셉의 자손들에게 먼저 분배된 것은 언약적 권위에 연관된 이유가 있었던 것으로 여겨진다. 하지만 나머지 일곱 지파에게 차례대로 분배되었으나 앞뒤 순서 자체에는 특별한 의미가 존재하지 않는다.

(1) 베냐민 지파(수18:11-28)

일곱 지파 가운데 베냐민 지파에게 가장 먼저 땅이 분배되었다. 그들의 가족대로 제비를 뽑아 유다 자손과 요셉 자손 곧 에브라임 지파의 중간에 위치한 땅을 분깃으로 받았다. 그들이 분배받은 지역에는 중요한 성읍들이 많이 자리잡고 있었다.

그들의 경계는 요단강에서부터 여리고 위쪽으로 올라가 에브라임 지파와 경계를 이루었다. 또한 그들이 차지하게 될 땅은 서쪽으로 벧엘을 지나 기럇 여아림까지 이르렀다. 우리가 여기서 눈여겨보아야 할 점은 광범위한 예루살렘 지역 일부가 일시적으로 베냐민 지파에 속하게 되었다는 사실이다. 따라서 힌놈의 골짜기 앞의 산이 베냐민 지파 자손들의 소유에 포함되어 있었던 것이다.

땅을 분배하던 초기에 예루살렘 지역이 유다 지파와 베냐민 지파의 경계가 되었다는 사실은 눈여겨볼 만한 대목이다. 여호수아 15장 8절과 63절에는 그에 관한 증거가 나타나고 있다. 이는 18장 16절과 28절과 함께 이해해야 할 문제이다. 물론 궁극적으로는 유다 지파가 예루살렘 성읍을 소유하게 되지만 가나안 점령 초기에 베냐민 지파가 예루살렘 인근 지역을 분배받게 된 것이다.

또한 그들이 분배받은 땅의 남동쪽 끝에는 요단강으로부터 연결된 사해 바다가 있어서 그 지역을 경계로 삼았다. 그들의 지경 안에 중요한 성읍들인 기브온과 미스바와 예루살렘 지역의 일부가 포함되어 있었다.[32]

---

32) 우리는 이와 더불어 당시 예루살렘 성읍에는 원주민이었던 여부스 사람들과 유다 자손들이 함께 거주하고 있었다는 사실을 기억해야 한다(수15:63).

이처럼 베냐민 지파는 전체적으로 보아 매우 중요한 지역을 분배받았던 것이다.[33] 이는 구속사 가운데서 야곱이 베냐민을 특별히 사랑한 것과 연관된 언약적 결과로 이해할 수 있다.

(2) 시므온 지파(수19:1-9)

여호수아는 베냐민 지파에 이어 두 번째로 시므온 지파를 위하여 규례에 따라 그 가족대로 제비를 뽑았다. 그들이 분배받게 될 땅은 유다 자손의 영역에 속한 남쪽 지역이었다. 즉 유다 지파가 분배받은 땅이 넓어서 그 가운데 남부 일부를 다시 시므온 지파를 위해 나누어주게 되었던 것이다.

그들이 분배받은 지역 안에는 브엘세바를 비롯하여 열세 개의 성읍과 촌락들이 포함되어 있었다. 또한 아인과 림몬 등 네개 성읍과 그 향리들이 저들의 소유가 되었다. 그들은 유다의 남쪽 지역에 자리잡고 있으면서 북쪽에 있는 유다 지파를 보호하는 역할을 하기도 했다.

우리는 여기서 시므온 지파가 먼저 분배된 유다 지파의 땅 가운데 일부를 가족대로 얻게 되는 사실을 보게 된다. 이는 이스라엘 각 지파가 땅을 분배받은 것이 상호간에 완전히 단절된 것이 아니라 전체적으로 연결되어 있다는 점을 말해주고 있다. 따라서 이스라엘 모든 지파가 가져야 할 공동의 관심은 하나님의 언약궤가 놓이게 될 거룩한 성전을 중심에 두고 장차 오실 메시아를 바라보아야 한다는 사실이다.

---

33) 오랜 세월이 지나 이스라엘 자손이 바벨론 포로로 잡혀갔다가 페르시아 제국 고레스 왕의 지원에 의해 가나안 본토로 돌아올 때 유다 지파와 베냐민 지파가 그 주도적인 역할을 했던 것은 이와 연관된 것으로 이해할 수 있다(스1:5, 참조).

(3) 스불론 지파 (수19:10-16)

시므온 지파를 위한 분배를 마친 후 여호수아는 세 번째로 스불론 지파를 위하여 제비를 뽑았다. 그들은 갈릴리 호수와 서쪽 지중해 사이의 내륙 지역을 분깃으로 받았다. 그들이 차지한 성읍은 열두 개였으며 그 부근의 여러 촌락들이 포함되어 있었다. 그들의 지역은 큰 호수와 바다에서 멀리 떨어져 있어서 사면에 바다나 큰 호수가 없는 내륙에 갇힌 형태의 지역에서 살아가게 되었다.[34]

(4) 잇사갈 지파 (수19:17-23)

여호수아는 스불론 지파에게 땅을 분배한 후 네 번째로 잇사갈 지파를 위하여 가족대로 제비를 뽑아 나누어 주었다. 그들이 받은 땅은 갈릴리 호수 남쪽 끝에서 요단강을 낀 서쪽 지역에 자리잡고 있었다. 그들은 므낫세 반 지파의 북쪽 경계와 스불론과 납달리 지파의 남쪽 경계 사이의 지역을 분배받았던 것이다.

그들의 영역 가운데는 이스르엘과 수넴과 벧세메스 등의 성읍들이 있었다. 또한 그 지역의 북쪽 경계 지역에는 다볼산이 자리잡고 있었

---

34) 여호수아가 제비뽑은 결과 스불론 지파는 갈릴리 호수와 지중해 사이의 바다가 없는 내륙 지역을 분배받았으나 나중 세월이 흐르면서 상당한 변화를 겪었던 것으로 보인다. 창세기에는 야곱이 자기 아들들에 관한 예언적 메시지를 전하면서 스불론은 해변을 얻게 될 것으로 기록하고 있다. "스불론은 해변에 거하리니 그곳은 배 매는 해변이라 그 지경이 시돈까지리로다"(창49:13). 또한 신약성경에서는 예수님께서 갈릴리 호수 북쪽에 위치한 가버나움에 사신 사실을 언급하며 스불론 지파의 영역이 호숫가에 맞닿은 것으로 묘사하고 있다. "나사렛을 떠나 스불론과 납달리 지경 해변에 있는 가버나움에 가서 사시니"(마4:13); "Leaving Nazareth, he went and lived in Capernaum, which was by the lake in the area of Zebulun and Naphtali"(Matt.4:13). 이와 같은 여러 사정을 고려해 볼 때 스불론 지파가 처음 내륙의 땅을 분배받았으나 나중에는 지중해 해변 주변으로 이주했다가 다시 갈릴리 호숫가로 이동한 것으로 보인다.

다. 잇사갈 자손이 차지하게 되는 땅에는 열여섯 개의 성읍들이 있었으며 그 부근에 많은 촌락들이 흩어져 있었다.

(5) 아셀 지파(수19:24-31)

잇사갈 지파에게 땅을 분배한 후 여호수아는 다섯 번째로 아셀 지파를 위하여 그 가족대로 제비뽑아 분깃을 나누어 주었다. 그들이 차지하게 된 땅은 서쪽 지중해 연안을 끼고 길게 연결된 지역이었다. 동쪽으로는 납달리와 스불론 지파와 경계를 이루고 있으며 남쪽으로는 므낫세 반지파와 접경하고 있었다.

그들의 영역은 갈멜산 위 기손강에서부터 북쪽의 리타니강까지 이르게 된다. 그 넓은 지역 안에는 중요한 성읍들이 많이 있었다. 바다를 끼고 있는 갈멜산 위로부터 해안을 따라 올라가면 악고와 두로 성읍에 이르게 된다. 그리고 그 위로는 강력한 세력을 지닌 시돈 성읍이 자리잡고 있다.

그 성읍은 해안으로부터 740m 정도 떨어진 가로세로 2km 정도의 암반으로 된 작은 섬을 강력한 요새로 삼고 있었다. 아셀 지파는 그곳을 차지하고 있는 이방인들의 세력을 물리쳐 쫓아내야만 했다. 그들이 분배받은 지경 안에는 스물두 개의 성읍들과 그 주변에 여러 촌락들이 있었다.

(6) 납달리 지파(수19:32-39)

북서쪽 해안을 낀 지역을 아셀 지파 자손들에게 분배한 여호수아는 이제 여섯 번째로 납달리 자손을 위해 그 가족대로 제비를 뽑았다. 그들은 훌라 호수에서부터 요단강을 따라 내려와 갈릴리 호수에 이르는 곳을 경계로 하여 그 서쪽 지역을 분배받게 되었다. 서쪽에는 아셀 지파와 경계를 이루고 있었으며 서남쪽으로는 스불론 지파와 접경하고 있었다. 그리고 남쪽에는 잇사갈 지파와 맞닿아 있었다.

그들이 차지하게 되는 땅 가운데는 긴네렛과 라마와 하솔과 에드레이 등의 성읍들이 자리잡고 있었다. 또한 게데스는 도피성으로 특별히 지정된 성읍으로서 레위인들이 거주하게 되었다. 납달리 지파 자손들이 거하게 된 성읍은 모두 열아홉 개의 성읍들이었으며 사람들이 거주할 수 있는 주변의 촌락들이 많이 있었다.

(7) 단 지파(수19:40-48)

여호수아는 이스라엘 모든 지파들을 위하여 땅을 분배하고 난 후 마지막으로 남은 단 지파를 위해 제비뽑아 분깃을 나누어 주게 되었다. 그들에게 주어진 땅은 에브라임 지파와 유다 지파 사이에 옆으로 길쭉하게 자리잡고 있었다. 그리고 그 동쪽은 베냐민 지파가 분배받은 지역이었다.

그들의 지경 안 내륙에는 딤나, 에그론, 깁브돈, 게셀, 아얄론 등의 성읍들이 포함되어 있었다. 그리고 서쪽 지중해 해안 위로는 욥바가 있었으며 가드 림몬 위 야르콘 강 북쪽은 므낫세 반 지파가 차지하고 있는 땅이었다. 하지만 그들은 그 지역에 오래 머물지 못하게 된다. 그들이 땅과 여러 성읍들과 주변의 촌락을 분배받았으나 일시적이었을 따름이다.

그들은 결국 원래 분배받은 지경을 떠나 멀리 이주해 가게 된다. 이는 단 지파의 자손들이 기존에 거주하던 이방인들의 세력을 제압하지 못했음을 말해주고 있다.[35] 즉 단 지파가 그 땅의 원주민들을 제대로

---

35) 사사기의 기록을 보면 그들이 그 땅을 취하지 못한 사실에 관한 기록이 나타난다. "In those days Israel had no king. And in those days the tribe of the Danites was seeking a place of their own where they might settle, because they had not yet come into an inheritance among the tribes of Israel"(judge18:1, NIV. 참조).

물리치지 못했으므로 북쪽의 납달리 지파의 영역 부근으로 올라가 그
곳에 자리를 잡게 되었던 것이다. 성경에는 단 지파가 분배받은 땅을
잃어버리게 된 사실이 기록되어 있다.

> "그러나 단 자손은 그들의 땅을 잃었을 때에 레셈까지 올라가서, 그 주민
> 들과 싸워 칼로 쳐서 무찌르고, 그 곳을 점령하였다. 그들은 거기에 살면
> 서, 그들의 조상 단의 이름을 따라 레셈을 단이라고 불렀다"(수19:47, 한
> 글새번역); "But the Danites had difficulty taking possession of their
> territory, so they went up and attacked Leshem, took it, put it to the
> sword and occupied it. They settled in Leshem and named it Dan after
> their forefather"(Joshua19:47, NIV).

단 지파에 속한 자손들은 가나안 땅 최북단에 위치한 레셴(Leshen,
Leshem) 지역을 정복하여 그곳에 거주하게 되었다. 이는 하나님의 뜻
가운데 분배받은 원래의 땅을 임의로 떠난 단 지파의 불복종 행위에 관
련되어 있다. 나중 그들은 레셴을 조상인 '단'의 이름을 따서 그 지명
으로 칭했다(수19:47). 그 과정에 대해서는 사사기에 비교적 소상히 기록
되어 있다. 단 지파 자손들이 원래 분배받은 땅을 잃어버리게 되자 아
직 정치군사적 통치세력이 굳건하지 않은 북부지역으로 올라가게 되었
던 것이다.

단 지파로부터 보냄을 받은 다섯 명의 병사들이 북쪽으로 올라가서
라이스(Laish) 곧 레셴 지방의 사정을 정탐했다. 그곳은 아직 특별히 정
치적 권세를 잡은 자가 없는 상태에서 사람들이 한가롭게 살아가는 고
립된 지역이었다. 그리하여 그들이 그 땅을 정복하여 새로운 터전으로
삼고자 했다. 정탐꾼들의 보고를 받은 단 지파 본부에서는 즉시 육백
명의 무장한 군인들을 그곳으로 보내 땅을 정복하게 되었다.

> "단 자손 육백 명은 병기를 띠고 문 입구에 서니라"(삿18:16); "단 자손이

> ... 라이스에 이르러 한가하고 평안한 백성을 만나 칼날로 그들을 치며 불로 그 성읍을 사르되 그들을 구원할 자가 없었으니 그 성읍이 베드르홉 가까운 골짜기에 있어서 시돈과 상거가 멀고 상종하는 사람도 없음이었더라 단 자손이 성읍을 중건하고 거기 거하며 이스라엘의 소생 그 조상 단의 이름을 따라 그 성읍을 단이라 하니라 그 성읍의 본 이름은 라이스더라"(삿18:27-29)

단 지파가 가나안의 북부 지역에 위치한 새로운 땅을 정복하여 취했으나 그들은 그곳에서 이방 신들을 받아들여 섬김으로써 여호와 하나님에 대한 배도행위를 저지르게 된다. 그곳에는 더러운 우상신들을 만들어 두고 임의로 제사장을 세워 배도의 길을 걸으며 우상숭배를 주도하는 '미가'라는 사람이 있었다. 그는 종교를 앞세워 그 지역에서 나름대로 권세를 누리던 인물이었다.

그 지역을 점령한 단 지파 자손들은 그곳에서 자기를 위한 우상을 새겨 만들었다. 그리고 아론의 자손이 아닌 모세의 자손들 가운데 사람을 택하여 그것을 위한 제사장으로 삼았다(삿18:30). 그들은 아론보다는 모세가 모든 면에서 더 권위가 있다고 여겼을 수도 있다. 하지만 그것은 하나님의 율법을 어기는 타락한 행동에 지나지 않았다.

당시 하나님의 언약궤와 회막은 실로에 있었으므로 거기서 아론 자손 제사장들이 하나님을 섬기며 제사를 지냈다. 그것은 율법과 규례에 따른 지극히 당연한 일이었다. 하지만 단 지파 자손들은 그 모든 것을 완전히 무시한 채 '미가'가 만든 사악한 이방 종교 전통을 그대로 답습하게 되었다.

이렇게 하여 단 지파는 여호수아가 하나님 앞에서 제비뽑아 분배한 지역을 이탈하여 악행을 저질렀다. 이는 창세기에 기록된 야곱의 예언 곧, '단은 길의 뱀이요 첩경의 독사리로다. 말굽을 물어서 그 탄 자로 뒤로 떨어지게 하리로다'(창49:17)고 한 말씀이 성취된 것을 보여준다.

그후부터 사악한 배도행위가 단 지파 가운데 성행했으며 북쪽에 자리 잡은 다른 지파에게도 급속히 퍼져나가게 되었다.

5. 이스라엘 자손을 위한 가나안 땅 분배의 완성 (수19:49-51)

여호수아서 본문에는 여호수아가 단 지파를 위해 제비뽑아 분깃을 나누어 줌으로써 요단강 동편의 두 지파 반과 서편의 가나안 땅 아홉 지파 반 등 열두 지파를 위한 땅의 분배가 완성된 사실을 기록하고 있다. 이스라엘 자손은 땅 나누기를 마치고 눈의 아들 여호수아를 위하여 특별한 분깃을 분배해주게 되었다. 그것은 그들의 사사로운 인정(人情)에 의한 판단이 아니라 하나님의 명령에 근거한 것이었다.

그로 말미암아 여호수아는 에브라임 산지 딤낫 세라를 분배받았다. 그는 그곳에 성읍을 중건하여 거기서 거했다. 이렇게 하여 제사장 엘르아살과 눈의 아들 여호수아와 이스라엘 자손의 지파 족장들이 실로에서 제비뽑아 땅을 분배하는 모든 일을 마치게 되었다. 그들은 자의적인 판단에 따라 임의로 땅을 분배하지 않았으며 거룩한 언약궤가 있는 회막문의 여호와 하나님 앞에서 모든 직무를 수행했다. 이로써 하나님의 뜻에 따라 이스라엘 열두 지파를 위하여 약속의 땅이 분배되는 모든 사역이 완성되었던 것이다.

제20장

도피성 제도와 레위 지파에게 분배된 성읍들

(수20:1-9; 21:1-45)

1. 모세 율법의 엄격한 동해보복(同害報復)의 원칙 (레24:19-22; 신 19:19-21)

모세 율법은 인간의 범죄행위에 대하여 매우 엄격한 입장을 보이고 있다. 범죄 자체도 그렇거니와 사악한 죄를 저지르는 자들에 대하여 적당히 눈감아 주거나 모르는 척 외면해서도 안 된다. 따라서 모세 율법은 그에 관하여 명백한 언급을 하고 있다. 레위기에는 동해보복의 원칙을 근본으로 삼는다는 사실을 기록하고 있다.

누구든지 폭력을 행사함으로써 그 이웃에게 상해를 입힌다면 당한 그대로 갚아주라고 했다. 만일 누가 짐승을 비롯한 재산에 손괴(損壞)를 입혔다면 그대로 물어주어야만 한다. 만일 사람을 죽인 자가 발생할 경우 그를 죽이라는 명령을 내렸다. 그 율법은 유대인들뿐 아니라 거류민 혹은 나그네일지라도 동일하게 적용되어야 한다.

"사람이 만일 그의 이웃에게 상해를 입혔으면 그가 행한 대로 그에게 행

할 것이니 상처에는 상처로, 눈에는 눈으로, 이에는 이로 갚을지라 남에
게 상해를 입힌 그대로 그에게 그렇게 할 것이며 짐승을 죽인 자는 그것
을 물어 줄 것이요 사람을 죽인 자는 죽일지니 거류민에게든지 본토인에
게든지 그 법을 동일하게 할 것은 나는 너희의 하나님 여호와임이니라"
(레24:19-22)

이스라엘 자손에게는 이와 같은 율법이 적용되는 것이 기본적인 원
칙이었다. 만일 어떤 사람이 타인에게 해를 가하여 그의 눈이나 이에
심각한 상처를 입혔음에도 불구하고 아무런 대처를 하지 않고 넘어간
다면 그것 자체가 하나님의 율법을 어기는 행위가 된다. 즉 악을 행한
자에게 그가 저지른 악행 만큼 되돌려 주지 않으면 안 되었던 것이다.

눈이나 이나 손이나 발 등 타인의 신체를 해한 자에게는 반드시 그렇
게 해야 했으며 사람을 죽여 그 생명을 박탈한 자에게는 저에게도 그와
같이 행해야 한다. 인간적인 사사로운 감정이나 동정이 하나님의 율법
에 앞서지 말아야 했다. 악행을 저지른 자들에 대해서는 반드시 분명한
대응을 해야만 했던 것이다.

모세는 그와 더불어 그렇게 해야만 하는 이유를 명확히 밝히고 있다.
그것은 피해를 입은 자로 하여금 상대에게 복수를 행하는 기회를 주기
위한 것이 아니었다. 그와 같은 엄격한 율법이 제시된 이유는 언약의
백성들 가운데 악을 억제하고 제거하기 위해서였다. 신명기에는 그에
관한 분명한 기록이 나타나고 있다.

"그가 그의 형제에게 행하려고 꾀한 그대로 그에게 행하여 너희 중에서
악을 제하라 그리하면 그 남은 자들이 듣고 두려워하여 다시는 그런 악
을 너희 중에서 행하지 아니하리라 네 눈이 긍휼히 여기지 말라 생명에
는 생명으로, 눈에는 눈으로, 이에는 이로, 손에는 손으로, 발에는 발로이
니라"(신19:19-21)

이처럼 언약의 자손들에게 악을 제거하는 일은 매우 중요했다. 악행을 저지른 자들에 대한 엄격한 징계를 가함으로써 온 백성이 그에 대한 사실을 알고 두려워하여 쉽게 범죄하지 않을 것이기 때문이었다. 만일 그런 행위에 대하여 엄하게 대응하지 않는다면 그와 같은 악행이 여기 저기서 발생할 우려가 따를 수밖에 없다.

오늘날 신약시대 교회 가운데는 엄한 권징 사역이 있어야 한다. 악을 행하는 자에게 그가 저지른 모든 행위에 대한 근본적인 것들을 그대로 묻어둔 채 관용을 베푸는 것은 그것 자체가 죄악이 된다. 따라서 참된 교회에 반드시 존재해야 할 필수적인 요소는 순수한 말씀 선포와 올바른 성례의 시행, 그리고 엄격하고 정당한 권징의 시행이다.

물론 공적인 권징을 통해 뉘우침과 회개가 따를 경우에는 모든 것이 용서되고 원상대로 회복되어야 한다. 하지만 죄를 뉘우치지 않고 자기의 범죄행위에 대하여 용서를 빌지 않는 상태에서는 그냥 넘어가서는 안 된다. 정당성이 결여된 잘못된 관용은 오히려 악을 조장하게 되어 교회를 어지럽힐 우려가 따르게 될 따름이다. 따라서 권징사역은 지상에 존재하는 하나님의 몸된 교회의 순결을 유지하기 위한 소중한 역할을 하게 되는 것이다.

2. '도피성 제도' (수20:1-6)

일반적인 경우에 발생하는 다양한 형태의 악행에 대한 동해보복의 원칙과 함께 하나님께서는 특별한 도피성 제도를 허락하셨다. 하나님께서는 모세와 여호수아에게 필요한 곳에 도피성을 택정하도록 하셨다. 그와 더불어 이스라엘 자손들에게 그에 관한 사실을 선포하여 알리라는 명령을 내리셨다.

도피성을 두는 것은 살인한 자와 밀접하게 연관된 제도이다. 이는 인간이 소유한 생명의 소중함에 관한 의미를 내포하고 있다. 그러므로 의

도하지 않은 상태에서 부지중에 사람을 죽인 자를 도피성으로 도망치게 하라고 했다. 즉 그곳으로 도망할 수 있는 자는 아무런 원한이나 살해의 의도 없이 사람을 죽이게 된 자에 국한된다.

이처럼 도피성은 고의성이 없는 상태에서 살인을 저지른 사람이 그로 인해 피해를 당한 사람의 가족이나 친구가 동일한 방식으로 생명의 복수를 하고자 할 때 급히 피할 수 있는 곳이었다. 만일 그런 일이 발생할 경우 당사자는 급히 여러 도피성들 가운데 한 곳으로 피해야 한다. 그리고 그 성문을 지날 때 성읍의 장로들에게 자기가 저지른 사고에 대한 경위를 밝히고 그대로 알려야 한다. 그의 말을 들은 장로들이 그 적합성을 인정하면 그를 받아들여 성읍 가운데 한 곳을 주어 자기들 가운데 거하도록 배려해야 한다.

설령 그를 찾아 보복하기 위해 뒤따라 오는 자가 있다고 할지라도 부지중에 살인한 그 사람을 그의 손에 넘겨주어서는 안 된다. 이는 그가 원한이나 특별한 의도를 가지고 어떤 사람을 죽인 것이 아니며 부지중에 사고가 발생했기 때문이다. 이처럼 모세 율법은 그런 사람들의 생명을 지켜 보호해 주어야 한다는 사실을 밝히고 있다.

그러므로 부지중에 살인을 저지른 그 사람은 재판을 받기 위해 공개 석상인 회중 앞으로 나아갈 때까지 도피성 내부 자기가 머무는 곳에 머물러 있어야 한다. 그리고 당시의 대제사장이 죽을 때까지 그 성읍에 거해야 했다.[36] 그후에야 그는 자기가 살던 본 성읍에 있는 집으로 돌아갈 수 있게 되었다. 이는 그에게는 더 이상 살인에 대한 동해보복의 원칙이 적용되지 않는다는 사실을 말해주고 있다.

우리가 여기서 주의를 기울여 생각해 보아야 할 바는 도피성으로 피

---

36) 여기서 '대제사장이 죽을 때까지' 라고 언급된 말 가운데는, 그 제사장이 사역할 시기에 발생한 문제에 대해서는 그에게도 어느 정도 공적인 책임이 존재한다는 의미가 내포되어 있다. 그와 동시에 그가 드리는 제물의 희생 제사가 인간의 죄를 용서하는 권세와 연관되어 있음을 보여주고 있다.

하면 무조건 무죄로 인정받는 것이 아니란 사실이다. 사악한 인간들 가운데는 고의로 다른 사람을 살해한 후 죽일 의도 없이 부지중에 그렇게 되었다고 변명하며 도피성으로 도망치는 자들이 있었을 것이다. 따라서 살인자 자신의 말이나 일방적인 주장만 듣고 그 실상을 그대로 받아들일 수 없다. 그러므로 부지중에 발생한 살인이라는 사실을 입증하기 위해서는 그에 대한 명확한 증거를 제시해야 하며 반드시 공개적인 재판을 받아야만 했다.

3. 여섯 개의 도피성 (수20:7-9)

이스라엘 백성에게는 총 여섯 개의 도피성이 허락되었다. 요단강 서쪽 가나안 땅에는 납달리 산지의 갈릴리 게데스, 에브라임 산지의 세겜, 유다 산지의 헤브론 곧 기럇 아르바, 그리고 요단강 동편에는 르우벤 지파가 거하는 평지인 베셀, 길르앗 지역의 라못, 바산 지역의 골란 등이 있었다.

그 도피성들은 혈통적 이스라엘 자손들과 언약의 백성들뿐 아니라 그들 가운데 거하는 나그네들에게도 허락되었다. 즉 이방인이라 할지라도 누구든지 부지중에 살인하게 된 자들은 그곳으로 도망하여 생명을 보존할 수 있었다. 도피성으로 피한 자들은 그곳에 거하는 레위인들로부터 보호를 받아 거처를 얻을 수 있었으며 회중 앞에서 공개적인 재판을 받거나 당시 대제사장이 죽을 때까지 그 성읍에 거하면서 생명을 보호받을 수 있었던 것이다.

이 여섯 개의 도피성은 어느 곳에서든지 48km 정도 이내의 거리로 아무리 먼 곳에서라 할지라도 걸어서 하루 만에 도달할 수 있는 위치에 있었다. 또한 도피성을 향하는 길의 중간중간에는 '도피성'이라는 표지판이 있어서 그 방향을 가리켰다고 한다. 만일 부지중에 사람을 죽음에 빠뜨린 경우라면 다른 사람들과 의논하거나 뒷처리조차 하지 말고 도피성으로 도망쳐야만 했던 것이다.

우리는 여기서 하나님께서 언약의 자손들을 비롯한 모든 인간의 생명을 얼마나 소중히 여기시는가 하는 점을 엿보게 된다. 이는 나중에 임하게 될 영원하고 참된 도피성이 되시는 예수 그리스도에 대한 예언적 의미를 지니고 있다. 신약시대 교회에 속해 살아가는 성도들은 스스로 자기 생명을 보존하기 위해 발버둥칠 것이 아니라 무조건 영원한 도피성이신 예수님께로 피해야 한다.

타락한 이 세상에 살아가는 모든 인간들은 이미 살인자의 속성을 지니고 있다. 그대로 있으면 인간 자신의 죄로 말미암아 생명을 잃을 수밖에 없게 된다. 따라서 우리는 이 세상에 살아가는 사람들과 참 생명에 대한 토론이나 논의를 할 필요가 없으며 세상에서의 다양한 형편을 살피며 우왕좌왕할 것이 아니라 속히 예수 그리스도에게로 피하는 것이 유일한 생명의 길이란 사실을 깨달아야만 한다.

4. 레위 지파에 속한 사람들을 위하여 약속된 성읍과 들 (수21:1-7)

이스라엘 열두 지파를 위한 땅의 분배가 완료된 후 레위 지파 족장들은 성읍을 분배받기 위해 민족 지도부가 있는 실로로 나아갔다. 그곳에는 하나님의 언약궤가 보관된 성막이 있었으며 이스라엘 민족 지도자들이 거하고 있었다. 그들 가운데 중요한 인물은 제사장 엘르아살과 눈의 아들 여호수아와 이스라엘 각 지파의 여러 족장들이었다.

레위 자손들은 하나님께서 모세에게 명령한 대로 저들이 거할 성읍과 가축을 먹일 수 있는 들 곧 목초지(pasture lands)를 분배해 달라는 요구를 했다. 그 요청을 들은 이스라엘 각 지파의 지도자들은 여호와 하나님께서 명령하신 대로 각기 자기의 땅에서 기꺼이 여러 성읍들을 레위 사람들의 주거지로 내어주었다. 그것은 여러 지파들의 단순한 배려가 아니라 하나님의 명령에 따른 일이었다.

레위 지파에 속한 백성들은 또 다시 여러 가문으로 나누어져 있었다. 즉 그들은 그핫 자손(수21:4-5,8-26), 게르손 자손(수21:6,27-33), 므라리 자손(수21:7,34-40)으로 구별되었다. 따라서 레위 지파에게 분배되는 성읍들은 또다시 그 세 가문에게 제비뽑아 주어졌다.

먼저 여호수아는 그핫 족속을 위해 제비를 뽑았는데 제사장 아론의 자손들은 유다 지파와 시므온 지파와 베냐민 지파 중에서 13개 성읍을 얻었다. 그리고 아론 자손을 제외한 나머지 그핫 자손은 에브라임 지파와 단 지파와 므낫세 반 지파 중에서 10개 성읍을 얻게 되었다. 그들이 분배받은 성읍은 총 23개 성읍이었다.

그리고 게르손 자손들은 잇사갈 지파와 아셀 지파와 납달리 지파와 바산에 있는 므낫세 반 지파 중에서 13개 성읍을 제비뽑아 얻었다. 그들이 분배받은 성읍은 그핫 자손과 비교해볼 때 10개 성읍이 더 적었다. 하지만 그들은 그로 말미암아 불평을 하거나 원망하는 태도를 전혀 보이지 않았다.

또한 므라리 자손은 그 가족대로 르우벤 지파와 갓 지파와 스불론 지파 중에서 제비뽑아 12개 성읍을 얻었다. 그들이 분배받은 성읍의 수는 그핫 자손과는 비교가 되지 않게 적었으며 게르손 자손이 얻은 성읍보다도 더 적었다. 그러나 므라리 자손들은 그로 말미암아 서운하게 생각하거나 마음 상해하지 않았다.

이처럼 레위 지파가 분배받은 성읍은 총 48개 성읍이었다. 그들이 분배받은 각 성읍의 주변 사면에는 들, 곧 동물을 키울 수 있는 목초지 (pasture lands)가 있었다. 그 들은 성벽으로부터 사면으로 2,000규빗 정도 넓이의 땅이다. 2,000규빗은 현대의 도량형으로 환산한다면 대략 1,000미터 정도가 된다. 따라서 레위 지파는 각 성읍과 더불어 동서남북 사면 1킬로미터 정도의 목초지를 소유하게 되었다.[37]

---

37) 원용국, 여호수아 주석, (21장 41,42절), 서울:호석출판사, pp. 441, 1993, 참조.

5. 레위 지파 각 자손들이 구체적으로 분배받은 성읍들 (수 21:8-40)

여호수아 21장 8절에서 40절까지는 앞의 21장 4절에서 7절 사이에 기록된 성읍에 관련된 내용을 더욱 구체적으로 언급하고 있다. 즉 레위 지파에 속한 대표적인 세 가문 즉 그핫, 게르손, 므라리 가문을 위해 분배된 48개 성읍에 대한 형편을 상세하게 보여준다. 또한 여기서는 가나안 땅 전역에 흩어져 있는 6개의 도피성을 중심으로 하여 각 성읍들이 분배된 사실을 말해주고 있다. 우리는 이에 대한 구속사적 의미를 올바르게 깨달아야 할 필요가 있다.

(1) 〈도피성 헤브론〉을 중심으로 허락된 13개 성읍(수21:8-19)

가나안 땅을 정복한 이스라엘 자손이 레위 지파 자손들을 위하여 제비뽑아 성읍을 분배해 준 것은 모세에게 내린 하나님의 명령에 기초하고 있었다. 레위 지파 가운데 그핫 가문에 속한 아론 자손들에게는 유다 지파와 시므온 지파가 얻은 지역 가운데 있는 성읍들을 주었다. 또한 그들은 도피성 헤브론 곧 기럇 아르바와 그 사면에 있는 목초지를 분배받았다.

물론 헤브론 주변 성읍의 밭과 촌락은 갈렙의 소유로 남아 있게 되었다. 이처럼 제사장 아론 자손은 유다와 시므온 지파가 분배받은 영역에 속한 헤브론과 그 주변 목초지를 비롯하여 아인과 벧세메스 성읍과 그 목초지를 소유지로 허락받았다. 그들은 그 지역에서 모두 9개 성읍들을 거주지로 얻게 되었던 것이다.

그리고 그들은 베냐민 지파의 영역 가운데서 기브온과 아나돗을 비롯한 4개의 성읍을 주거지로 제공받았다. 그리하여 제사장 아론 자손은 모두 13개 성읍과 그 주변의 목초지를 소유하여 가축을 키울 수 있게 되었다.

(2) 〈도피성 에브라임 산지 세겜〉을 중심으로 허락된 10개 성읍(수 21:20-26)

레위 지파 그핫 자손들이 도피성 헤브론을 중심으로 하여 땅을 분배 받은 후 그 남은 가족은 도피성 에브라임 산지 세겜 근처의 성읍들을 분배받게 되었다. 그들은 게셀과 벧호론을 비롯한 4개 성읍을 분배받 았다. 또한 단 지파가 분배받은 지역에 속한 깁브돈과 아얄론 성읍을 비롯한 4개 성읍을 얻었다.

그리고 므낫세 반 지파가 분배받은 지역에서 다아낙과 가드 림몬의 2개 성읍과 그 목초지를 분배받았다. 그리하여 도피성 헤브론을 분배 받지 못한 그핫 자손의 남은 가족의 거주를 위하여 모두 10개의 성읍을 분배받게 되었다. 이로써 레위 지파의 그핫 자손은 주로 가나안 땅 중 앙부에 위치한 성읍들을 얻어 그곳에 거하게 되었던 것이다.

(3) 〈도피성 바산 골란〉을 중심으로 허락된 10개 성읍(수21:27-31)

레위 지파의 게르손 자손들에게는 므낫세 반 지파가 분배받은 땅 가 운데 있는 도피성 바산 골란을 중심으로 하여 여러 성읍들이 주어졌다. 그 중에 그들이 얻은 성읍은 2개 성읍이었다. 그리고 잇사갈 지파의 땅 에서 야르뭇과 언간님 등 4개의 성읍과 그 목초지를 분배받게 되었다.

또한 아셀 지파의 땅에서 압돈과 르홉 등 4개 성읍과 그 주변 목초지 를 소유하게 되었다. 이리하여 그들은 도합 10개 성읍을 분배받아 삶의 터전으로 삼았다. 그 지역은 주로 북부 요단강 건너 동부 지역과 서쪽 지중해 바다를 낀 넓은 지역에 분포되어 있었다.

(4) 〈도피성 갈릴리 게데스〉를 중심으로 허락된 7개 성읍(수21:32-35)

레위인들을 위한 여러 성읍들이 질서 있게 분배되어 가는 중 게르손 자손은 납달리 지파의 땅에 속한 도피성 갈릴리 게데스와 그 목초지를 중심으로 하여 여러 성읍들을 분배받았다. 게르손 자손들은 그 주변의 성읍들 3개와 목초지를 얻게 되었다.

또한 레위 사람들 가운데 남은 므라리 자손들에게 분배된 성읍은 스불론 지파의 땅 가운데 욕느암과 딤나를 비롯한 4개 성읍이었다. 그들이 분배받은 성읍은 전반적으로 가나안 땅 중앙 북부 지역에 속해 있었다. 그리하여 그 자손들이 분배받은 성읍은 모두 7개가 되었다.

(5) 〈도피성 베셀〉을 중심으로 허락된 4개 성읍(수21:36,37)

레위 지파에 속한 일부 므라리 자손들은 요단강 동편 르우벤 지파가 분배받은 지역에서 성읍들과 그 목초지를 얻게 되었다. 그들은 도피성 베셀을 비롯하여 그데못과 므바앗 등 4개 성읍을 분배받았다. 그들이 소유하게 된 성읍은 다른 지역에 비해 상대적으로 매우 적은 수였다.

(6) 〈도피성 길르앗 라못〉을 중심으로 허락된 4개 성읍(수21:38-40)

일부 레위 지파 므라리 자손들은 갓 지파 가운데 위치한 도피성 길르앗 라못을 중심으로 하여 여러 성읍들을 분배받았다. 그들은 마하나임과 헤스본을 비롯한 4개 성읍을 얻었다. 그리하여 레위 지파 중에 남은 자들인 므라리 자손이 그 가족대로 제비뽑아 허락받은 성읍에 거주하며 살아가게 되었다. 34절에서 39절 사이에 기록된 대로 므라리 자손이 얻은 성읍은 모두 12개이다.

6. 레위 지파를 위한 '48개 성읍' 과 거룩한 성막에 연관된 특별한 언약적 의미 (수21:41,42)

레위인들에게 성읍들을 분배한 후 성경에는 모두 48개 성읍과 사면이 목초지라고 명시적으로 밝히고 있다. 우리가 여기서 중요하게 이해해야 할 바는 레위인들에게 분배된 각 성읍들이 6개의 도피성을 중심으로 하고 있다는 사실이다. 우리는 레위인들이 분배받은 상속의 중심 역할을 하는 하나님의 성막에 연관된 이해를 하는 것이 중요하다.

당시 실로에 머물고 있던 여호와의 성막은 실제적인 의미상 가나안 땅 전역에 흩어져 살아가는 이스라엘 백성들의 중심에 자리잡고 있었다. 즉 모든 언약의 백성은 그 성막을 기초로 하여 그에 구체적으로 연결되어야 했던 것이다. 따라서 그 성막을 지탱하고 있는 구조에 대한 이해를 해야 할 필요가 있다.

성막을 지탱하고 있던 골격은 성막의 뼈대가 되는 조각목 곧 광야에서 자생하는 아카시아 나무로 된 널빤지들이었다(출26:15). 그 널빤지의 수는 총 48개였는데 그 하나의 크기는 길이가 십규빗으로 약 4.5m가 되었으며 넓이가 일규빗 반으로 약 68cm 정도 되었다(출26:16).

그런데 각각의 널빤지에는 두 촉 곧 돌기를 만들어 두어 서로 연결할 수 있도록 했다. 그래서 성막 남쪽 벽에 사용할 널빤지 20개를 만들고 그 아래 은받침 40개를 제작했다. 그리고 그 아래 두 돌기를 만들어 널빤지 아래로 서로 연결하도록 했다. 또한 북쪽 벽에 사용할 널빤지 20개에도 동일하게 은받침 40개를 만들었다.

그리고 성막의 서쪽 벽에 세울 널빤지는 6개를 만들고 성막 뒤 두 모퉁이에 세우게 될 널빤지 2개를 만들어 그 두께를 두 겹으로 했다. 그래서 총 8개의 널빤지를 위한 은받침 16개를 만들었다. 이 규례에 대해서는 출애굽기 26장 15절에서 25절 사이에 상세하게 기록되어 있다. 이처럼 그 널빤지들을 조각목으로 띠를 만들어 전체를 하나로 연결하여 성막의 골격이 세워지게 되었다(출26:26-30).

이처럼 여호와 하나님께서는 거룩한 성막을 세우기 위해 조각목으로 된 널빤지 48개를 만들도록 하셨다. 그리고 그것을 고정시키기 위한 은 받침대 96개를 만들도록 하셨다. 그것은 레위인들이 담당해야 할 매우 중요한 직무로서 인간들의 취향이나 판단에 근거한 것이 아니라 하나님의 규례에 따른 것이었다.

우리는 이와 더불어 성막의 골격 구조가 가나안 땅을 점령한 이스라엘 백성 가운데 레위인들이 분배받은 성읍과 밀접한 연관성을 지닌다는 사실을 알게 된다. 하나님께서 레위 자손들을 위해 분배하신 '48개 성읍' 가운데 구속사적 의미가 드러나고 있기 때문이다. 이처럼 하나님께서는 레위인들에게 도피성을 비롯하여 저들을 위한 48개 성읍을 분배하시면서 하나님의 언약적 법칙을 보여주셨다.

우리가 여기서 알 수 있는 매우 중요한 사실은 이스라엘 자손이 약속의 땅 가나안을 점령했을 때 그 땅 전체가 하나의 거대한 성소와 같은 역할을 하게 된다는 사실이다. 따라서 레위 지파가 분배받은 6개의 도피성과 42개의 특별한 성읍은 가나안 땅을 지탱하는 중요한 언약적 골격이자 버팀목 역할을 하게 되었다. 그 약속의 땅을 통해 하나님께서 약속하신 메시아가 오시게 되는 것이다.

7. 이스라엘 열두 지파와 레위 자파를 위한 땅의 분배 완료 (수 21:43-45)

하나님의 뜻에 따라 레위 지파에게 48개의 성읍이 분배됨으로써 이스라엘 자손을 위한 땅 분배가 완전히 끝나게 되었다. 그 땅은 여호와 하나님께서 오래 전 그 조상들에게 주기로 약속하신 말씀에 따른 것이었다. 이스라엘 자손은 가나안 땅에 들어가 아무렇게나 무질서하게 적절한 지역을 선택하여 살았던 것이 아니라 하나님의 명령에 의해 제비뽑아 분배받은 지역에서 살게 되었던 것이다.

하나님께서 이스라엘 각 지파에게 약속의 땅을 적절하게 분배하는 일이 완성되었을 때 비로소 언약의 자손들은 진정한 안식을 누릴 수 있었다. 물론 주변에는 끊임없이 저항하거나 침략을 일삼는 사악한 무리들이 있었으나 하나님의 능력으로써 그들을 물리칠 수 있었다. 이는 여호와 하나님께서 이스라엘 자손들을 승리로 이끌어 주셨기 때문이었다.

그로 말미암아 하나님께서 오래전 이스라엘 자손에게 약속하신 모든 것들이 성취되었다. 그것은 이스라엘 백성으로 하여금 약속의 땅에서 배불리 먹고 여유롭게 살아가도록 하기 위한 조치가 아니었다. 그 모든 일은 여호와 하나님께서 창세 전에 택하신 자기 백성들을 구원하시고자 이 세상에 메시아를 보내시기 위해 진행시킨 구속사적 사역이었다. 따라서 하나님의 자녀들은 항상 그에 관한 분명한 깨달음을 가지고 있어야만 한다.

이와 더불어 우리가 마음속 깊이 간직해야 할 소중한 내용은 약속의 땅 가나안 전체가 하나님의 성역(聖域)이었다는 사실이다. 그리고 이스라엘 여러 지파들을 포함한 언약의 자손들이 분배받은 땅 가운데는 도피성을 포함하여 48개의 성읍을 가진 레위 지파가 그 중심에 자리잡고 있었다는 점이다. 그들이 모든 언약의 자손들로 하여금 하나님의 언약궤가 있는 성막을 향하도록 지도했으며, 안식일마다 각처에 흩어진 회당에서 여호와의 율법을 가르치는 중요한 사역을 감당했던 것이다.

제 4 부

언약의 백성들이 지켜야 할 하나님의 언약

(수 22:1-24:33)

제21장

임무를 완수한 요단강 동편 지파의 귀환과 '증거단'

(수22:1-34)

1. 르우벤, 갓, 므낫세 반 지파에 대한 여호수아의 호출과 칭찬

(수22:1-3)

이스라엘 모든 지파에게 땅을 분배하는 일을 마치고 레위 지파 자손들이 거주하게 될 도피성과 일반 성읍 48개를 나누어 주는 일을 완수한 후 여호수아가 마무리해야 할 중요한 일이 남아 있었다. 그것은 요단강 동편에 가족을 남겨두고 함께 따라와 가나안 정복 운동에 참여한 병사들을 되돌려보내는 일이었다. 그는 그것을 위해 르우벤 사람과 갓 사람과 므낫세 반 지파 대표들을 불렀다.

여호수아는 그들을 향해 여호와 하나님의 종 모세가 요단강 동편에서 저들에게 명령한 모든 임무를 지켜 완수한 사실을 언급했다. 그리고 요단강 건너 가나안 땅에 들어와서 여호수아 자신이 명령한 모든 말을 청종한 점을 말했다. 오랜 기간 사랑하는 가족을 떠나 힘겨운 전쟁을 치르는 일은 결코 쉬운 일이 아니었으나 아무런 불평 없이 그 모든 임무를 충실히 감당했던 것이다.

그들은 가나안 정복을 위해 고된 임무를 행하면서도 묵묵히 모든 직무를 감당했다. 어렵고 힘든 상황 가운데서도 그들은 가나안 땅에 들어와 다른 지파에 속한 형제들이 땅을 분배받아 자리를 잡게 될 때까지 그들을 떠나고자 하는 마음을 먹지 않았다. 그들이 그렇게 할 수 있었던 것은 여호와 하나님의 명령에 순종하고자 하는 자세 때문이었다.

그러므로 여호수아는 그동안 하나님의 율법과 명령에 순종하여 모든 책임을 다한 그들에게 칭찬을 아끼지 않았다. 이는 가나안 땅 정복에 참여한 그들의 사명이 하나님의 뜻과 경륜에 따른 것이었음을 말해주고 있다. 이스라엘 모든 지파에게 땅이 분배되고 도피성을 비롯한 레위인들의 모든 성읍이 분배됨으로써 요단강 동편에서 건너온 두 지파 반에 속한 병사들의 임무가 완성되었던 것이다.

2. 요단강 동편 땅으로 귀가 허용과 당부 (수22:4-6)

여호수아는 요단강 동편 지역의 땅을 분배받은 두 지파 반에 속한 병사들에게 이제 저들의 본 거처로 돌아가도 된다는 사실을 언급했다. 이 말 가운데는 설령 그동안 돌아가고자 하는 마음이 있었다고 할지라도 그렇게 할 수 없었다는 의미가 내포되어 있다. 그들은 언약의 군대에 속한 군인들로서 개별적인 판단이 아니라 여호수아를 비롯한 언약 공동체의 명령 아래 놓여 있었던 것이다.

그런데 이제 요단강 동편 지역에 속한 형제들이 저들에게 부여된 모든 임무를 완수했으므로 저들의 땅으로 돌아갈 수 있었다. 사랑하는 가족을 요단강 동편에 두고 떠나와 힘든 환경 가운데서 수년간을 싸워 가나안 땅을 점령하게 되었다. 그로 말미암아 가나안 땅에 살아갈 형제들에게 참된 안식이 허락되었다.

그러므로 여호수아는 저들을 향해 여호와의 종 모세가 요단강 동편에 허락한 땅과 장막으로 돌아가도 된다고 했다. 그곳에는 사랑하는 가족과 이웃들이 기다리고 있었다. 그들은 수년 동안 전장(戰場)에서 긴장 가운데 지냈던 가나안 땅을 떠나 사랑하는 가족의 품으로 돌아가면 또 다시 새로운 삶을 살아야만 했다.

여호수아는 동쪽 지역의 가족에게 돌아가는 병사들을 향해 그곳에 가서도 삶의 긴장을 풀지 말라는 당부를 했다. 그들은 모든 면에서 크게 삼가는 가운데 하나님의 종 모세가 저들에게 요구한 명령과 율법에 순종하는 삶을 살아야만 했던 것이다. 그들이 그렇게 해야 하는 까닭은 그것이 여호와 하나님을 사랑하는 유일한 방편이 될 수 있었기 때문이다.

따라서 그들은 요단강 동편의 땅에 살아가면서 여호와께서 요구하신 모든 길로 행하며 그의 계명을 지켜 순종해야만 했다. 그렇게 함으로써 하나님 앞으로 가까이 나아가 마음을 다하고 성품을 다해 그를 섬길 수 있었다. 여호수아는 이제 그들이 집으로 돌아가면 하나님 앞에서 살아가는 그와 같은 삶을 준수하라는 명령을 내렸다.

그리고 나서 여호수아는 그들에게 하나님의 축복을 빌었다. 이는 형식적이거나 일반적으로 생각하는 많은 복을 받도록 빌어주는 행위가 아니었다. 그것은 도리어 하나님의 뜻 가운데 존재해야 할 그들의 삶에 연관된 언약적 의미를 지니고 있었다. 그와 더불어 모든 임무를 완수한 동쪽 지역의 병사들은 요단강 건너 저들이 분배받은 땅으로 돌아가게 되었다.

3. 실로에서 귀가 보고 (수22:7-9)

르우벤 자손과 갓 자손과 므낫세 반 지파 자손에게는 모세가 요단강 동편 지역을 저들의 소유지로 분배해 주었다. 므낫세 지파 가운데 일부에게는 바산 땅이 주어졌으며 나머지 일부에게는 요단강 서편 가나안

땅 가운데서 주어졌다. 따라서 그 지파의 일부는 요단강 서편에 남아
있었으며 다른 일부는 요단강 건너 동편으로 돌아가게 되었다. 여호수
아는 돌아가는 므낫세 자손들을 위해 축복했다.

하나님의 성막이 있는 실로에서 그에 연관된 모든 결정이 난 후 여호
수아는 동편의 장막으로 돌아가는 자들에게 넘치는 재물과 가축과 은,
금, 동, 철과 심히 많은 의복을 주어 저들의 장막으로 돌아가도록 했다.
그것은 그들이 가나안 땅에서 숱하게 많은 전투를 행하면서 대적자들
로부터 취한 전리품들이었다. 이제 그것들을 가지고 돌아가서 동편에
있는 가족을 비롯한 형제들과 나누어 가지라는 것이었다.

우리가 여기서 기억해야 할 바는 두 지파 반에 속한 병사들이 요단강
동편에서 분배받은 땅으로 돌아가는 일과 그들이 많은 전리품을 얻게
되는 것은 모두 하나님의 명령에 근거한 것이란 사실이다. 즉 그것은
인간들의 결의나 자의적인 판단에 따른 것이 아니었다. 그 모든 일들은
모세의 권위를 상속받은 여호수아의 지휘 아래 이루어지게 되었다.

그 명령에 따라 동편 지역에서 따라나온 병사들은 요단강을 건너 길
르앗 땅을 향해 가게 되었다. 아마도 자신의 거처로 돌아가는 모든 병
사들은 함께 요단강을 건너 먼저 길르앗 지역으로 간 후 거기서 각기
흩어진 것으로 보인다. 즉 갓 지파는 그곳에 남고 므낫세 반지파는 북
쪽으로 올라가고 르우벤 지파는 남쪽으로 내려갔던 것이다.

4. 르우벤, 갓, 므낫세 반 지파가 귀가(歸家) 중 쌓은 요단 언덕의 큰 단 (수22:10-12)

요단강 동편 지역을 분배받은 지파에 속한 병사들이 가족이 살고 있
는 장막으로 돌아가는 중에 요단강가 언덕에 있는 그릴롯(Geliloth)[38]에

---

38) 성경 번역본들 가운데 그 지명인 그릴롯(Geliloth)이 빠진 경우가 많다. 하지만
한글 '새번역'과 영어성경 NIV에는 그 지명이 명시적으로 기록되어 있다.

도착했다. 이제 그들이 강을 건너가면 자기들이 소유한 땅에 도착하게 된다. 물론 거기서도 가야 할 길이 남아있는 지파들이 있었으나 그 지역은 모세로부터 미리 분배받은 땅이었다.

두 지파 반에 속한 자손들은 요단강을 건너기 전에 강가 언덕 위에 웅장하고 커다란 단(altar)을 쌓아 올렸다. 그들은 동편 땅으로 완전히 돌아가기 전에 그곳에서 무언가 해야 할 일이 남아있다는 판단을 하고 있었다. 그것은 그들 자신뿐 아니라 그 후손을 위하여 매우 중요한 일이었다. 여기서 그들은 비록 요단강 동편으로 건너가지만 그 마음은 하나님의 성막과 제단이 있는 서쪽 가나안 땅을 떠나지 않는다는 언약적 결단이 드러나고 있다.

그런데 그들이 큰 단을 세운다는 소문이 요단강 서편에서 땅을 분배받은 다른 지파 사람들에게 전해지게 되었다. 동편 지역의 장막으로 돌아가는 자들이 서편 가나안 땅에 속한 요단강 언덕에 큰 단을 쌓는다는 것이었다. 그 소문을 들은 이스라엘 자손들은 결코 있을 수 없는 일이 발생했다는 판단을 내렸다.

그러므로 가나안 땅에 거하게 된 여러 지파 사람들이 그에 대한 대책을 강구하기에 이르렀다. 그것은 그들을 응징하여 그들이 만든 단을 허물어 파괴하는 일이었다. 따라서 요단강 서쪽의 아홉 지파 반에 속한 병사들이 실로에 모여 동쪽의 장막으로 가고 있는 두 지파 반에 속한 병사들과 맞서 싸우고자 했다. 그들은 응징하는 전투를 시작하기 전에 실상을 먼저 알아보기를 원했다.

그런데 우리가 여기서 생각해 보아야 할 사실은 요단강 서쪽 가나안 땅을 분배받은 지파 사람들에게는 동편 두 지파 반 백성들에게 매우 고마워해야 할 형편이었다는 점이다. 그들이 사랑하는 가족을 뒤에 두고 오랜 기간 동안 싸운 것은 서쪽 지역의 형제들을 위해서였다. 형제를 위해 피를 흘리며 헌신적으로 도운 자들을 향해 칼과 무기를 동원하여 응징하려는 것은 지나친 일이 아닐 수 없었다.

그럼에도 불구하고 그들이 그렇게 했던 것은 하나님의 율법에 관한 이유 때문이었다. 그동안 형제를 위해 성실하게 싸워주었으므로 고마워해야 할 감정적 이유와 하나님을 모독하는 사악한 행위 사이에는 분명한 구분선이 있었다. 아무리 고마운 사람들이라 할지라도 하나님께 저항하며 욕을 보이는 자들은 결코 용서할 수 없었던 것이다.

요단강 서쪽 지역에 거주하게 된 이스라엘 자손들이 볼 때는 동쪽으로 돌아가는 자들이 하나님의 언약궤와 성막을 무시한 채 독자적인 제단을 쌓음으로써 신을 섬긴다는 것은 우상숭배 행위에 지나지 않았다. 그들이 실로에 있는 하나님의 성막을 멸시하는 것은 하나님을 멸시하는 것과 마찬가지였다. 따라서 요단강 서편의 이스라엘 자손이 감정적인 의리를 버리고 하나님의 편에서 냉철한 판단을 한 것은 정당성을 띤 결단이었던 것이다.

5. 요단강 서편 가나안 땅 아홉 지파 반에 속한 백성들의 분노
(수22:13-20)

요단강가 언덕 위에 르우벤 자손과 갓 자손과 므낫세 반 지파에 속한 병사들이 큰 단을 쌓는다는 소문을 듣게 된 요단강 서쪽 가나안 땅 백성들은 그 실상을 파악하고자 했다. 그것을 위해 여호수아를 비롯한 백성의 지도자들은 제사장 엘르아살의 아들 비느하스를 그들에게 보내기로 했다. 그와 더불어 각 지파에서 한 명씩 대표를 선정하여 열 명을 그와 함께 보냈다. 그들은 이스라엘 백성들 가운데 권위를 가진 인물들이었다.

여기서 우리가 눈여겨 보아야 할 점은 제사장이 열 지파의 대표들을 이끌고 동쪽으로 가게 된 사실이다. 이는 제사장의 신앙적인 분명한 해석과 더불어 이스라엘 각 지파가 소유한 언약적인 의미를 동시에 보여주고 있다. 즉 두 지파 반에 속한 자들이 만든 단이 어떤 종교적인 의미를 가지고 있는지 확인해야 했으며 그들이 요단강 건너편 백성들과 단절을 꾀해야만 하는지 알아보아야 했던 것이다.

그들이 도착했을 때는 두 지파 반에 속한 사람들은 단을 쌓은 후 이미 요단강을 건너 길르앗 땅에 도착한 상태였다. 따라서 비느하스를 비롯한 서쪽에서 보낸 대표자들은 동쪽 땅을 분배받은 자들에게 나아가 그들을 향해 말했다. 당시 그 말을 듣는 자들은 요단강 서편 가나안 땅에서 선한 싸움을 끝내고 그곳으로부터 막 돌아온 병사들이었다.

서쪽 지파에 속한 자들을 대표하여 비느하스가 강한 어조로 그들에게 말했다. 가나안 땅에 거하는 언약의 회중이 그들이 제단을 만들어 세운 일을 도저히 납득하지 못한다는 것이었다. 즉 그들이 요단강가에 자기를 위하여 커다란 단을 쌓은 것은 여호와 하나님에 대한 악행이며 여호와를 따르는 삶을 떠나 거역하는 행위에 지나지 않는다고 했다.

비느하스는 또한 과거에 있었던 브올의 사악한 범죄 행위를 언급하며 그들의 행위가 그와 같다는 사실을 언급했다. 이스라엘 자손이 과거 싯딤에 머물 동안 바알 브올의 유혹에 넘어간 사악한 백성들은 모압 여인들과 음행하고 그들의 신인 바알을 숭배하기에 이르렀다.[39] 그것은 여호와 하나님의 진노를 크게 격발시키게 되었다(민25:1-9).

그 결과 이스라엘 백성들 가운데 무서운 전염병이 돌아 큰 고통에 빠졌다. 당시에도 비느하스가 어리석은 자들 중에 미디안 여인을 데리고 온 자를 그 여인과 함께 죽였다. 그리하여 하나님의 진노로 말미암아 생겨난 전염병이 그치게 된 사실을 언급했다.

그런데 문제는 그와 같은 끔찍한 죄를 저지르고 하나님의 진노로 인한 전염병을 경험했음에도 불구하고 백성들이 그 죄에서 완전히 떠나지 않았다는 사실이다. 그 죄의 습성은 비느하스가 말하고 있는 그 시

---

39) '바알 브올' 은 '브올 지역의 바알 숭배자들' (worshiping the Baal of Peor)을 일컫고 있다.

점까지 남아 있었던 것이다. 그러면서 그와 같은 하나님을 향한 범죄의 두려움과 하나님의 진노로 인한 고통을 맛보고도 아직 그 죄악을 지속적으로 저지르고 있느냐는 것이었다.

제사장 비느하스는 그들을 향해 이제 또다시 여호와 하나님을 따르지 않으려고 하느냐며 강한 어조로 말했다. 지금 여호와 하나님을 배역하면 다시금 하나님의 진노가 저들에게 임하리라고 했다. 그에 대한 올바른 깨달음을 가지지 못한다면 하나님으로부터 무서운 재앙을 당할 수밖에 없게 된다.

그와 더불어 비느하스는 요단강 동편 지역이 부정하다는 사실에 연관된 언급을 하고 있다. 이는 매우 중요한 의미를 내포하고 있다. 즉 요단강 동편은 언약의 자손들이 분배받았으나 거룩한 약속의 땅에서 벗어난다는 사실을 말해주고 있기 때문이다.

요단강 서편 가나안 땅은 하나님으로 말미암아 거룩하게 된 영역이다. 이 말은 땅 자체가 거룩하다는 의미가 아니라 하나님의 언약궤와 거룩한 성막의 존재와 밀접하게 연관되어 있다. 따라서 성막이 있는 가나안 땅은 그로 말미암아 거룩하게 된 데 반해 가나안 동쪽은 그렇지 않다는 것이었다.

그러므로 요단강 동쪽 지역에서 분배받은 땅이 부정하거든 여호와의 성막이 있는 여호와의 소유지로 건너오라고 했다(수22:19). 그리하여 약속의 땅을 분배받은 저들 가운데 와서 소유를 취하라고 말했다. 이는 실제적인 땅이라기보다 영적이며 정신적 영역에 연관된 말로 이해하는 것이 자연스럽다. 즉 모든 언약의 자손들이 여호와 하나님의 성막을 공유함으로써 그 거룩한 땅을 소유하게 된다는 것이었다.

따라서 하나님께서 규례에 따라 제공하신 언약궤와 성막에 연관되지 않는 장소에 다른 제단을 만들어서는 안 된다고 말했다. 오직 실로에 있는 제단만이 여호와 하나님을 위한 유일한 제단이 되며 그것이 나중 믿음의 조상 아브라함이 독자 이삭을 제물로 바쳤던 예루살렘 모리아

산 위에 세워지게 된다. 천상의 나라에 직접 연결되어 있으며 장차 오실 메시아를 지향하는 그곳이 유일한 경배처소가 되는 것이다.

그러므로 하나님의 언약궤가 놓인 성막 이외의 장소에서 제단을 쌓는 것은 하나님에 대하여 패역하는 행위에 지나지 않는다. 설령 순수한 태도와 더불어 마음속으로 그것이 하나님을 위한 것이라 생각하며 주장한다고 할지라도 그것은 하나님을 욕되게 하는 사악한 종교 행위일 따름이다. 하나님의 율법을 떠난 상태에서 인간의 두뇌와 손끝에 의해 만들어지는 모든 것은 악행에 지나지 않는 것이다.

비느하스는 저들을 향해 그 말을 하면서 여호와의 단 이외에 다른 단을 쌓음으로 패역을 저지르지 말라는 당부를 했다. 그와 같은 행동은 하나님뿐 아니라 언약의 자손으로서 성막 제사와 더불어 언약궤를 중심으로 살아가는 자기들에게 큰 해악을 끼치는 것과 마찬가지라는 것이었다. 즉 그런 악행은 누룩이 되어 급속히 다른 이웃에게 전해질 우려가 따르는 위험한 성질을 지니고 있다.

제사장 비느하스는 그에 관한 사실을 말하면서 과거 세라의 아들 아간이 하나님께 바친 물건으로 인하여 범죄한 사실을 언급했다. 그는 아무도 모르게 혼자 비밀리에 악행을 저질렀으나 하나님께서는 모든 것을 알고 계셨다. 나아가 그것은 한 개인의 범죄로 끝나는 것이 아니라 이스라엘 온 회중에게 하나님의 무서운 진노가 임하도록 했다.

비느하스가 한 이 말 가운데는 우리가 가져야 할 매우 중요한 교훈이 들어있다. 브올의 사건과 아간의 범죄행위는 공히 개인의 문제를 넘어 전체의 문제로 비화되었기 때문이다. 즉 그 범죄를 저지른 당사자뿐 아니라 그로 말미암아 온 회중에게 하나님의 진노가 임하게 되었으며 멸망에 이르게 된 사람들이 많이 생겨나게 되었다. 이에 대해서는 오늘날 신약교회 시대에도 그대로 일어나게 된다는 사실을 기억하지 않으면 안 된다.

6. 르우벤, 갓, 므낫세 반 지파의 해명 (수22:21-29)

비느하스와 요단강 서편 이스라엘 각 지파 대표자들이 하는 말을 들은 동편 지역의 르우벤, 갓, 므낫세 반 지파에 속한 백성들이 그에 답변했다. 그들은 전능하신 여호와 하나님께서 이미 저들의 순수함을 알고 계신다고 했다. 나아가 이스라엘 모든 자손들이 장차 알게 되리라는 말을 했다.

만일 저들이 요단강가에서 커다란 단을 만들어 세운 것이 여호와 하나님에 대한 패역이나 범죄행위라면 용서하지 않아도 된다고 말했다. 이는 저들의 순수한 마음을 이해해 달라는 당부의 뜻을 담고 있다. 그들이 단을 쌓은 것은 하나님의 율법과 실로에 있는 언약궤와 성막을 떠나 여호와 하나님을 섬기지 않고 다른 신을 섬기기 위한 것이 아니라는 것이었다.

그들은 요단강가에 세운 그 제단 위에서 번제나 소제를 드리려는 마음을 전혀 가지고 있지 않았다는 사실을 말했다. 그리고 화목제물을 비롯한 다른 제물을 하나님께 바치고자 하는 생각이 추호도 없었다고 했다. 만일 그와 같은 생각으로 단을 세웠다면 여호와 하나님께서 친히 저들에게 벌을 내리도록 해 달라고 했다.

그들이 그곳에 단을 쌓은 목적은 하나님에 대한 제사 때문이 아니라 나중에 태어날 언약의 자손들을 위한 것이라고 했다. 나중 세월이 흘러가면 요단강 서편 가나안 땅에서 출생한 자녀들이 동편 땅에서 살아가는 저들의 자녀들을 보고 이스라엘의 여호와 하나님과 아무런 상관이 없다고 할까 염려했기 때문이라고 했다.

즉 요단강 서편 가나안 땅의 자손들이 르우벤과 갓 자손을 비롯한 동쪽 지역의 자손들을 향해 여호와 하나님께서 요단강을 경계로 삼았으므로 강 동쪽에 살아가는 자들에게는 공유할 언약의 내용이 없다고 할까 봐 두려웠다고 했다. 그렇게 되면 그 말로 인해 자기 자녀들이 여호와 하나님을 두려워하는 마음을 버릴까 염려된다는 것이었다.

그리하여 오랜 세월이 흘러 자손들 가운데 그와 같은 일이 발생하게 될 경우를 대비해 ‘증거단의 모형’을 세워두는 것이 중요하다는 판단을 내리게 되었다고 했다. 그들이 요단강 강가에 세운 단의 모형은 번제나 다른 제사를 위한 것이 아니라 오직 후대를 위한 증거로 삼기 위해서라는 것이다. 즉 그 단의 모형을 통해 요단강 서편의 가나안 땅에 살아가는 자들과 동쪽에 살아가는 자들 사이에 언약을 위한 소중한 증거물이 되기를 원했을 뿐이라고 했다.

이처럼 그들은 그곳에 단을 만들게 된 목적이 실로에 있는 여호와 하나님의 언약궤와 성막 앞에 있는 제단 이외에 다른 제단을 만들어 거기서 제사를 지내고자 한 것이 아니었음을 밝혔다. 그렇게 하는 것은 여호와 하나님 앞에서 패역을 저지르는 행위이며 여호와를 떠나는 것이란 사실을 잘 알고 있다는 것이었다. 그러니 그곳에 증거단을 세운 저들의 진심어린 마음을 알아 달라는 당부를 했다.

7. 요단강 동편 지파 자손이 세운 ‘증거단’과 하나님 찬송 (수 22:30-34)

요단강 동편 지역의 두 지파 반에 속한 형제들의 말을 들은 비느하스와 그와 함께한 각 지파 대표자들은 그 의도를 좋게 여기게 되었다. 그들이 하나님의 성막과 언약궤를 무시하고 다른 곳에 제단을 만들어 제물을 바치며 여호와를 섬기고자 한 것이 아니었다는 사실을 확인했기 때문이다. 그들은 후손들을 위해 원래의 제단 모형을 만들어 두고 하나님의 언약을 자손들에게 전달하고자 하는 선한 마음을 가지고 있었던 것이다.

그러므로 제사장 비느하스는 저들을 향해 여호와 하나님께서 그 가운데 계신 줄 알고 있다는 점을 언급했다. 이는 그들이 하나님 앞에서 죄를 범하지 않았기 때문이라고 했다. 그리고 그것이 하나님에 대한 배역 행위가 아니므로 오히려 이스라엘 자손들을 하나님의 형벌로부터 구출해 내게 되었다는 칭찬의 말을 했다.

두 지파 반이 요단강 언덕에 세운 단으로 말미암아 길르앗 땅으로 갔던 비느하스를 비롯한 대표자들은 모든 일을 해결하고 요단강 서편 가나안 땅으로 돌아왔다. 그리고 그동안 있었던 일들에 관하여 여호수아를 비롯한 이스라엘 자손들에게 그대로 전달했다. 그로 말미암아 모든 백성들은 즐거운 마음을 가지게 되었다.

요단강가 언덕 위에 세운 제단에 관한 실상을 알게 된 그들은 즐거운 마음으로 여호와 하나님을 찬송하며 그의 모든 은혜에 감사했다. 그리고 그후부터는 요단강 동편 지역으로 가서 그 지역 백성들과 싸워 그들을 멸망시키자는 말이 나오지 않았다. 이스라엘 백성들은 당시 요단강가 언덕 위에 모형으로 세워진 단을 '엣 제단'(the altar Ed) 곧 '증거 제단'(the altar Witness)이라 불렀다. 그것이 요단강 동쪽에 살아가는 두 지파 반에 속하는 자들도 언약의 자손임을 증거하는 역할을 하게 되었던 것이다.

제22장

여호수아의 고백과 유언의 메시지
(수23:1-16)

1. 죽음을 앞둔 노년의 여호수아 (수23:1-4)

여호수아는 하나님께서 가나안 땅을 정복하도록 특별히 맡기신 모든 직무를 완수하게 되었다. 하나님의 선한 도구가 되어 이스라엘 민족을 약속의 땅으로 인도하여 그곳을 차지하고 있던 이방인들의 세력을 제압했다. 그리하여 이스라엘 백성은 그곳에서 하나님의 섭리 가운데 허락된 천상의 안식을 누릴 수 있었다.

나이 많아 늙게 된 여호수아는 모든 사명을 완수한 후 하나님의 부르심을 받아 영원한 나라로 갈 때가 임박해졌다. 인간의 죽음은 필연적인 것으로 누구나 겪어야 할 과정이다. 따라서 언약의 자손들은 이 세상에서 하나님으로부터 부여받은 사명을 완수하면 하나님의 부르심을 입게 된다.

이에 대해서는 우리 시대 성도들 역시 마찬가지다. 각자에게는 하나님께서 맡기신 나름대로 소중한 사명이 존재한다. 성숙한 성도들은 그에 온전히 순종하며 살아가지만 어리석은 자들은 그것을 배척하게 된다. 우리는 하나님께서 각자에게 부여하신 사명이 무엇인지 깨달아 계시된 말씀과 더불어 예민하게 반응하여 순종할 수 있어야 한다.

머잖아 영원한 나라로 가게 될 것을 알고 있던 여호수아는 이스라엘 민족 가운데 장로들과 재판장들과 공적인 직무를 맡은 모든 백성들을 한 곳에 불러모았다. 그는 그 자리에서 다음 세대를 위한 유언을 전하고자 했다. 따라서 그곳은 하나님의 언약을 간직한 여호수아가 장차 상속을 이어가게 될 이스라엘 자손들이 소유해야 할 삶의 본질적인 내용을 선포하는 자리가 되었다.

그는 먼저 백성들을 향해, 여호와 하나님께서 언약의 자손들을 위하여 많은 나라들 가운데 행하신 다양한 기적들을 보아오지 않았느냐고 말했다. 또한 하나님은 자기에게 속한 이스라엘 백성을 위해 싸우시는 분이라는 사실을 언급했다. 여호수아는 그와 더불어 동편 요단에서부터 해지는 쪽 대해 곧 지중해까지 아직 남아 있는 종족들과 이미 패망시킨 자들의 땅을 정복하여 이스라엘 여러 지파들에게 제비뽑아 분배해 주었다고 했다. 이는 그들이 하나님의 은혜 가운데 살아가야 할 백성이라는 점을 강조하는 의미를 지니고 있다.

2. 약속의 땅과 하나님의 율법 준행 명령 (수23:5,6)

여호수아는 가나안 땅에 살고 있던 이방 족속들을 쫓아내신 분이 여호와 하나님이란 사실을 밝혔다. 즉 이스라엘 열두 지파의 병사들이 수많은 전쟁을 치렀으나 그것들을 승리로 이끄신 분은 하나님이라는 것이다. 즉 이스라엘 병사들의 성능이 좋은 무기와 강한 군사력으로 인해 그들이 승리를 거둔 것이 아니라는 것이었다.

이에 대해서는 여호수아를 비롯한 백성들이 이미 모든 과정을 거치며 실제로 경험한 바였다. 하나님께서는 이스라엘 백성이 요단강의 마른 땅바닥을 건널 때부터 자신의 놀라운 능력을 보여주셨다. 또한 여리고 성벽을 기적적인 방법으로 무너뜨린 사건과 하늘의 태양이 멈추고 엄청난 크기의 우박이 내려 원수들을 제압한 사실은 백성들이 직접 체험함으로써 잘 알고 있었다.

그에 대해서는 이스라엘 백성이 가나안 땅을 정복하기 위해 요단강을 건넜을 때 여호수아에게 나타난 '여호와의 군대장관'을 통해 이미 확증된 바였다. 여호수아가 여리고 성 부근에서 만난 이스라엘 백성 위에 군림하여 통솔하는 군대장관의 손에는 큰 칼이 들려 있었다. 그 모든 과정을 통해 하나님께서 가나안 땅에서 이스라엘 병사들 앞서 싸우신다는 점을 선포하셨던 것이다.

여호수아는 죽음의 날을 앞둔 상태에서 그에 연관된 모든 사실을 강조해 말했다. 또한 하나님께서는 앞으로도 가나안 땅 가운데 남아 있는 이방 종족들을 쫓아내어 이스라엘 백성의 목전에서 저들이 떠나게 하시리라고 했다. 따라서 하나님께서 저들에게 이미 약속하신 바대로 그 땅을 차지하기만 하면 된다는 사실을 언급했다.

그러므로 가나안 땅을 분배받은 언약의 자손들이 감당해야 할 본질적으로 중요한 일은 하나님의 율법과 말씀에 온전히 순종하는 삶이었다. 즉 앞으로 발생하게 될 전쟁에서 승리하기 위해서는 칼과 무기를 더 예비할 것이 아니라 하나님의 율법에 온전히 순종하는 신앙 자세를 유지해야 했다. 여호수아는 그에 연관된 내용을 유언으로 남겼다.

> "너희는 크게 힘써 모세의 율법 책에 기록된 것을 다 지켜 행하라 그것을 떠나 좌로나 우로나 치우치지 말라"(수23:6)

가나안 땅을 분배받은 언약의 백성들은 모세의 율법 책에 기록된 모든 내용을 온전히 지켜 행해야만 했다. 그렇게 하지 않은 상태에서 확충되는 모든 것들은 허사에 지나지 않는다. 그것은 도리어 자기를 찌르는 위험한 병기로 돌변할 수 있다. 따라서 하나님 앞에서 순종하는 마음이 없는 상태에서 시행되는 병사들의 훈련과 군사력의 증강은 무용지물(無用之物)에 지나지 않는다.

그와 동시에 여호수아는 백성들을 향해 하나님의 율법을 떠나지 말고 좌로나 우로 치우치지 말라는 당부를 했다. 언약의 자손들의 중심에는 항상 하나님의 말씀이 가운데 자리잡고 있어야만 한다. 따라서 하나님의 율법을 떠나 인간의 이성과 감정에 따라 좌로나 우로 치우치지 말라고 강조했던 것이다.

이에 대해서는 오늘날 우리에게도 그대로 적용되어야 한다. 하나님의 말씀이 지상 교회와 성도들의 삶 가운데 굳건히 자리잡고 있어야 하며 그 말씀을 지키기 위해 최선의 노력을 기울여야 한다. 나아가 그 말씀에서 벗어나 인간적인 판단으로 좌로나 우로 치우치지 말아야 한다. 여기서 좌로나 우로나 치우치지 말아야 한다는 말은 타락한 세상에서 배워 익힌 인간들의 경험과 이성적인 판단을 거룩한 하나님의 말씀보다 우위에 두어서는 안 된다는 사실을 말해주고 있다.

여기서 우리가 각별한 주의를 기울여 생각해야 할 바는 종교적인 이성과 기독교적 경험을 기초로 한 태도의 위험성이다. 어리석은 자들은 하나님의 말씀을 근거로 하지 않은 채 형성된 종교적인 체험을 신앙의 중심에 두려고 한다. 그와 같은 고집과 풍조는 하나님의 말씀을 심각하게 훼손시킬 수밖에 없게 된다. 그것은 결국 지상 교회를 약화시키거나 세속화의 길로 나아가게 할 따름이다.

3. '오직 여호와만 섬기라'는 당부 (수23:7,8)

언약의 자녀들이 섬기는 여호와는 절대 능력을 소유한 유일한 하나님이다. 이 세상에서 사람들의 입술에 오르내리며 사회와 인간들을 혼란스럽게 만드는 다양한 신들의 이름들이 있으나 그런 신들은 원천적으로 존재하지 않는다. 타락한 인간들은 실제로 존재하는 신이 아니라 항상 자기 두뇌로 자기를 위한 신들을 만들어내기를 좋아한다.

거기에는 사탄으로부터 나오는 주도적 악이 존재하며 귀신들의 역할이 작용하고 있다. 여호와 하나님 이외에 우리가 알고 있는 모든 신들은 그와 같다. 이는 성경에 언급된 바알신이나 아세라신, 밀곰신 등 여러 유형의 신들은 아예 존재하지 않는 이름만 가진 관념의 신에 지나지 않는다는 사실을 말해주고 있다.

이에 관한 문제는 인간들의 역사상 존재해 온 모든 종교들에 동일하게 적용된다. 그리스 신들로 알려진 제우스나 에로스, 포세이돈 등과 같은 신은 존재한 적이 없으며, 로마의 신들로 알려진 주피터나 아프로디테 등의 신들도 존재한 적이 없다. 오늘날 우리 주변에 퍼져있는 이슬람의 알라를 비롯한 다양한 종교의 신들은 존재하지 않는다.

세상의 여러 종교들에서 신으로 일컬어지면서 존숭의 대상으로 인정되는 모든 신들은 우주 가운데 실체로 존재할 수 없다. 각 종교를 믿는 신도들은 자기가 머릿속에 주입받은 그 신의 이름에 빠져 마치 실제로 존재하는 것인 양 착각하고 있을 따름이다. 따라서 여호와 하나님을 제외한 세상의 모든 신들은 인간들의 두뇌와 사회적 연결망 가운데 관념적으로 존재할 뿐 실제로 살아 존재하지 않는다.

그러므로 여호수아는 이스라엘 자손으로 하여금 저들 가운데 남아 있는 이방인들의 나라들 가운데로 들어가지 말라는 당부를 했다. 그곳에는 이름만 가진 거짓 신들이 수없이 많이 있기 때문이었다. 어리석은 자들이 존재하지 않는 그런 신들을 믿게 되는 것은 사탄과 귀신들의 역할과 밀접하게 연관되어 있다. 종교와 신들의 탈을 쓴 마귀의 권세가 세상에 속한 자들을 미혹하게 되는 것이다.

하나님의 언약에 속해 있다고 주장하지만 실상은 어리석음에 빠진 자들은 이방인들의 종교 행위를 보고 그것이 매력있게 보이거나 그럴 듯하다고 여길 우려가 있다. 그렇게 되면 존재하지 않는 허상의 거짓 신들을 섬기는 이방인들이 하는 대로 그 신들의 이름을 따라 부르거나 그것을 향해 맹세하는 심각한 문제가 발생하게 된다. 나아가 여호와 하나님과 존재하지 않는 이방 신들에 대한 관념을 적절히 혼합하여 그것을 섬기며 숭배할 위험이 따른다.

이스라엘 백성들은 오직 여호와 하나님 한 분 만을 섬긴다. 십계명의 맨 앞에는 참 하나님 이외에 존재하지 않는 다른 신들을 섬길 수 없다는 내용과 함께 신들의 형상도 만들지 말라고 명령했다. 따라서 이제까지 여호와 하나님을 가까이하여 섬긴 것처럼 앞으로도 그런 신앙 자세를 잊지 말고 굳건히 유지하라는 것이었다.

4. 의로운 전쟁을 이끄시는 하나님 (수 23:9-11)

하나님께서는 자기에게 속한 언약의 백성들로 하여금 승리를 거두게 하기 위해 친히 전쟁에 관여하신다. 따라서 그에 속한 백성들은 항상 그의 말씀과 뜻에 깊은 관심을 기울여야 한다. 계시된 말씀에 온전히 순종하는 자들을 위해서는 하나님께서 친히 강력한 이방 왕국의 세력들을 물리쳐 주신다.

이스라엘 자손이 가나안 땅을 정복할 수 있었던 것은 그들이 여호와 하나님을 경외하는 마음으로 그의 율법에 순종했기 때문이다. 따라서 이방 족속들 가운데 아무도 언약의 자손들의 힘을 당할 자가 없었다. 그것은 이스라엘 자손 한 사람 한 사람을 위해 대신 싸워주시는 하나님의 권능 때문이었다.

그러므로 여호수아는 앞으로도 언약의 자손 한 사람이 이방인 일천 명을 이겨낼 수 있으리라는 사실을 언급했다. 하나님의 백성들 가운데 한 사람은 단순히 그냥 한 사람이 아니라 하나님께서 그와 함께 계시므로 그 뒤에는 여호와 하나님과 언약 공동체가 있다는 사실을 말해주고 있다. 그것은 한 사람대 일천 사람이 아니라 하나님과 그 대적들 사이를 두고 형성된 개념이다.

즉 언약의 자손 한 사람이 이방인 일천 명을 이겨낼 수 있는 것은 하나님의 약속에 대한 성취의 개념을 지니고 있다. 하나님께서는 자기에게 온전히 순종하는 자들을 위해 직접 싸우고 계시기 때문이다. 따라서 하나님의 자녀들은 항상 주의를 기울여 하나님의 뜻에 순종하기 위한 자세를 유지해야 하며 그것을 통해 여호와 하나님을 사랑해야 하는 것이다.

5. 이방인들에 대한 주의를 요구하는 여호수아 (수23:12,13)

언약의 자손들은 신앙이 앞으로 나아가지 못하고 뒤로 퇴보되는 양상을 극히 조심해야 한다. 타락한 세상을 향해 뒷걸음질치거나 그쪽으로 되돌아가려는 성향을 드러내면 하나님을 알지 못하는 이방인들의 관습으로 가까이 나아갈 수밖에 없게 된다. 그것은 결국 이방인들의 잘못된 가치관 위에 세워진 관행에 매력을 느끼게 되어 이방인들과 혼인하는 일마저 생겨나게 한다.

그와 같은 일이 발생하게 되면 언약의 자손으로서 가져야 할 소중한 경계를 허물어뜨리게 된다. 그로 말미암아 이방인들과 서로 자연스럽게 소통하면서 하나님에 대한 배도의 길에 들어설 수밖에 없도록 만든다. 그것은 여호와 하나님의 분노를 일으키는 역할을 함으로써 저들을 보호하는 하나님의 은총이 멈추어 버리도록 한다.

그렇게 되면 여호와 하나님께서 더 이상 이방 족속들을 이스라엘 자손들 앞에서 쫓아내시지 않을 것이라고 했다. 그런 상황이 전개되면 이방인들이 저들로 하여금 넘어지게 만드는 올무가 되고 덫이 된다. 그리고 저들의 옆구리를 강하게 치는 채찍이 되며 눈 속의 고통스러운 가시가 된다.

즉 하나님의 뜻을 저버리고 그와 같이 배도의 늪에 빠진 자들은 이방인의 악한 관습과 문화를 받아들여 인생을 풍요롭게 살기를 원하나 실상은 정반대의 형편에 처할 수밖에 없다. 저들의 눈에 매력적으로 보이던 이방인들 가운데 편만하게 널려 있던 것들에 걸려 넘어져 나뒹굴거나 크게 상하게 된다. 또한 이방인들 자체가 저들의 옆구리를 강하게 내리치는 채찍의 역할을 한다. 나아가 다양한 이방인들의 관습이 저들의 눈엣가시가 되어 앞을 제대로 볼 수 없게 만든다.

그와 같은 위기의 상황이 도래하면 언약의 자손들이라 칭해지던 자들이 소유했던 모든 것을 상실하게 된다. 그들은 그로 말미암아 여호와 하나님께서 허락하신 진정으로 아름다운 땅을 누리지 못하게 된다. 이는 하나님께서 주신 그 땅에서 그들이 완전히 멸절당하게 되리라는 사실을 말해주고 있다.

이에 대해서는 오늘날 우리 역시 주의 깊게 받아들이지 않으면 안 된다. 하나님의 아들 예수 그리스도의 신부인 교회는 그 자체로 천상의 아름다움을 간직한 언약 공동체이다. 하나님의 자녀들이 누리게 될 모든 기쁨과 즐거움은 그 가운데 존재해 있다. 그런데 어리석은 자들은 예수 그리스도를 십자가에 못 박은 세상과 그에 속한 것들을 더 매력 있는 것으로 여기며 영적인 간음을 일삼는다.

거룩한 하나님을 멀리하고 타락한 세상을 탐하는 자들은 이 땅의 것들을 교회 안으로 끌어들이기 위해 온갖 노력을 기울인다. 그것은 결국 하나님의 순결한 언약 공동체를 영적인 간음의 길로 이끄는 것과 마찬가지다. 따라서 그와 같은 태도는 악한 자들의 배도 행위로서 어리석은 자들을 파멸의 길로 이끄는 부정적인 역할을 하게 된다.

6. 여호수아의 죽기 전 고백과 경고의 메시지 (수23:14-16)

여호수아는 이제 머잖아 자기는 죽게 되어 모든 사람들이 가는 죽음의 과정을 거치게 되리라는 사실을 언급했다. 자기는 곧 죽음을 맞게 되겠지만 여호와 하나님께서 언약의 자손들에 대하여 말씀하신 모든 선한 내용은 하나도 어김없이 다 응하게 되리라고 했다. 그 가운데 하나도 빠짐없이 다 이루어지게 되리라는 사실은 참된 언약의 백성이라면 이미 심중에 새겨 알고 있는 바라고 했다.

중요한 것은, 하나님께서 말씀하신 모든 선한 일들이 참 언약의 백성들에게 임한 것처럼 그 언약을 어기는 자들에게는 불길한 재앙이 임하게 되리라고 한 경고의 메시지이다. 하나님께서 배도자들로 말미암아 크게 진노하시게 되면 그가 허락하신 아름다운 약속의 땅에 평안히 두시지 않고 저들을 끝까지 멸절시키리라고 했다. 하나님은 자기를 배신하는 자들을 결코 용납하시지 않는다는 것이었다.

만일 이스라엘 백성이 하나님께서 명하신 언약을 범하거나 멸시한 채 다른 이방 신들 앞으로 가서 그 신을 섬기고 숭배하면 여호와의 무서운 진노가 임할 수밖에 없다. 그들은 일시적인 욕망에 따라 그렇게 하지만 그것은 하나님의 무서운 심판을 불러일으키게 된다. 따라서 그런 자들은 아름다운 가나안 땅에서 하나님의 심판을 맛보게 되리라고 했다.

이와 더불어 여호수아는 본문 가운데서 언약의 자손들 앞에 선한 길과 악한 길이 놓여있음을 언급하고 있다. 지혜로운 자들은 하나님께서 원하시는 길로 나아가게 될 것이지만 어리석은 자들은 자기가 원하는 욕망의 길을 향해 발걸음을 옮기게 된다. 이스라엘 백성들은 이 말씀을 통해 오직 여호와의 율법에 순종해야 하며 오직 하나님의 뜻에 따라 살아가야 한다는 사실을 교훈하고 있다.

제23장

여호수아의 세겜 언약과 죽음, 그리고 요셉의 유골 장사

(수24:1-33)

1. 여호수아의 회상과 교훈의 메시지

(1) 아브라함을 비롯한 믿음의 조상들에 관한 언급(수24:1-5)

여호수아는 이스라엘의 장로들을 비롯한 지파 지도자들과 재판장들을 세겜으로 불러 모았다. 이제 그곳은 실로로부터 회막을 옮겨와 새로운 성소가 되었다(수24:25,26). 세겜은 또한 레위인들이 거주하는 특별한 도피성 가운데 한 성읍으로서 므낫세 지파가 분배받은 지역에 속해 있었다.

죽음을 가까이 둔 여호수아가 이스라엘 백성의 지도자들을 세겜으로 불렀으나 실상 그들은 여호와 하나님 앞에 서게 되는 의미를 지니고 있었다. 여호수아는 그 자리에서 백성들을 향해 저들의 조상이 하나님의 인도를 받게 된 모든 과정과 저들을 향해 선포하신 하나님의 말씀을 상기시켰다. 지나간 하나님의 역사적 경륜을 깨닫지 않으면 안 된다는 것이었다.

그는 먼저 오래전 아브라함과 나홀의 부친 데라가 유프라테스 강 동쪽 지역에 거주하면서 이방 신들을 섬겼던 사실을 언급했다. 하나님께서는 그들이 진리를 떠나 있을 때 가나안 땅으로 불러들이셨다. 아브라함은 하나님의 인도하심에 따라 여러 지역을 다니게 되었으며 그가 밟는 가나안 땅은 그 자손들에게 주기로 약속되었다.

당시 아브라함은 나그네에 지나지 않았으나 그 땅이 메시아를 보내기 위한 매우 중요한 의미를 지니게 되었다. 그리하여 약속의 땅 가나안은 장차 언약의 자손들이 살아가게 될 특별한 영역으로 확정된다. 하나님께서는 그 선한 목적을 이루시기 위해 약속의 땅에서 구속사적 사명을 감당할 자손을 조성하기로 작정하셨다.

그러므로 하나님께서는 아브라함에게 이삭을 허락하셔서 그를 통해 자손을 번성케 하고자 하셨다. 이삭은 출생할 때부터 매우 중요한 언약적 의미를 소유하고 있었다. 나이 100세가 된 아브라함과 사라 부부조차도 전혀 기대하지 못하고 있을 때 하나님의 전적인 작정으로 말미암아 그가 태어났다. 또한 그는 하나님의 요구에 따라 모리아산에서 하나님의 제물로 바쳐지게 되는 인물이었다. 그것을 통해 장차 이 땅에 오셔서 생명을 바쳐 죽게 될 하나님의 어린 양에 관한 예언이 선포되었다.

또한 하나님께서는 이삭을 통해 쌍둥이 형제인 야곱과 에서를 허락하셨다. 야곱은 장차 이스라엘 열두 지파를 형성하게 될 자손들의 조상들을 낳게 되었다. 하지만 한 몸에 잉태되어 출생한 에서는 하나님의 언약과 무관한 존재에 지나지 않았다. 하나님께서는 그런 에서의 자손들에게 세일 산을 소유로 주어 살아가도록 하셨다. 세상의 관점에서 보아 그들은 처음부터 순탄하게 결집하여 거기서 상당한 세력을 펼치게 된다.

그에 반해 야곱의 형편은 전혀 그렇지 못했다. 그에게는 아내 레아와 라헬을 비롯한 여러 여인들을 가까이 두어 그 사이에서 많은 자녀들을 얻게 되었다. 하지만 그의 가정은 처음부터 복잡하기 이를 데 없었다. 그 가족들은 나중 형들에 의해 애굽으로 팔려간 요셉으로 말미암아 이방 지역인 애굽으로 내려가 정착하게 되었다. 그 가운데는 하나님의 놀라운 경륜이 들어있었으나 그들은 오랜 세월 동안 이방인들을 섬기는 노예 생활을 해야만 했다.

그런 중에 하나님께서는 때가 되어 이스라엘 민족 가운데 특별한 인물들인 모세와 아론을 이 세상에 태어나도록 하셨다. 그들은 하나님의 선한 도구가 되어 그의 구속사적인 뜻을 행해야 할 자들이었다. 특히 모세는 애굽 공주의 양아들이 되어 왕자와 같은 고귀한 신분을 가지고 있었으나 결국 그 자리를 포기하고 시내 광야로 도망가게 되었다.

그 모든 사건은 이스라엘 민족의 애굽 탈출을 위한 준비 과정이었다. 즉 모세의 일인 탈출이 나중 거대한 민족 탈출을 이루는 밑바탕이 되었다. 따라서 그후 하나님께서 애굽 땅에 다양한 재앙들을 내리심으로써 노예 신분이었던 이스라엘 자손을 그곳으로부터 이끌어내셨던 것이다.

(2) 출애굽 사건(수24:6,7)

여호수아는 백성들을 향해 출애굽에 관한 언급을 했다. 하나님께서 이스라엘 민족의 조상들을 애굽 땅에서 인도해내신 과정에 연관된 내용이었다. 이스라엘 백성이 출애굽할 때는 오합지졸처럼 뒤엉켜 도망친 것이 아니었다. 그들은 각 지파에 따라 질서 정연하게 이동하며 애굽을 떠났다.

이스라엘 자손은 모세의 인도에 따라 고센 땅을 떠나 홍해 바닷가에 이르게 되었다. 그러자 막강한 세력을 가진 애굽 군대의 병사들은 많은 병거와 마병을 동원하여 그 뒤를 추격했다. 그로 말미암아 이스라엘 자손은 눈앞에 가로막힌 바다와 뒤에서 밀려오는 애굽 군대, 그리고 좌우에 펼쳐진 사막으로 인해 사면초가(四面楚歌)가 되었다.

그러자 이스라엘 자손들은 여호와 하나님께 간곡히 부르짖을 수밖에 없었다. 하나님께서는 저들의 간청에 응답하여 이스라엘과 애굽 군대 사이에 흑암을 두어 애굽인들이 공격하지 못하도록 막아주셨다. 그리고는 홍해 바다를 가르고 애굽 땅을 떠나 마른 땅 위를 걸어 시내 광야에 도착하게 하셨다. 이스라엘 자손이 홍해를 건너는 동안 애굽 병사들이 그 뒤를 추격하지만 전부 바다에 빠져 몰사(沒死)하게 되었다.

이제 이스라엘 자손들은 과거와 완전히 단절하고 시내 광야에서 새로운 삶을 살아가게 되었다. 그들은 애굽 땅에서 행하신 하나님의 놀라운 기적들을 목격하며 체험한 바였다. 그리고 홍해가 갈라지고 마른 땅 위를 걸어서 건너는 놀라운 기적을 경험했다. 신약성경은 이를 두고 타락한 세상과 단절하고 살아가는 성도들이 받게 되는 세례라고 칭하면서 매우 중요한 교훈을 주고 있다(고전10:1,2, 참조).

또한 시내 광야에서 40년 동안 유리하며 날마다 하나님께서 친히 허락하시는 만나와 메추라기를 먹으며 살아갔다. 또한 낮에는 구름기둥, 밤에는 불기둥이 하늘에 떠있게 하여 저들을 안전하게 인도하는 동시에 더위와 추위로부터 지켜 보호해 주셨다. 여호수아는 그 모든 사실을 언급하며 하나님의 능력에 힘입어 살아가는 백성들이 소유해야 할 신앙에 관한 언급을 하고 있다.

(3) 요단강 동편 지역 정복(수24:8-10)

여호수아는 그와 더불어 이스라엘 자손이 시내 광야 생활을 마치고 약속의 땅을 향해 나아가는 여정에 관한 언급을 하고 있다. 하나님께서 그들을 인도하여 요단강 동편 아모리 사람의 땅으로 들어가게 하셨다. 물론 당시는 모세가 이스라엘 여러 지파에 속한 백성들을 총 지휘하고 있었다.

아모리 사람들이 이스라엘 자손과 맞붙어 싸울 때 하나님께서 그 이방인들을 저들의 손에 붙여 승리를 거두게 해주셨다. 그리하여 이스라엘이 아모리인들의 땅을 점령할 수 있게 되었다. 그들이 전쟁에서 승리를 거두게 되었던 것은 하나님께서 친히 원수들을 이스라엘 병사들 앞에서 멸절시키셨기 때문이다.

그 당시 모압 왕 십볼의 아들 발락이 일어나 이스라엘 민족을 대적하여 싸우고자 했다. 그는 이미 소문을 통해 이스라엘의 하나님 여호와가 전쟁을 주도한다는 사실을 듣고 있었으므로 직접 저들에게 대항하지 못했다. 그 대신 여호와의 이름을 들먹이며 가짜 선지자 행세를 하는 브올의 아들 발람을 불러 지원을 요청하고자 했다. 발람은 전쟁에 익숙한 군인이 아니라 거짓 선지자였으나 많은 사람들이 그를 용한 선지자로 알고 있었기 때문이다.

그리하여 발락 왕은 그에게 사람을 보내 이스라엘 자손에게 저주를 내려달라는 당부를 하기에 이르렀다. 그렇게 함으로써 실제적인 효력이 발생하는 것은 아니었으나 위기에 직면한 모압 왕은 그와 같은 방법이라도 써보고자 했던 것이다. 설령 그것이 엉터리 저주라 할지라도 발람이 그렇게 한다면 모압 병사들은 상당한 힘을 얻게 될 것이 틀림없다.

따라서 하나님께서는 그와 같은 상황이 발생하도록 가만히 계시지 않았다. 그리하여 발락 왕의 도움을 요청받고 그에게 나아가는 발람의 길을 막으셨다. 말 못하는 짐승인 나귀를 동원해 발람이 계획한 모든 행위를 차단시키셨던 것이다. 하나님의 적극적인 간섭으로 인해 그는 도리어 이스라엘 자손에게 축복하게 되었다. 물론 축복을 비는 그의 종교적인 행위로 말미암아 이스라엘 자손이 복을 받았던 것은 전혀 아니었다.

거짓 선지자였던 발람이 이스라엘 자손을 위해 축복한 행위는 아무런 효력이 없을 뿐 아니라 헛된 짓에 지나지 않았다. 그런데 여호수아는 하나님께서 그 모든 과정에서 이스라엘 자손을 모압 왕 발락의 손에서 구출해 주셨음을 언급하고 있다. 이는 발람이 이스라엘을 축복했다고 하는 소문을 통해 모압 사람들이 크게 위축되었을 것이며 그로 인해 모압 사람들의 힘이 결집되기 어려웠음을 말해주고 있다. 따라서 이스라엘 자손들은 모압 군대의 공격을 피할 수 있었던 것이다.

(4) 요단강 건너 가나안 땅 진입(수24:11-13)

여호수아는 이스라엘 백성이 요단강 동편 지역을 점령한 다음 요단강을 건너 서편 가나안 땅으로 가게 된 사실을 언급하고 있다. 언약의 자손들은 하나님께서 베푸신 기적적인 방법으로 요단강물이 멈춘 후 마른 강바닥을 밟고 건넜다. 그리고 하나님의 인도하심에 따라 여리고 성을 점령했다.

그후 아모리 사람과 브리스 사람과 가나안 사람과 헷 사람과 기르가스 사람과 히위 사람과 여부스 사람들 등 일곱 족속에 맞서 싸우게 되었다. 그때도 하나님께서 그 이방 종족들을 이스라엘 백성들의 손에 붙이셨다. 그리하여 그들은 약속의 땅 가나안에서 승리를 거두게 된 것이다.

하나님께서는 언약의 자손들이 치르는 '의로운 전쟁' 때마다 그들 앞에 눈에 보이지 않는 '왕벌'(the hornet)을 보내주셨다. 그 왕벌은 여호수아가 여리고 성 부근에서 만났던 '여호와의 군대장관'(the commander of the LORD's army)과 동일한 존재로 이해할 수 있다. 그가 막강한 세력을 지니고 있던 아모리 사람의 두 왕을 물리치셨던 것이다.

이스라엘 백성이 전쟁에서 승리를 거둘 수 있었던 까닭은 그들의 칼과 활을 비롯한 무기나 강력한 병력과 군사 훈련에 의한 것이 아니었다. 하나님께서 친히 그들에게 승리를 허락하셔서 그들이 수고하여 일구지 않은 땅과 직접 건축하지 않은 성읍을 제공해 주셨다. 언약의 자손들은 이제 그곳에 거하며 그들이 심지 않은 포도원과 감람원의 과실을 먹을 수 있게 되었다는 것이다.

이스라엘 백성에게 그 모든 것이 허락된 중요한 이유는 장차 그곳을 통해 메시아를 보내시고자 하는 하나님의 뜻에 연관되어 있었다. 장차 그 땅에 하나님의 거룩한 성전이 세워지고 지성소에 언약궤가 놓이고 성소에 향단과 떡상과 촛대가 놓여 제사장들이 번제단에서 제사를 지내게 된다. 그것은 메시아에 대한 소망 때문이며, 백성들이 하나님의 말씀에 온전히 순종할 때 하나님께서는 항상 왕벌 곧 여호와의 군대장관을 보내 그들을 위해 대신 싸우심으로써 자기 자녀들을 보호하시게 되는 것이다.

우리가 여기서 반드시 기억해야 할 바는 이와 같은 하나님의 사역은 오늘날 신약시대에도 여전히 진행되고 있다는 사실이다. 하나님의 몸된 교회에 속한 참된 성도들은 항상 하나님을 경외하며 섬기는 가운데 예수 그리스도와 영원한 천상을 바라보며 살아가야 한다. 그렇게 할 때 하나님께서는 친히 우리 대신 세상과 싸워주시며 자신의 거룩한 사역을 이루어 가시게 되는 것이다.

2. 여호수아의 권면과 이스라엘 민족의 응답

(1) 여호수아의 권면(수24:14,15)

여호수아는 약속의 땅 가나안에 정착하여 살아가게 될 언약의 자손들을 향해 중요한 당부를 했다. 이제는 여호와 하나님을 경외하며 진실하고 성실한 마음으로 그를 섬기라는 것이었다. 그렇게 하기 위해서는 하나님 이외에 다른 신을 섬기지 말아야 한다.

그러므로 그들은 오래전 그들의 조상이 유프라테스강 동편 지역과 애굽에서 섬기던 신들을 비롯한 그에 연관된 모든 것들을 제거하고 오직 여호와만 섬겨야만 했다. 하나님께서 이스라엘 백성을 가나안으로 인도하여 저들에게 땅을 분배해 주신 것은 자기를 온전히 섬기도록 하기 위해서였다. 만일 저들에게 요구한 근본적인 신앙을 버린다면 모든 것의 의미가 사라져 버리게 된다.

하지만 여호수아는 이스라엘 백성을 향해 그와 같은 신앙을 억지로 강요하거나 강제하지 않는다는 사실을 언급했다. 그 대신 하나님께 속한 백성이라면 하나님으로부터 허락된 신앙을 온전히 지키는 것이 당연하다고 했다. 그것이 저들의 참된 삶을 유지하는 유일한 방편이자 그 언약적 과정을 통해 이 땅에 메시아가 오실 것이기 때문이다.

그럼에도 불구하고 여호와 하나님을 온전히 섬기는 것을 싫어하는 자가 있다면 마음대로 하라고 했다. 옛 조상들이 유프라테스강 동편에서 섬기던 신이든지 혹은 당시 그들이 거하는 땅에 살아가는 아모리 사람들의 신이든지 마음대로 따라가 보라는 것이었다. 이는 강한 경고의 메시지인 동시에 타락한 인간의 욕정이 그러할진대 어떻게 그것을 막을 수 있겠느냐는 의미를 내포하고 있다.

그러므로 백성들을 향해 이제 어떤 신을 섬길지 선택하라는 요구를 했다. 즉 이방인들이 섬기는 거짓 신을 따라가든지 그들의 조상 때부터 줄곧 섬겨오던 여호와 하나님을 섬기든지 분명한 태도를 취하라는 것이었다. 그러면서 여호수아는 자기와 자기 집안은 오직 여호와 하나님을 섬기겠노라고 했다. 그의 메시지 가운데는 어정쩡한 태도로 하나님 앞에서 종교적인 행위를 하지 말고 분명한 자세로 하나님의 말씀에 온전히 순종하여 그를 섬기라는 의미를 지니고 있다.

(2) 이스라엘 민족의 응답(수24:16-18)

여호수아의 말을 들은 후 백성들이 그에 응답했다. 그들은 절대로 여호와 하나님을 버리거나 다른 신들을 찾아 섬기는 행위를 하지 않겠다고 했다. 여호와께서 애굽 땅에서 노예가 되어있던 저들의 조상을 인도하여 내시고 저들의 목전에서 큰 이적들을 행하신 것을 잘 기억하고 있다는 것이었다.

그리고 여호와 하나님께서 그들의 모든 길을 인도하시고 이방 종족들로부터 지켜 보호하신 사실을 언급했다. 또한 그가 친히 언약의 자손들이 들어간 약속의 땅에 거하던 아모리 사람들을 쫓아내신 사실을 말했다. 그러므로 그들 역시 여호수아와 같이 저들의 하나님이신 여호와를 떠나지 않고 끝까지 그를 섬기리라고 했다.

3. 여호수아의 경고와 이스라엘 민족의 응답

(1) 여호수아의 경고(수24:19,20)

이스라엘 백성의 말을 들은 여호수아는 저들을 향해 긍정적인 답변을 하는 대신 부정적인 반응을 보였다. 그들이 능히 여호와 하나님을 섬기지 못하리라는 것이었다. 즉 하나님은 거룩한 존재일 뿐 아니라 심하게 질투하는 분이기 때문에 그렇다는 것이다.

따라서 여호수아는 그 거룩하신 하나님께서 죄와 허물이 가득한 상태에 놓인 그들을 결코 그냥 용서하지 않으리라는 사실을 언급했다. 이는 이스라엘 자손들 가운데는 아직도 그런 더러운 속성이 남아 있음을 말해주고 있다. 그와 같은 태도로 그들이 여호와를 버리고 이방 신을 섬기면 저들에게 일상적인 복을 내리신 후라 할지라도 돌이켜 저들에게 진노하여 멸망시키리라는 것이었다.

우리는 여기서 하나님의 '일반적인 은총'과 '구원의 은혜'를 구별하여 이해해야 할 필요가 있다. 언약의 백성들은 다른 불신자들과 마찬가지로 하나님으로부터 허락된 일반적인 은총 가운데 살아간다. 물론 그들이 더 큰 은총을 입기도 하지만 그렇지 않을 경우도 있다. 성숙한 하나님의 자녀들은 그 사실에 연관된 분명한 깨달음을 가져야 한다.

만일 스스로 언약의 백성이라 칭하면서 하나님의 뜻을 멀리하게 되면 심히 안타까운 일이 발생할 수밖에 없다. 그들이 여호와를 버리고 이방 신들 가까이 나아가 그것을 섬긴다면 저주를 불러일으키게 될 것이기 때문이다. 하나님께서는 저들의 그와 같은 행태를 용납하는 대신 무서운 재앙을 내려 그들을 멸망시키리라는 것이었다. 여호수아는 이 말을 통해 저들에게 강한 경고의 메시지를 주고 있다.

(2) 이스라엘 민족의 응답(수24:21,22)

여호수아의 강한 경고의 말을 들은 백성들은 그에 관한 답변을 했다. 그들은 장차 절대로 이방 신들을 추종하지 않을 것이며 오직 여호와 하나님만 섬기리라는 것이었다. 그것은 단순히 입술에서 나오는 언술이 아니라 고백적 성격을 지니고 있었다.

그러므로 여호수아는 백성들이 말하는 그 고백적인 내용을 받아들였다. 이제 그들의 고백대로 여호와를 택하여 오직 그만 섬기라는 것이었다. 그리고 그들 자신이 스스로 그에 대한 증인이 되었다는 사실을 강조하여 언급했다. 그러자 여호수아의 말을 들은 백성들이 그에 대한 증인으로서 모든 것을 심중에 받아들였다.

(3) 여호수아와 이스라엘 민족의 세겜 언약(수24:23-25)

여호수아는 오직 여호와만 섬기겠다는 백성들의 고백을 들은 즉시 그들을 향해 그 신앙을 실천하도록 요구했다. 그들 가운데 존재하는 모든 이방 신들을 제거하여 내다버리라는 것이었다. 이는 그들이 정복한 땅에 흩어져 있는 이방 신들의 흔적을 완전히 없애버리라는 의미를 지니고 있다.

그리고 나서 순전한 마음으로 이스라엘의 하나님 여호와를 향하도록 하라는 요구를 했다. 이는 죄에 빠진 이방인들의 더러운 것들을 저들이 살아가는 집이나 그 주변에 남겨둔 채 하나님을 온전히 섬길 수 없다는 사실을 의미하고 있다. 즉 그 더럽고 추한 것을 보며 그에 대한 증오의 감정이 없이는 하나님에 대한 참된 사랑이 드러날 수 없다는 것이었다.

여호수아가 전하는 모든 말을 들은 백성들은 그 교훈과 요구에 대하여 청종하리라는 말을 했다. 여호와 하나님을 섬기는 백성들 주변에 이방인들의 어떤 종교적인 것들도 남겨두지 않으리라는 것이었다. 그들의 결단을 들은 여호수아는 세겜에서 백성들과 더불어 언약을 세웠다. 그것은 하나님 앞에서 행해진 유언적 약속의 의미를 지니고 있었다. 따라서 여호수아는 그와 더불어 그 백성을 위해 율례와 법도를 베풀게 되었던 것이다.

4. 하나님의 율법 책과 큰 돌의 증거 (수 24:26-28)

여호수아는 이스라엘 백성을 향한 권면의 말씀을 마친 후 그 내용을 하나님의 율법 책에 기록했다. 이 말은 그가 기록한 내용이 하나님의 특별 계시인가 하는 것과는 별개로 이해하는 것이 자연스럽다. 하지만 그것이 하나님의 뜻을 좇아 전한 말씀으로서 '성경'은 아닐지라도 그 언약적 권위를 충분히 인정받게 된다.

또한 여호수아는 그와 더불어 큰 돌을 취하여 여호와 하나님의 성소 곁에 있는 상수리나무 아래 세웠다. 앞에서 언급된 하나님의 율법 책에 기록된 내용과 그곳에 세워진 돌 사이에는 상호 언약적 관계가 존재하고 있었다. 즉 나중에 태어날 이스라엘 자손들은 그 돌을 보며 여호수아가 전한 권면의 말씀을 기억해야만 했던 것이다.

그러므로 여호수아는 백성들을 향해 그 돌이 여호수아와 이스라엘 백성들에게 증거물로 남게 되리라고 했다. 하나님의 뜻에 따라 자기가 백성들에게 전한 모든 말씀을 그 돌이 들었다는 것이다. 따라서 장차 이스라엘 자손이 여호와 하나님을 배반하지 않도록 그 돌이 증거가 될 것이라고 했다.

우리가 여기서 분명히 알 수 있는 사실은 인간은 변해도 그 돌은 변하지 않는다는 점이다. 그것은 의미상 하나님의 백성들 가운데 그 돌이 영원히 존재하는 의미를 지니고 있다. 앞에서 이스라엘 자손이 요단강의 마른 땅바닥을 건너면서 그곳에 세웠던 열두 개의 돌과 그후 길갈에 세웠던 또 다른 열두 개의 돌들과 마찬가지로 세겜에 세운 증거의 돌은 당시뿐 아니라 오늘날 우리의 심령에도 그대로 유효하게 남아 있다.

여호수아는 이스라엘 자손을 향해 전한 권면의 말씀과 더불어 증거의 돌을 세운 다음 백성들을 각 지파에 따라 자기 땅으로 돌아가도록 했다. 하나님의 성소가 있던 세겜에서 여호수아의 권면을 듣고 그곳에 세워진 증거의 돌을 확인한 자들은 그 모든 것을 마음과 입술에 담고 각처로 돌아갔다. 이는 가나안 땅에 흩어져 살아가는 이스라엘 백성들에게 그 모든 언약적 내용들이 전달되었음을 말해주고 있다.

5. 여호수아와 엘르아살의 죽음과 요셉의 유골 장사

(1) 여호수아와 엘르아살의 죽음(수24:29-31,33)

하나님으로부터 부여받은 모든 임무를 완성한 여호수아는 일백십 세가 되었을 때 사망했다.[40] 그리하여 이 세상에서 살았던 파란만장한 그의 생애를 마감하게 되었다. 하지만 그는 이제 하나님과 더불어 영원한 안식을 누리는 곳으로 나아가게 되었던 것이다.

여호수아가 죽자 이스라엘 백성이 그의 시신을 하나님의 뜻에 따라 그가 거주지로 허락받은 지역인 딤낫 세라에 장사지냈다(수19:50; 24:29,30, 참조). 그곳은 에브라임 산지 가아스산 북쪽에 위치해 있었다. 그는 부여받은 모든 직무를 마친 후 그곳에 거하다가 마지막 생애를 마치게 되었으며, 아론의 아들 제사장 엘르아살도 그 비슷한 시기에 죽음을 맞았다.

이스라엘 자손은 여호수아가 살아있을 동안과 그가 죽은 후에 생존했던 장로들이 살아있을 동안에 여호와 하나님을 성실하게 섬겼다. 그들은 하나님께서 행하신 모든 일들을 잘 알고 있었다. 하지만 그들이 죽은 후에는 이스라엘 자손이 하나님의 율법을 떠나 각기 자기 판단에 따라 행하는 자들이 많아져 사사시대가 도래하게 되었다(삿17:6).

(2) 요셉의 유골 장사(葬事)(수24:32)

이스라엘 자손은 우여곡절을 겪는 가운데 가나안 땅을 정복하여 각 지파에 따라 땅을 분배받게 되었다. 그 모든 일이 이루어진 후 여호수

---

40) 우리는 '여호수아서'의 기록자가 여호수아라는 사실을 알고 있다. 그런데 여호수아 24:29에는 그의 죽음에 관한 기록이 남아 있다. 우리는 여호수아서가 하나님으로부터 계시받은 내용을 기록했다는 사실을 의심하지 않는다. 그럼에도 불구하고 여호수아서 말미에 그의 죽음이 기록된 것은, 그 내용이 하나님으로부터 계시된 말씀이란 사실을 확증한 당시 제사장 모임과 연관되어 있다. 즉 여호수아가 한자리에 앉아 전체 성경 내용을 계시받아 기록한 것이 아니라 여러 차례 계시받아 쓴 글을 제사장 모임에서 한 권으로 묶은 것이다. 따라서 그에 연관된 계시적 기능을 부여받은 제사장 모임에서 여호수아의 죽음에 관한 내용을 기록한 것으로 이해하는 것이 자연스럽다. 이에 대해서는 필자가 쓴 '신명기'의 내용을 참조할 수 있다(이광호, 신명기, 서울: 교회와 성경, 2021, pp.423-425, 참조).

아가 이 땅에서의 생애를 마감하게 되었다. 그때 이스라엘 자손이 오래 전 애굽에서 가지고 온 요셉의 유골을 세겜에 장사지냈다. 이는 여러 면에서 매우 중요한 의미를 지니고 있음이 분명하다.

우선 요셉은 르우벤 대신 야곱의 장자의 권세를 부여받은 자로서 그가 죽자 애굽 땅에 임시로 가매장(假埋葬)되었다. 그의 무덤과 유골은 이방 지역에서 나그네 생활을 하는 이스라엘 자손에게 큰 소망이 되었다. 이는 장차 하나님께서 그 유골과 함께 이스라엘 민족을 약속의 땅 가나안으로 인도하신다는 상징적인 의미를 가지고 있었기 때문이다.

그러므로 이스라엘 민족이 출애굽 할 때 맨 앞에는 그의 유골이 앞세워졌다(출13:19). 요셉의 아버지 야곱은 애굽에서 죽은 후 가나안 땅 헤브론에 있는 막벨라 굴에 장사되었다. 애굽 땅에 살다가 그곳에서 죽어 장사된 야곱의 다른 아들들을 비롯한 여러 조상들의 무덤에 대해서는 성경에 아무런 언급이 없다. 이는 이스라엘의 장자였던 요셉의 유골을 애굽으로부터 가지고 나가는 것이 실제적인 단절을 꾀하는 의미를 지닌다는 사실을 말해주고 있다.

사망한 지 4백 년이 넘는 요셉의 유골은 매우 중요한 의미를 지니고 있었다. 따라서 이스라엘 자손은 그 유골을 애굽에서 가지고 나와 시내 광야 40년 동안 소중하게 보관해왔다. 그리고 요단강을 건너 가나안 땅에 들어와서도 그들은 요셉의 유골을 잘 관리하고 있었다. 이제 여호수아가 죽어 장사 되자 비로소 이스라엘 자손은 요셉의 유골을 세겜에 무덤을 만들어 장사지내게 되었던 것이다.

요셉의 유골이 장사된 세겜의 그 땅은 오래전 야곱이 세겜의 아비 하몰의 자손에게 금 일백 개를 주고 산 밭이었다.[41] 따라서 그때부터 그

---

41) 아브라함은 헤브론에 있는 헷사람 에브론의 소유였던 막벨라 굴과 그 주변의 밭을 은 사백 세겔을 주고 사서 자기를 위한 매장지로 삼았다(창23:7-20). 그곳에는 아브라함 부부와 이삭 부부, 그리고 야곱 부부 곧 먼저 가나안 땅에서 죽은 그의 아내 레아와 애굽 땅에서 죽은 야곱이 장사되었다.

곳은 야곱의 장자였던 요셉 자손들의 소유가 되었다. 우리는 여기서 그와 더불어 세겜에 장사된 요셉의 유골이 가지는 언약적 의미를 생각해 보아야 한다. 이스라엘 민족의 장자인 요셉을 세겜에서 장사지낸 사건은 출애굽한 이스라엘 백성이 약속의 땅 가나안을 소유하여 그곳에 정착하게 된 사실을 선포하는 의미를 지니고 있기 때문이다.

성구색인

〈신 약〉